KB265508

초보자도 쉽게 배우는

정통 마르세유 타로카드

정통 마르세유 타로카드

지은이 정유마
펴낸이 임상진
펴낸곳 (주)넥서스

초판 1쇄 발행 2004년 2월 16일
초판 13쇄 발행 2009년 3월 15일

2판 1쇄 발행 2009년 12월 25일
2판 18쇄 발행 2017년 5월 15일

3판 1쇄 발행 2017년 11월 5일
3판 8쇄 발행 2025년 1월 20일

출판신고 1992년 4월 3일 제311-2002-2호
주소 10880 경기도 파주시 지목로 5
전화 (02)330-5500 팩스 (02)330-5555

ISBN 979-11-6165-165-1 13180

출판사의 허락 없이 내용의 일부를
인용하거나 발췌하는 것을 금합니다.

가격은 뒤표지에 있습니다.
잘못 만들어진 책은 구입처에서 바꾸어 드립니다.

• 본 책은 『정통 타로카드 배우기』의 개정판입니다.

www.nexusbook.com

초보자도 쉽게 배우는

정통 마르세유 타로카드

정유마 지음 | 정주복 감수

3 마르세유 타로에서 해석 이끌어내기

타로에서 삶의 해법 구하기

몇 년 전부터 타로카드를 이용해 앞날을 내다보려는 사람이 부쩍 늘었다. 인터넷을 서핑하다 보면 어디서든 쉽게 타로 관련 동호회와 개인 사이트를 만난다. 단순히 정보를 전달하려는 것이 아니다. 동병상련의 처지에서 타인에게 도움을 주려는 선의마저 엿보인다.

다른 쪽에서는 영리 목적의 상업 사이트도 눈에 불을 켜고 한몫한다. 우스갯소리지만, 진수성찬 차림에는 단골손님과 함께 파리도 꼬이는 법이다. 영리 목적의 사이트가 늘어났다면 그만큼 수요가 많아지고 있다는 증거다. 굳이 부정적으로 볼 필요가 없다. 시장이 활성화되면 경쟁력이 강화되고 상대적으로 서비스는 개선된다. 개인적인 관심에서 출발했던 타로 마니아가 영리를 추구할 경우, 양심적이라면 책임감을 갖게 된다. 그가 제공하는 정보 하나하나가 방문객의 수를 좌우하고 그들의 반응에 따라 운명이 결정될 것이기에, 그는 타로의 비밀스러운 세계를 차츰 넓혀가게 될 것이다. 잘만 한다면 타로 마스터가 되어 타로의 대중화를 이끌게 될 수도 있다.

하지만 믿을 만한 타로 마스터를 어떻게 찾는단 말인가. 이것이 숙제다. 그가 양심적인지 아닌지 판별할 잣대가 없지 않은가. 호기심만 있다면 시중에 떠도는 타로카드 관련 서적을 구해 읽을 수 있고, 호기심을 넘어 열정을 가진다면 수소문해서 이름난 타로 마스터를 직접 찾아볼 수도 있을 것이다. 직장인은 물론이고 미술학도를 비롯해 중고생 같은 청소년에 이르기까지 다양한 계층의 사람이 타로카드에 빠져들고 있는 것을 보면서 타로카드에 무슨 매력이 있는 것일까 하고 다시 한 번 생각해보게 된다.

타로카드는 마음가짐의 변화와 깨우침, 가치관에 따라 다른 현상적인 상징을 나타내며 그로서 자신의 운명은 물론 현실 또한 변화시킬 수 있다. 한 폭의 그림에 고정되어 있는 의미는 없다. 다만 보이지 않는 상징의 에너지를 잘 보고 느낄 수 있도록 끌어내는 가교 역할 정도로서 각 카드마다 이름과 수비학, 컬러테라피적인 색상의 규칙만 있을 뿐이다.

타로카드를 읽는 것은 미묘한 연관성을 본능 삼아 과거의 시간을 거슬러 오르는 연어의 헤엄치기와 같다. 그렇게 물살을 거슬러 올라 당도하면 미래의 그림이 그려진다. 자신의 명운이 어떤지 알고자 하는 욕구는 두렵지만 강렬한 것이다. 자신의 운세를 점치고 싶어 슬그머니 명리학 관련 서적을 들춰봤자 골치만 아프기 십상이다. 한자투성이에 복잡한 숫자 연관으로 빼곡한 글자 숲을 헤쳐가기란 여간 어려운 게 아니다. 이에 반해 그림으로 이루어진 타로카드는 다가기가 쉽다. 그만큼 함정도 많다. 코에 걸면 코걸이 귀에 걸면 귀걸이 식의 자의적 해석에 빠질 위험이 크다. 이 위험을 피하면서 자신의 욕구를 풀어가려면 일종의 지침이 필요하다.

오늘날 수백 종이 넘는 타로카드가 사람들의 손에서 움직여지고 있다. 그 가운데 우리가 이 책에서 소개하려는 것은 마르세유 타로카드다. 현재 프랑스 파리국립도서관에 그 원본이 보존되어 있는 마르세유 타로는 18세기 니꼴라 콩베르(Nicolas Conver)에 힘입어 만들어졌으며, 현대 타로카드의 할아버지 뻘로 수비학적 특성과 7가지 색채의 조합과 상징성, 이미지의 함축성과 다양성이라는 측면에서 최고의 전통을 자랑한다.

나는 두 가지에 초점을 두고 마르세유 타로카드를 소개할 것이다. 첫째는 이 타로카드가 현대 타로카드의 선조 격이 된다는 점에 착안한 것이다. 마르세유 타로카드에 르네상스 이전의 서양 전통이 담겨 있다는 점을 상기하며 서양의 역사를 불러올 것이다. 둘째는 이 타로카드의 현재성에 기댄 것이다. 사람이 살지 않는 집은 순식간에 흉가로 변한다. 마찬가지로 사람들의 손에서 펼쳐지지 않는 타로카드란 아이들의 장난감 딱지와 다를 바 없다. 마르세유 타로카드는 현재에도 여전히 생생하게 그 의미를 실어 나른다.

요컨대, 마르세유 타로카드를 설명해나가면서 마르세유 타로의 전통에 영향을 미친 서양의 역사적인 배경들을 간략히 언급하려고 한다. 다만 첫째의 초점을 너무 강조한 나머지 어지러운 역사의 미로를 헤매는 일이 없도록 주의를 기울이자. 타로카드의 상징 세계는 생각보다 넓고 심오하므로 한 번 문을 잘못 열었다간 길을 잃고 역사의 미아迷兒가 될지 모른다. 신화, 종교, 상징 등 신비주의 체계에 너무 깊게 빠지는 것은 혼란을 가중시킬 위험이 있다. 우리에겐 마르세유 타로의 현재성과 쓰임새가 먼저다.

이제 당신 앞에 타로카드의 거대한 바다로 흘러가는 첫 샘물처럼 명징한 상징의 세계가 솟아날 것이다. 누구에게나 적용되는 단 하나의 해석이란 없다. 어차피 해답은 당신의 내면에 감추어져 있다. 타로카드는 등불에 지나지 않는다. 심지에 불을 붙이고 등불을 옮겨 열쇠를 찾는 것은 당신 자신의 힘이 아니면 불가능하다.

2004년 처음 책을 출간했을 때만 해도 타로카드는 일반인들에게 조금 낯선 것이었다. 그간 엔터테인먼트, 이벤트적 성격으로서 타로카드 상담이 유행했고 어느덧 5년이라는 시간이 흘렀다. 진지한 마음으로 자신의 인생 상담을 한 사람들도 있었지만 다른 한편으로 단순한 호기심이나 인생 전환에 대한 기대감으로 타로카드에 접근해 시간과 정력을 낭비한 사람들도 많다. 이제는 타로카드 상담가는 물론 타로 상담을 의뢰하는 사람 모두 좀더 성숙한 의식을 가지기 바란다. 이번 개정판에서는 다양한 실례를 담아 실제 타로카드로 이야기를 풀어내는 데 도움이 되도록 했다. 같은 타로카드라도 상대방의 상황에 따라 다양하게 해석될 수 있으므로 실례를 통해 해석 영역을 확대해 나가고 이로써 타인의 고민을 이해하고 올바른 방향을 제시해 줄 수 있기 바란다.

정홍경

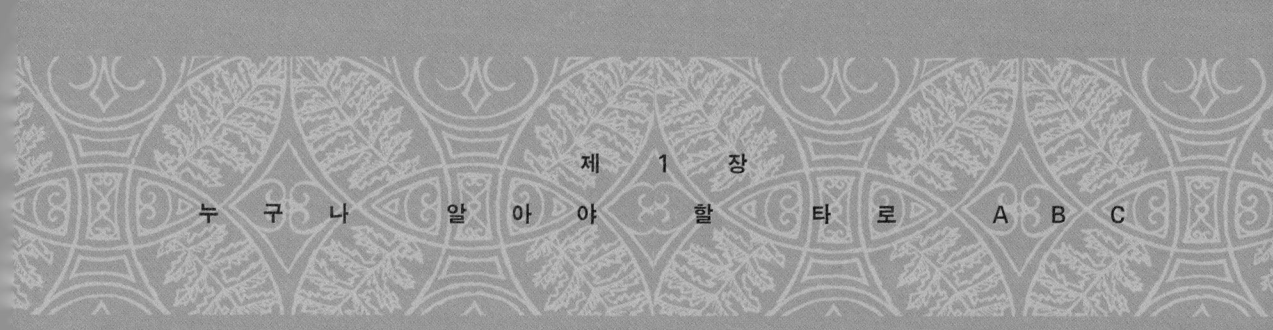
제 1 장
누 구 나   알 아 야   할   타 로   A B C

타로의 역사

 타로의 기원을 밝히는 것은 어려운 일이다. 타로의 기원설은 여러 가지가 있지만 체계적인 자료가 없는 형편에서 어떤 것도 확인된 바가 없다. 우리가 흔히 아는 이집트 기원설마저 엄밀한 문헌학적 방법을 동원하면 근거가 없는 것으로 밝혀진다. 그런데도 사람들은 어째서 타로의 기원에 집착하는가. 여기엔 이유가 있다. 현재 타로카드가 뿌리 깊은 역사성을 지니고 있음을 은연중에 확인받고 싶은 욕망 탓이다.

타로의 발상지가 어디인지, 타로의 원형이 무엇인지 밝히는 것은 현재로선 불가능하지만, 이러한 기원에 대한 욕망이 무의미한 것은 아니다. 학문적인 검증 과정을 통과하지 못했지만 일리 있는 주장들을 하나씩 내포하고 있다는 점에서 타로의 기원은 흘려버릴 수 없다. 타로의 기원에는 타로카드의 어떤 특징을 일깨워주는 정보가 있다. 타로카드의 의미를 풍부하게 하는 상식 차원에서 기원에 관한 욕망을 푸는 게 좋다.

타로카드의 기원이 흐릿하다고 해서 타로카드의 역사까지 그런 것은 아니다. 타로카드의 역사는 비교적 분명한 궤적을 긋고 있다. 이를 타로카드의 변천사라고 바꿔 불러도 무방할 것이다. 그러면 여기서 잠깐 일반적으로 인정되는 타로카드의 기원설과 타로카드의 역사를 간략히 더듬어보도록 하자.

다시 말하지만 아래에 소개할 여러 기원설은 우리의 여정에서 부차적인 것이다. 그런 점에서 알아도 좋고 몰라도 좋다. 그러나 다음의 사실은 미리 챙겨두자. 기원설이 본격화된 것은 프랑스 신비주의자들로부터이며 현대 타로카드의 발전 역시 프랑스 신비주의자의 공헌으로 가능해졌다는 점이다.

이집트 기원설

타로카드의 여러 기원설 중 가장 널리 알려진 것이다.

이집트의 문화를 살피면 타로카드의 의미와 사상에 내재된 여러 상징들을 알 수 있다. 고대의 비밀을 간직한 피라미드의 벽화나 파피루스에 그려진 그림들을 봐도 지금의 타로카드 밑그림처럼 보이는 의미와 상징들이 많다. 이를테면 재칼 머리의 '아누비스' 신이 취한, 죽은 자를 심판하기 위해 저울질을 하는 모습은 타로카드와 연관성을 찾기에 충분하다.

18세기에 앙트안 쿠르 드 제블랭(Antoine court Geblin)은 타로가 이집트의 지혜를 포함하고 있으며, 이집트 신들 가운데 문자의 신인 토트에 의해 씌어진, 잃어버린 고대의 지혜를 찾는 열쇠라고 생각하고 이를 명확하게 이론화하려고 애썼다.

또 하나의 연관성은 이집트의 신전에 있는 비밀의 방에 근거한다. 그 방에는 실물 크기 그림들 11개가 두 줄로 늘어서 있다. 마법사의 제자들이 그 그림을 보고 지나가면서 신의 지혜를 받았다고 하는데, 그 22개의 그림이 오늘날의 대大비밀 카드 22장의 모체라는 것이다.

1799년 로제타 석(The Rosetta stone)이 발견되고 상폴리옹의 손에서 고대

이집트의 상형문자가 해독되면서 이집트 기원설은 근거 없음이 밝혀졌지만
제블랭의 이집트 기원설은 흔들리지 않았다. 오히려 이러한 믿음은 굳어지
고 증폭되어 1857년 로마니(romany, 이집트인의 후예라고 추정되는 집시)들이
유랑하면서 타로카드를 유럽으로 전파했다는 설이 대두되기에 이르렀다.

중국 기원설

이것은 고대 중국문화의 경이로움에 뿌리를 둔 것이다. 특히 갑골(oracle
bones)이란 점복사상을 증거하는 놀라운 유물이 중국에서 나왔기에 생겨난
것일 가능성이 높다.

갑골문은 비가 올 것인가 안 올 것인가, 왕의 행위가 상서로운가 그렇지 않은
가 등과 같이 미래를 예측하기 위해 거북이 등뼈나 소 어깨뼈에 새긴 한자 성
립 이전의 고대 문자를 가리킨다.

갑골은 19세기 말에 발견되었다. 1898년 봄, 중국의 '소둔小屯'이라는 마을
에서 이상한 표시가 되어 있는 뼈 조각이 무더기로 나왔다. 마을 사람들은 이
뼈가 약재로 쓰이는 '용골'인 줄만 알고 약종상에게 팔아넘겼고, 이듬해 약
종상에게서 뼈 조각을 구입한 고문서 학자 왕의영은 여기 새겨진 표시들이
고대의 문자라는 사실을 밝혀냈다. 그 뼈 조각의 출토 장소는 전통적으로
'은의 유적지' 곧 '은허殷墟'라고 불리는 지역이었다. 이로써 고대중국의 신
화와 종교와 상징체계가 현대에 활짝 열리게 되었다.

그러나 중국 기원설의 근거는 매우 희박하다고 할 수 있다. 다만 중세에 문물
교류를 통해 『역경易經』과 같은 문헌에 담긴 점복사상이 전해지고, 그것이 타
로카드에 영향을 주었으리라 짐작된다.

인도 기원설

인도의 '차투랑가(chaturanga)'라는 놀이에서 장기, 체스, 타로카드, 트럼프 등이 유래했다는 설이다.

차투랑가는 고대 인도어인 산스크리트어에서 4를 의미하는 차투르(chatur)와 구성원(member)을 의미하는 앙가(anga)가 합쳐진 말이다. 여기서 차투랑가가 뜻하는 4구성원이란 상像, 마馬, 차車, 보졸步卒 등을 가리킨다. 이를 근거로 해서 '차투랑가'의 놀이 방법과 말의 모양이 장기와 체스로 이어지고, 사성계급(cast)과 구성개념 등이 타로로 이어졌다는 설이 등장한다.

타로카드의 구성은 왕·귀족·신하·평민으로 이루어진 중세사회를 보여준다. 중세의 귀족사회도 인도의 카스트에서 유래했다고 하니 타로카드의 기원을 찾는 데 있어 매우 그럴듯한 유사성이라 하겠다.

그밖에도 라마(Rama)를 돕는 원숭이 형상의 신 하누만(Hanuman)이 쥐고 있는 심벌에서 타로카드의 슈트를 유추하기도 한다. 하지만 이는 전자보다 연관성이 적은 것으로 보인다.

다른 얘기가 되겠지만, 오히려 하누만의 형상은 중국 고전소설 『서유기』의 주인공인 손오공의 원형을 유추하기가 더 쉽다. 하누만은 바람의 신 바유(Vayu)의 아들로, 몸이 커지는 능력을 가지고 있다. 손오공의 능력과 같다. 『서유기』라는 제목도 '서역(인도)을 유랑한 기록'을 뜻하는 것이니, 하누만 신이 손오공의 원형일 것이라는 가설은 일리가 있다. 하누만 이야기는 인도의 서사시 『라마야나』에 나온다.

수피 기원설과 카발라 기원설

이 둘을 동시에 이야기하는 데는 이유가 있다. 수피와 카발라가 타로카드의 기원이 된다는 주장에는 수비학(숫자신비주의)적 상징이 깊게 개입되어 있기 때문이다.

수피는 이슬람의 시아파에서 갈라져 나온 신비주의 종파다. '수피(sufi)'라는 이름은 기독교의 세례자 요한처럼 양털(suf)로 된 허름한 옷을 입었다는 데에서 비롯한다. 수피는 오늘날 이슬람 신비주의를 가리키는 말로 의미가 넓어졌다. 타로의 수피 기원설은 이슬람에서 13이 신성한 숫자로 인식되며 그 13에 카드를 펼치는 사람을 더해 14가 되는데, 이를 토대로 소小비밀 카드 네 종류를 만들었다는 것이다.

한편 '카발라(Kabbala)'는 히브리어로 전통이란 뜻이며 일반적으로 유대교 신비주의를 가리킨다. 카발라는 타로카드의 풀이에 가장 많이 인용되고 있다. 이 기원설의 핵심은 타로의 대大비밀 카드 22장이 히브리어의 22개 알파벳과 상응한다는 것이다. 이 내용은 중세에도 크게 영향을 미친 견해다. 카발라에선 인간과 자연, 나아가 이 세상이 신의 언어로 된 책이라 한다. 그리고 직접적으로 성경에 신의 이름이 비밀스럽게 기록되어 있어 신비의 지식(gnos)을 습득한 자는 신을 만날 수 있다고 여겼는데, 이는 상징을 유추하고 의미를 만들어가는 타로 읽기와 기본적으로 유사한 사고방식이다.

타로의 체계를 세운 프랑스 신비주의자들

이야기를 다시 프랑스 신비주의자들에게 돌릴 차례가 된 것 같다. 앞서 말한 것처럼 이들이 현대 타로카드를 있게 한 장본인이라 할 수 있다. 이야기의 출발은 당연히 앙트안 쿠르 드 제블랭에서 시작된다. 하지만 18세기 이전의 유럽에 이미 타로카드가 존재했던 것으로 보이므로 그것은 대체 어떤 것들인지 간략히 짚어본 뒤 제블랭의 이야기로 넘어가는 게 올바른 순서라 생각된다.

지금껏 보존된 가장 오래된 타로는 1392년 화가이자 점술가인 자크맹 그랭고노(Jacquemin Gringonneur)가 프랑스의 샤를 6세에게 봉헌한 3세트의 대비밀 카드이다. 현재 대부분이 유실되고 카드 중 일부인 17장만이 파리 국립 도서관에 소장되어 있어 그 원형을 짐작하기에는 어려움이 있다.

1415년 이탈리아에서 제작된 비스콘티 스포르자(Visconti Sporza) 카드가 남아 있다. 하지만 일부는 후대에 유실된 것을 복원해 다시 제작한 것이다. 어쨌든 현대 타로카드처럼 78장이라는 점과 타로의 원형을 유추해볼 수 있다는 점에 의미가 있다. 하지만 점술용이 아닌 놀이용 카드로 보인다.

타로에 대한 기록이 많이 나타나는 시기는 14세기부터인데 프랑스와 이탈리아를 중심으로 만들어졌으며 프랑스에서는 타로(Tarot), 이탈리아에서는 타로치(Tarocchi)로 불렸다. 오늘날 카드의 명칭이 타로로 굳어진 데서도 알 수 있듯이 타로의 주도권은 이후 프랑스로 넘어가게 된다.

타로 기원설은 타로 제작이 활발했던 15세기경부터 꾸준히 제기됐지만, 본격적인 관심의 불을 지핀 것은 여러 방면의 고대 지식에 통달한 18세기의 프랑스 학자인 앙트안 쿠르 데 제블랭이 발표한 『고대세계와 현대세계의 비교분석』(1782)이란 책이 등장하면서부터다.

이 책에서 그는 타로카드의 도안과 상징의 배합이 명백히 고대 이집트의 종교와 철학을 배경으로 하고, 타로(Tarot)라는 단어의 어원도 순수한 이집트어에서 유래한다고 주장했다. 또한 Tar는 길道 또는 법法, Ro는 왕 또는 황제로, 황도皇道 또는 왕도王道의 의미라며 타로의 이집트 기원설을 제창했다. 이후 제블랭의 학설은 여러 사람들의 공감을 얻어 폭넓게 퍼져나갔다.

제블랭의 책이 출판된 지 2년 뒤인 1784년 프랑스의 점술가 알리트(Alliette)는 자신의 이름을 거꾸로 바꾸어 에텔라(Etteilla)라는 가명으로 에텔라 타로카드를 만들었다. 에텔라 카드는 이름을 앞뒤로 뒤집은 것처럼 카드의 위아래를 거꾸로 하여 타로 읽기를 감행하는 모험을 시도했다. 이것이 역방향 카드의 시초다. 역방향 카드는 원래 의미의 강화와 약화, 반대 의미나 뜻밖의 의미를 가져온다.

1789년 프랑스대혁명의 불안한 환경에서 타로는 놀이보다는 운명을 점치는 기구로 탈바꿈하게 되었다. 1850년대 중엽에 알퐁스 루이 콩스탕은 자신의 이름을 히브리어로 바꾸어 엘파스 레비(Elphas Levi)라는 가명으로 낸 『초월 마법교회』(1855)에서 최초로 타로와 카발라의 연결을 시도했다.

레비의 사상에 공명하여 1880년경 오스왈드 위르트 타로가 만들어지고, 파퓌스(Papus)라는 가명으로 『보헤미안 타로』(1889)를 발표한 에라르 앙코스(Herard Encauss)가 위르트 타로카드에 히브리 문자와 신화의 인물을 대응시키고 타로와 별자리를 연관 짓는 방법을 시도하여 그 외연을 확장했다.

이처럼 프랑스 신비주의자들은 타로카드 상징체계의 뼈대를 완성하여 오늘날의 타로카드에 풍부한 의미가 담기게 했다. 물론 이들이 노력만이 전부는 아니다. 현대의 타로카드가 체계화된 데는 이들 프랑스 신비주의자들 외에 영국을 중심으로 폭넓게 활동했던 '황금새벽회'의 공적이 있었다.

'황금새벽회'는 비밀 전수의 규약에 따라 프랑스 신비주의자들이 의도적으로 왜곡시킨 타로 체계들을 바로잡았으며, 타로의 중심을 유럽 대륙에서 영국으로 옮기고 타로의 대중화에 이바지했다.

마지막으로 현재까지 대중적인 사랑을 받는 웨이트 타로카드의 개발자 아서 에드워드 웨이트(Arthur Edward Waite)와 가장 완벽한 체계를 지닌 토트 타로카드의 개발자 알리스터 크롤리(Aleister Crowley)도 선배들의 맥을 면면히 계승해 타로의 세계를 발전시켰음을 기억해야 할 것이다.

타로카드는 계속 새롭게 만들어지며 발전한다. 타로는 얼핏 보면 하릴없이 만지작거리는 하위문화의 노리개로 보이지만 그 속에 깊은 전통과 놀라운 비밀을 간직한 당당한 문화적 산물이다.

타로의 구성

78장의 점술용 카드, 타로

카드 낱장을 가리키는 아카나(Arcana)란 표현은 '비의秘義' 를 뜻하는 라틴어 아르카눔(Arcanum)에서 유래했는데, 타로카드가 '비밀스러운 의미를 띤 마법적인 도구' 라는 의미가 담겨 있다.

현대 타로카드는 일반적으로 대大비밀 카드로 번역되는 메이저 아카나 22장과 소小비밀 카드로 번역되는 마이너 아카나 56장을 합쳐 78장의 카드로 구성된다. 현대 타로카드처럼 78장으로 이루어진 최초의 카드는 비스콘티 스포르자 카드지만 원본 그대로인 것은 마르세유 타로카드가 최초다.

대비밀 카드와 소비밀 카드의 관계

78장이나 되는 타로카드를 좀더 쉽게 이해할 수 있는 묘책은 없을까. 타로카드를 자주 되풀이해서 사용하는 방법밖에는 달리 없다고 한다면? 이것은 누구나 생각할 수 있는 방법이지만 최고의 방법이라 할 수 있다. 자주 보면 가까워지고, 가까워지면 자세히 알게 되는 것은 자명한 이치다.

하지만 이보다 더 요령 있게 78장 모두를 파악하는 손쉬운 방법이 있긴 하다. 타로카드를 하나의 줄거리를 지닌 이야기로 구성해보는 것이다. 즉, 타로의 의미를 한 편의 드라마로 구성하는 것이다. 이를테면, 불교의 진리로 상징되는 소를 찾아나서는 동자승의 그림(십우도)이나 가톨릭에서 처형을 앞두고 빌라도 관저에서 갈보리 산까지 십자가를 지고 길을 걷는 예수의 수난상(성로 십사처)처럼 말이다.

대비밀 카드와 소비밀 카드의 관계는 문장의 필수적인 성분과 부수적인 성분의 관계에 빗댈 수 있다. '허기진 그녀가 뜨거운 호빵을 허겁지겁 먹었다' 라는 문장에서 필수 성분은 '그녀는', '호빵을', '먹었다' 라는 세 단어다. 나머지는 이 문장이 지시하는 대상이나 상황을 구체화하는 수식언일 뿐이다.

필수 성분 중 어느 하나가 빠지면 의미는 흐릿해진다. 이 필수 성분을 타로의 대비밀 카드에 비유할 수 있을 것이다. 그리고 이 필수 성분을 꾸미는 '허기진' 이나 '뜨거운' 이나 '허겁지겁' 같은 단어들을 소비밀 카드에 비유할 수 있을 것이다. 모든 단어는 그 스스로 의미를 지니고 있다. 하지만 서로가 모여 한 문장을 이루어 어떤 한 사물이나 상황을 지시하는 때에는 그 관계망에서 좀더 뚜렷한 뜻을 지니게 된다.

타로를 이해하는 데 도움 되는 배경 지식

타로의 대비밀 카드 22장의 이미지는 정통 기독교 사상과 다소 거리가 있다. 하지만 크게 보면 기독교의 영향을 받았음을 알 수 있다. 제도화된 도그마(교리)가 아니라 도그마 탄생 이전, 다시 말해 제도 이전의 기독교 사상과 각 지역의 종교 전통을 반영한다고 보면 된다. 대비밀 카드의 배경이 되는 서양 사상의 지류인 영지주의, 연금술, 카발라 등을 간략하게 살펴보도록 하자.

영지주의

 기독교 신비주의의 한 분파. 영어로 그노시즘(Gnosticism)이라 한다. 영지주의의 핵심은 이원론에 있다. 영지주의자들은 조물주는 완전하기 때문에 이렇게 악한 세상을 만들었을 리 없다고 주장한다. 이 세상을 만든 신은 악한 신이라는 것이다. 따라서 선한 세상을 만든 신(데미우르고스)을 섬기는데, 그것은 인간의 내면에 존재한다. 신은 인간을 만들면서 내면에 신성의 불씨를 감추어두었고, 인간은 기도와 명상을 통해 얻은 지혜로써 이 불씨를 살려내 완전한 세상을 만드는 데 이바지해야 한다고 믿었다.

연금술

제5원소를 캐내기 위한 작업. 연금술은 인류의 오랜 기억에서 비롯된다. 연원을 알 수 없을 정도로 뿌리 깊은 배경을 지닌다. 최초의 연금술사는 청동기를 만든 원시인이라 할 수 있을 것이다. 연금술은 만물을 이루는 4원소(물·불·공기·흙)보다 더 완벽한 제5원소를 만들기 위한 지적 작업이라고 할 수 있다. 연금술사는 흔히 마술사로 일컬어졌으며, 제5원소는 현자의 돌이라고 불리기도 했다.

카발라

비밀스레 전승된 유대 신비주의. 카발라는 히브리어로 '전승' 또는 '전통'을 뜻한다. 카발라의 역사는 서양 중세에 활짝 꽃피었는데, 중요한 카발라의 문헌들이 이때 많이 나왔다. 카발라에서는 성서에 신의 이름이 감추어져 있는데, 이를 읽으면 새로운 생명을 창조할 수 있다고 얘기한다. 이 생명을 골렘이라고 한다. 최초의 골렘은 아담이라 할 수 있는데, 아담은 바로 진흙덩어리라는 뜻이다. 타로카드와의 연관성은 히브리 알파벳 22개와 대비밀 타로 22장이 가진 수적 연관성에 의거한다. 실제로 타로카드의 1번 마법사(연금술사)의 팔 모양은 히브리 알파벳의 첫 글자인 알레프(א)의 형상을 하고 있다.

내면 세계를 읽는 도구, 타로

우리는 언어를 주고받아서 의사소통을 한다. 언어는 자신의 뜻을 전달하는 일종의 도구라 할 수 있다. 언어 가운데 글자는 이런 의사소통의 도구로써 정교하게 다듬어진 것이다. 문명 이기의 원조는 바로 글자다. 컴퓨터나 비행기의 발명도 모두 이 글자를 바탕으로 해서 이루어진 결과다. 그렇다면 글자 이전의 인간은 무엇을 의사소통의 수단으로 삼았을까. 당연히 그림이다. 그림은 언어 이전의 언어다. 타로카드의 그림 이미지들은 원초적인 언어라 할 수 있다. 따라서 매우 풍부한 의미를 전달해준다. 타로카드의 그림을 읽을 때 상상력을 발휘해야 한다는 것은 바로 이런 의미에서 하는 말이다.

달리 비유하자면 타로카드의 그림은 선불교의 공안이나 화두와 같은 것이다. 불교의 공안 가운데 이런 것이 있다. 누가 나무에 올라갔다고 하자. 손으로 가지를 잡지도 않고 디디고 선 발판도 없이 다만 입으로 가지를 물었다. 그때 나무 아래서 누가 "달마가 서쪽에서 건너온 뜻"을 묻는다면 어쩔 것인가. 대답하지 않는다면 사람을 무시하는 것이 되고, 대답하려 한다면 떨어져 목숨을 잃을 것이다. 이럴 때 어떻게 대응해야 하는가. 이 상황은 여러 가지 답을 이끌어낸다. 이것을 공안이라 한다.

타로카드의 그림은 하나의 의미로 한정되지 않는다. 현대 타로카드는 예쁜

장식이나 도안에 신경을 쓰고 의미는 고정된 것으로 풀이하는 경우가 많은데, 고전 타로카드의 대명사인 마르세유만 하더라도 의미의 편폭이 매우 넓다는 사실을 알 수 있다. 그러므로 타로를 읽는 마음은 상상력과 진지함으로 가득해야 한다. 자신의 내면을 차분하게 들여다보는 매체로 이용하면 큰 도움을 줄 것이다.

타로카드는 우리의 직관이나 통찰을 통해 흐릿한 상황을 눈에 보이게 나타내주거나 고정되어 있지 않은 미래를 엿볼 수 있게 도와주는 도구다. 영적인 기질이 발달된 사람이라면 타로를 통해 과거 · 현재 · 미래를 읽는 것이 아주 정확하고 명쾌하다는 사실을 발견할 것이다. 타로를 통해 자신이 가진 영적인 기질이나 직관을 개발할 수 있다. 그러나 주의할 것은, 타로에 특정한 영이 있어 자신을 인도해준다고 믿거나 속된 말로 타로의 신이 있다고 믿는 것이다. 그것은 아주 위험한 발상이다.

스위스의 유명한 심리학자인 카를 구스타프 융은 타로카드가 사람들 각자가 가지고 있는 인성을 나타내주고 있음을 알고 심리상담에 많이 응용했다고 한다. 말이나 글로는 분명 표현되기 어려운 무의식의 세계가 타로가 가진 이미지를 통해 드러나는 것에 착안한 것이다. 그림과 상징은 입말이나 글말보다 함축적이며 본질에 가깝게 다가갈 수 있게 한다. 자신의 무의식이 세계와 이야기하는 창구로 타로를 받아들여 객관적인 자세로 집중한다면 삶에 커다란 도움을 주는 친구가 될 것이다.

스프레드

스프레드란 무엇인가

타로카드를 뽑아 실제로 응용하는 것을 말한다. 달리 카드 전개법이나 카드 배열법 등으로도 부른다.

각양각색의 카드 배열법이 있기 때문에 어느 하나가 좋다고 권장하기에는 어려움이 있다. 하지만 여러 가지 카드 배열법을 한번씩 익혀보고 가장 편한 것을 자신의 것으로 취하는 게 좋다.

초급, 중급, 고급 이렇게 단계를 나누어 카드 배열법을 익히는 것도 나쁘지 않다. 처음부터 너무 복잡한 배열법을 선택하면 카드 읽기에서 실패할 위험성도 있기 때문이다. 각 아카나 카드의 상징체계와 의미 연관을 전부 숙지한 다음에 배열법을 하나씩 익혀가야 한다는 것은 두말할 나위가 없겠다. 만약 순서를 거꾸로 해서 배열법을 먼저 살피려든다면 상황의 구체성을 파악하고 미래를 점치는 데 어려움이 뒤따를 것이다.

타로카드 배열법은 세계 각 지역마다, 그리고 카드마다 각기 다른 고유한 배열법을 개발, 계승하고 있다. 하지만 필자의 경우에 단순하게 세 장을 나란히 배열하는 방법, 흔히들 가장 초보적이라고 하는 배열법을 선호한다. 얼굴을 맞댄 실제 상담에서 복잡한 배열법은 상담을 방해하는 측면이 있다. 간단명료하게 상담의뢰자도 쉽게 이해할 수 있다는 장점뿐 아니라, 가장 단순해 보이나 그 배열 방법이 가장 적절하다는 편리함이 있었다. 여기서 잠깐, 서구에서 가장 널리 보급된 라이더 웨이트 타로카드의 배열법을 예로 들어 스프레드의 개념을 다시 한 번 짚어보기로 하자.

라이더 웨이트 타로카드 배열법 3가지

● 켈트 십자가 모양의 카드 배열법

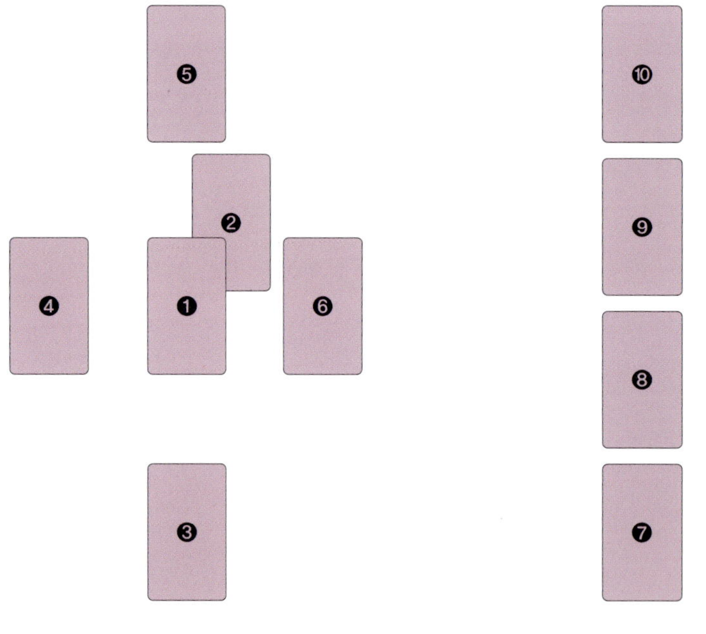

● 말발굽 모양의 카드 배열법

1 – 현재의 지위
2 – 현재의 기대
3 – 기대되지 않는 사항
4 – 가까운 미래
5 – 머나먼 미래

● 육각형 별 모양의 카드 배열법

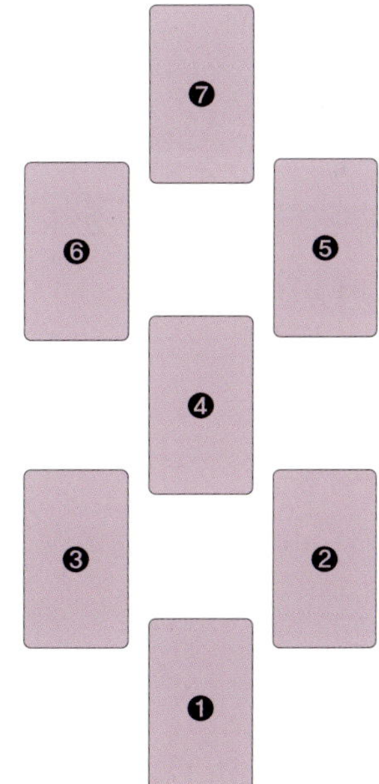

1 – 현재 처한 상황
2 – 당신의 감정 상태, 대인관계
3 – 마음, 생각, 경력, 직업
4 – 문제의 핵심 추적
5 – 표면화된 것과 표면화될 것
6 – 당신이 원하는 것
7 – 최종 결과 분석

이 3가지 예에서 볼 수 있듯이 라이더 웨이트 타로카드 배열법은 각 번호마다 각 아카나의 의미를 해석할 수 있도록 매뉴얼을 확정하고 단순화시켰다는 특징이 있다. 하지만 이것은 너무 복잡하고 해석상의 난점이 있을 수 있으며, 타로 사용자에게 일종의 허영심을 부추길 위험이 있다.

또한 작위적일 수밖에 없다. 말발굽 모양의 배열법에서 3번의 '기대되지 않는 사항'과 4번의 '가까운 미래'의 배열에 어떤 필연성이 있을까, 왜 말발굽 모양을 본떠 배열한 것에 개연성이 있을까 등 여러 가지가 의아해진다. 3번에 놓인 아카나의 뜻을 '왜 기대되지 않는 사항'으로 설정했는지 논리적으로 납득이 가지 않을 수 있다. 다시 말해 이 배열법이란 것은 작위적일 수밖에 없다는 말이다. 중요한 것은 어떤 풀이를 이끌어내느냐에 달려 있지, 복잡한 배열법에 통달했느냐에 달려 있지 않다.

따라서 배열법이 필연적인 규칙이라기보다 하나의 약속이라 이해하면 좋을 듯하다. 자꾸만 새로운 배열법이 나오는 것은 이런 이유다. 하지만 기존 배열법은 이미 여러 사람의 검증을 거친 것이라는 점에서 존중할 가치가 있고, 익혀두기에 편하다는 장점도 빼놓을 순 없다.

마르세유 타로카드 배열법

이미 말했듯이 이것은 정해진 것이 아니다. 필자가 즐겨 사용하는 방법일 뿐이다. 마르세유의 특성을 잘 반영한 배열법은 아래에 소개할 배열법이다. 마르세유 타로카드에 관심을 갖고 좀더 다양한 배열법에 다가서려는 여러분에게 도움이 됐으면 하는 바람으로 몇 가지를 소개하겠다.

구체적 상황을 알고 싶을 때

 첫번째 방법

타로카드 아카나의 기본 배열은 세 장으로 한다. 이 세 장의 카드는 수비학적 맥락으로도 설명이 가능하다. 〈1＋1＝2〉, 다시 말해 알고픈 문제에 대한 하나의 결과와 그 결과에 더하여(하나를 더 뽑아) 앞으로 전개될 상황을 살펴보는 것이다. 결과와 전개될 상황의 상관관계로 그 의미를 추론할 수 있다.

이때 만약 그 의미가 불분명하거나 애매할 경우 나머지 소비밀 카드를 다시 섞은 다음 두 장을 더 뽑아내거나 아니면 맨 앞과 맨 뒤에서 각각 한 장씩 두 장을 뽑아내는 방법을 취할 수도 있다.

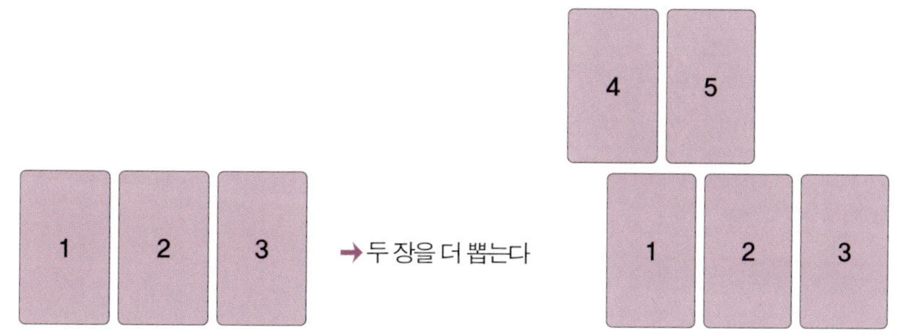

또 다른 방법으로 첫 번째 장과 두 번째 장의 숫자를 더해 하나의 새로운 숫자를 도출하고, 마찬가지로 두 번째 장과 세 번째 장의 숫자를 더해 다른 새로운 숫자를 도출해낼 수도 있다. 이 두 숫자를 수비학적 개념으로 읽어나가거나 소비밀 카드의 숫자와 연관 지어 숫자 간의 상관관계로 그 의미를 추론할 수 있다.

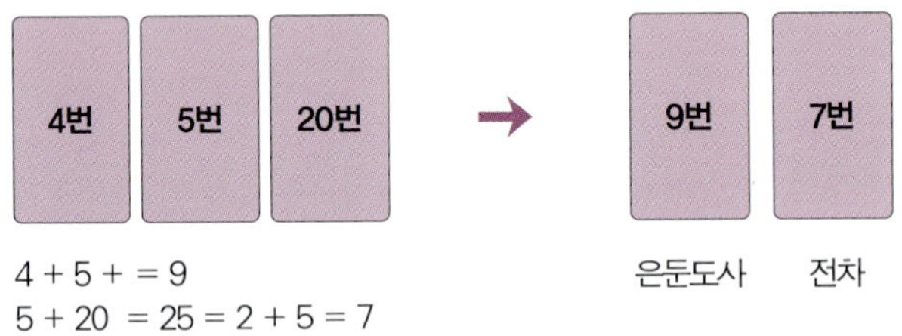

$$4 + 5 + = 9$$
$$5 + 20 = 25 = 2 + 5 = 7$$

⭐ **두번째 방법**

메이저 아카나 22장과 인물 아카나 16장을 더해 38장으로 배열하는 방법은 다음에 소개할 26장 배열법과 유사하다. 가로와 세로로 각각 6장씩 36장을 바닥에 펼쳐놓는다. 그리고 나머지 2장은 옆에 따로 놓아둔다.

① 임의로 한 장을 열어본다.
② 그림의 이미지를 본다. 그리고 인물의 방향이나 시선을 따라 다음 장을 열어본다.
③ 처음 열어본 아카나의 이미지와 연관 지어 의미를 부여한다. 이런 식으로 인물이 서로 마주보거나 고정될 때까지 한 장 한 장 열어간다.
④ 완료가 됐으면 옆에 놓아둔 두 장을 열어 최종 결론을 지어준다.

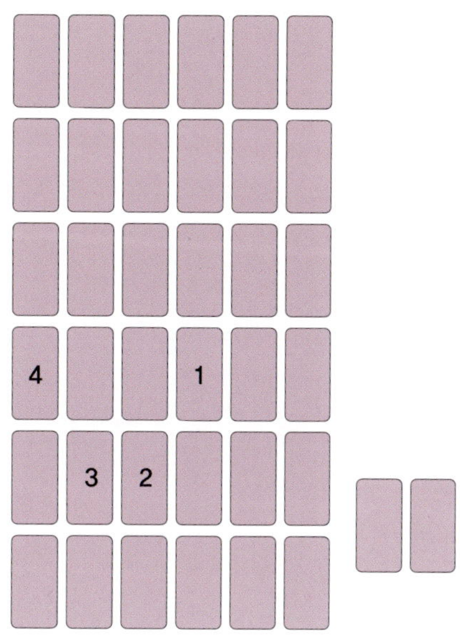

⭐ **세번째 방법**

대비밀 카드 22장과 소비밀 숫자 카드에서 각 슈트의 에이스 4장을 더하여 26장으로 배열하는 방법이다. 가로 5장과 세로 5장씩 25장을 바닥에 펼쳐놓는다. 그리고 나머지 한 장을 옆에 놓아둔다. 진행법은 〈두 번째 방법〉과 동일하나 에이스가 나왔을 때는 거기에서 멈춘다. 그리고 네 모서리의 아카나를 열어본다. 네 모서리는 메이저 아카나 21번 세계 카드의 이미지 문양이 배열된 것과 동일하게 배열된다. 예를 들면, 오른쪽 상단은 가을을, 하단은 여름을 상징하며, 왼쪽 하단은 봄을, 상단은 겨울을 상징한다.

왼쪽 하단의 모서리에서 대각선 방향으로 2번 → 1번 → 오른쪽 상단으로 이어지는 3번을 열어본다. 3번 아카나가 오른쪽으로 진행되는 이미지라면 4를 열어본다. 이런 식으로, 멈출 때까지 카드를 펼치면서 상담을 할 수 있다. 그리고 진행 상황이 종료되면 옆에 놓아둔 한 장의 카드로 결론을 지어주면 된다.

전반적 상황을 알고 싶을 때

⭐ 첫번째 방법 – 새턴 매직 스퀘어(SATURN MAGIC SQUARE)

메이저 아카나 9장을 임의로 뽑아놓는다. 그리고 아래 그림과 같은 아라비아 숫자의 순서로 펼쳐가며 수비학적 개념에 접근해 가면 된다.

도표에서 알 수 있듯 가로, 세로, 대각선으로 세 숫자를 더하면 각각 15라는 숫자가 나온다.

1 – 나, 현재 처한 외적 상황

2 – 너, 당신, 현재 처한 내적 상황

3 – 자기 표현, 실용감각, 교류

4 – 가정, 물질 및 금전, 경제

5 – 아홉 장 아카나의 중앙에 위치, 역
　　동적인 숫자로서 발전, 지혜, 처세

6 – 5의 상승운동의 결과, 영적인 결
　　합, 조화, 결혼, 사랑

7 – 여행, 신앙, 영적인 성향

8 – 무한대, 권위, 통제, 물질적 성공
　　과 실패, 직업상의 변화

9 – 임신, 탄생, 외국, 완성

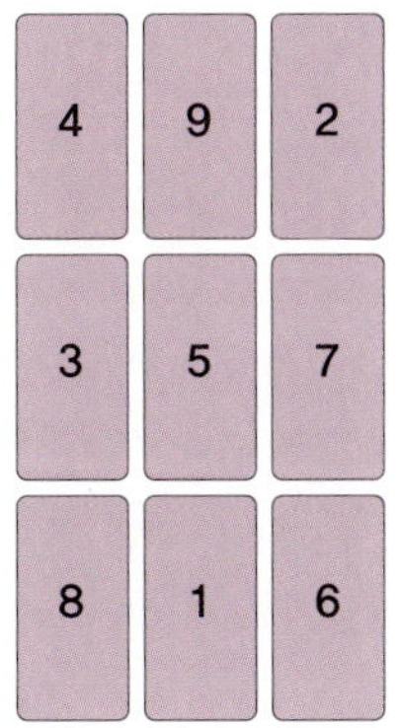

⭐ 두번째 방법 – 주피터 매직 스퀘어 (JUPITER MAGIC SQUARE)

메이저 아카나 22장과 인물 아카나 16장을 섞어 임의로 16장을 뽑는다. 그리고 아래 그림과 같은 아라비아 숫자의 순서로 펼쳐가며 2개념을 풀이하면 된다. 가로, 세로, 대각선의 네 숫자를 더하면 각각 34라는 숫자가 나온다.

1, 2, 3, 4 – 불(火), 창조성,
　　　　　　일의 열정과 성공

5, 6, 7, 8 – 흙(地), 현실적,
　　　　　　물질적

9, 10, 11, 12 – 공기(風), 사회적
　　　　　　관계와 장애, 소송

13, 14, 15, 16 – 물(水), 애정관계
　　　　　　나 감성, 가정문제

제 2 장
마르세유 타로 상징의 숲으로 들어가기

깊은 역사성과 풍부한 상징성의 타로

현존하는 가장 오래된 타로카드로 비스콘티 스포르자 타로를 꼽을 수 있겠지만 분실된 4장의 카드를 후대에 그려넣었고 다시 채색한 카드도 있다는 점을 감안하면, 78장의 원본이 고스란히 남아 있는 최고 타로카드의 영예는 마땅히 프랑스의 마르세유 타로카드에게 돌아간다.

프랑스 남부에 자리한 항구 마르세유는 예로부터 여러 문화가 드나드는 요지였다. 십자군전쟁 당시에는 십자군의 진출로로, 그리고 그리스, 아라비아, 이집트, 인도, 중국 등지의 외래문화가 유입된 통로로 마르세유는 다양한 문명의 교차로 역할을 해 일찍부터 개방적인 도시의 면모를 갖추어나갔다.

마르세유는 예언가 노스트라다무스와 그의 스승 위르라쉬 마이엔스의 고향이자 막달라 마리아의 가족이 예수 그리스도 사후에 박해를 피해 바다를 표류하다 기적적으로 그곳의 모래톱에 닿았다는 전설이 서린 고장이기도 하다. 막달라 마리아가 죽을 때까지 수도생활을 했다는 생트 봄 동굴은 지금도 성지 순례지들의 발길이 끊이지 않는다. 마르세유와 종교 전통은 뗄 수 없는 관계를 맺고 있다.

타로의 지식은 스승에서 제자로 비밀리에 전수되었다. 스승이 죽으면 그가 사용하던 타로는 함께 땅에 매장되며 제자는 스승에게 물려받은 비전秘傳을 근거로 직접 타로카드를 제작해 사용했다. 인쇄술이 발달하지 않았으므로 손으로 그린 타로가 대부분이었다.

그래서 초기의 타로는 대개 펜으로 그린 세밀화거나 유화로 그린 그림이었다. 인쇄기술의 발달이 미약했기 때문에 섬세한 묘사나 다양한 색상을 사용한 대량생산은 어려웠다. 스텐실 기술이 도입된 18세기 이래로, 여러 색을 입힌 타로카드가 프랑스를 필두로 이탈리아와 스위스 등지에서 생산되었다. 마르세유 타로의 기본양식이 성립된 것도 이 무렵이다.

타로카드의 수요가 많아지자 생산이 증가하면서 도판의 색이 차츰 줄어들었다. 빨리 찍기 위해 복잡한 상징들은 생략되고 단순하고 조잡한, 질 낮은 타로카드가 마구잡이로 인쇄되기 시작했다. 바로 이 시기에 타로카드에 담긴 더욱더 깊은 의미에 눈을 돌린 사람이 나타나 비밀 전통을 되살린 타로카드를 새로이 창작해냈다. 니꼴라 꽁베르의 마르세유 타로카드의 제작에는 이러한 배경이 숨어 있었다. 하지만 1760년부터 생산된 마르세유 타로카드는 예로부터 내려오던 마르세유 타로의 디자인을 견본으로 삼았다는 점을 들어, 오늘날도 니꼴라 콩베르의 마르세유 타로카드가 아니라 작자 미상의 타로카드라 일컫기도 한다.

하지만 19세기 산업혁명 시대에 접어들자 복사된 그림을 다시 복사하여 원판으로 사용하고 그것을 다시 복사하는 과정에서 타로에 반영되어 있던 고대 지식과 주요 상징은 현격히 퇴색하고 말았다. 그래서 타로카드 연구가들은 원본 형태를 가장 완벽하게 보존하고 있는, 니꼴라 꽁베르가 되살려낸 마르세유 타로카드의 가치를 높이 사면서 마르세유 타로에 비전된 지식을 중시하는 것이다.

메이저 아카나 22장에 깃들인 상징
열쇠 찾기 & 빗장 풀기

열쇠 찾기

열쇠 1 메이저 아카나는 대비밀 카드라 한다.

열쇠 2 22장 가운데 의미가 유사하거나 상징이 비슷한 것이 있지만 중요한 것은 그 미묘한 차이를 아는 것이다.

열쇠 3 한 메이저 아카나 카드에 여러 가지 의미와 상징이 내포되어 있음을 기억해야 한다.

열쇠 4 메이저 아카나는 배열법에서 전체 상황과 이미지를 읽는 데 사용된다.

열쇠 5 마르세유 타로는 현대 타로카드의 화려한 도상 대신 깊은 역사성을 함장하고 있다는 특징이 있다.

22장의 타로카드는 타로에 감춰진 의미를 캐내는 '바보의 여행'이라고 할 수 있다. 카드에 그려진 그림을 보면서 마치 바보가 어떤 예기치 않은 상황에 처했을 때 어떤 해답을 구하는지를 그려보면서 이야기를 전개하면 좋다.

타로카드 읽기에서 중요한 것은 이야기를 만드는 것이다. 선입견을 버리고 타로카드를 깊이 읽어내려가는 훈련을 하도록 한다.

수비학적 상징과 점성학적 상징에 관해서 지나치게 부담을 가질 필요는 없다. 가장 중요한 것은 이미지를 자기의 것으로 만드는 일임을 기억하고 한 장 한 장을 맘에 새긴다는 자세로 임한다.

I 마법사

타로카드 해설서에서 으레 타로의 첫 주자로 광대가 나오지만 이는 잘못된 것이다. 타로카드는 엄연히 마법사로부터 시작된다. 마르세유 타로 하단에 씌어진 Le Bateleur라는 단어는 '요술쟁이' '곡예사' '연예인' 등을 뜻한다. 그 밖에도 '뱃사공' '위반자'나 '과오를 범하다' '지배되지 않다' 등과 같은 여러 뜻이 있다.

하지만 이 모든 의미를 다 알아야 한다는 강박관념을 가질 필요는 없다. 중요한 것은 이러한 단어의 뜻에 묶이기보다는 마법사로 시작되는 타로카드의 뜻, 그 감춰진 의미를 캐내는 것이다.

그럼 이제 카드에 그려진 그림을 보면서 그 이미지가 어떤 말을 건네는지 살펴보자. 그러기 위해서는 이야기를 나누려는 마음가짐이 필요하다. 무엇보다 먼저 할 일은 눈과 귀를 활짝 열고 선입견이나 편견 없이 카드의 도상(icon)과 마주하는 일이다. 이것이 출발이다. 천천히 한 걸음씩 발걸음을 떼도록 하자.

상징 풀이

사각형 테이블에 작은 사물들이 어지러이 있다. 사내가 손에 든 것은 유리 막대로 보이지만 사실은 4원소 중에서 불火을 상징하는 바통(Baton, 막대기)이다. 커다란 모자의 챙은 무한대를 형상화한 ∞의 모양이다. 테이블에 놓인 사물들 중에서 노란색 원은 금화로 땅地을, 인체 해부에 쓰이는 메스처럼 보이는 것은 칼로 바람風을, 감청색과 빨간색을 담은 황금빛 종지가 형상하는 것은 성배로 물水을 상징한다. 테이블 다리는 세 개밖에

안 보이는데, 언제라도 판을 접을 수 있는 가변성을 암시한다.

이 카드에서 중요한 것은 바로 이 마법사(또는 마술사, 연금술사)가 취한 팔의 모양이다. 마법사가 타로카드의 시작이라는 것을 의미하는 상징이 이 팔의 자세에 숨어 있다. 마법사의 팔 모양은 바로 히브리 알파벳에서 첫 글자인 알레프(א)의 형상이다. 이 알레프는 시작을 의미하며 최초의 힘을 나타내는 신비주의적인 맥락을 지닌 글자다. 타로카드의 마법사는 으레 이 알레프의 형상을 하고 있다.

마법사의 시선은 비스듬히 45도 각도로 무언가를 골똘히 응시하고 있다. 무엇을 보고 있는지 도무지 알 수 없는 눈길이다. 다만 우리는 여기서 그가 무언가를 피하는 듯한 표정을 읽는다. 좀더 상상력을 발휘해, 마술사의 한 손에 치켜든 막대와 다른 손에 쥔 물체, 그리고 오른손 앞에 있는 둥근 물체와 빨간색 종지 둘레에 놓인 네 개의 둥근 물체를 연결시키면 놀랍게도 성좌 북두칠성, 큰곰자리가 그려진다.

현대에 만들어진 타로카드에 나오는 마법사의 자신에 찬 얼굴과 사뭇 다른 표정을 지닌 마법사는, 무엇을 결정하지 못해 불안에 휩싸인 것처럼 보인다. 한마디로 갈팡질팡하는 듯한 불확정적인 표정이다. 그러나 이러한 표면적인 것에 머물면 마르세유의 풍부한 상징성을 놓치게 된다. 마법사가 딛고 있는 장소를 눈여겨봐야 한다. 그는 실내가 아니라 야외에 있다. 땅에서 노란색의 잎사귀들이 돋아난다.

마법사는 우주의 구성요성인 4원소 모두를 다룬다. 그는 창조력으로 변화의 시작을 알린다. 시작에 망설임이 없을 수 없다. 아무리 사소한 일이라도 결단은 어려운 일이다. 마법사의 표정에서 읽어내야 할 것은 이러한 결단의 어려움이다. 결단과 함께 대지의 표면을 뚫고 의미가 생겨나기 시작한다.

중세 아서왕의 전설에 등장하는 마법사 멀린이나 톨킨이 쓴 중세풍 판타지 소설 『반지의 제왕』에 등장하는 마법사 간달프는 문제를 제기하고 사건을 일으킨다. 특히 영화로도 제작되어 호평을 받았던 톨킨의 『반지의 제왕』에서 간달프는 난장이 호빗 족의 프로도를 찾아가 절대반지를 버려 달라고 부탁함으로써 길고 긴 이야기의 시작을 알린다. 마법사는 이야기의 시작을 불러온다. 그러나 그 시작이 현실에서 구체적으로 전개된다는 점에서 바보 카드의 시작과 다르다. 이것은 마지막 부분에서 다시 이야기하자.

아카나 풀기

자신을 만들어가는 모습이다. 그러나 아직은 미흡한 상황을 암시한다. 첫 술에 배부를 수 없는 법이다. 좀더 많은 것을 기대하는 상황이라면 더 충실한 자기노력이 필요함을 의미한다. 자기계발을 준비하고 도전하려는 의지가 있는 사람에게는 무한한 가능성을 뜻하지만, 그렇지 않은 경우에는 임기응변식 상황 대처를 뜻한다. 능수 능란하고 달변가이며 만능 재주꾼의 이미지를 반영하고 있다.

아카나 읽기

일을 처음 시작하는 단계의 초보자이거나 어떤 일을 마무리하고 새 일감에 손을 댄 사람이다. 테이블의 구도가 비스듬한 것을 보면 알 수 있듯 불안한 상황이다. 장사를 하려는 사람에게 이 카드가 나오면 시작은 했지만 아직 체계가 잡힌 상태는 아니며, 언제라도 접을 수 있는 상황일 때가 많다. 엔지니어의 경우에는 기술이 더욱 발전되고 세련되어짐을 나타낸다.

연애문제에서는 가벼운 만남을 상징할 때가 많다. 손으로 무언가를 잘 만드는 흔히 손재주가 있어 디자인 계통이나 공예 관련 분야 종사자와 친숙한 카드다. 나이가 지긋해도 특유의 말솜씨로 주변의 사랑을 받는 재담꾼 타입이다. 외아들이나 귀하게 자란 사람이나 호기심이 넘치는 사람이라는 의미를 가진다. 연상의 여인에게 인기가 높은 남자들이 많다. 그러나 변덕이 심하고 한 가지 일을 꾸준히 해야 한다는 교훈은 주는 카드다. 제5원소를 얻는 일은 실로 어려운 길이다.

일반적 의미	임기응변, 처세, 잠재 능력, 영리함, 손재주
건강적 의미	머리, 얼굴, 두통, 산만한 정신, 비염
장소적 의미	상가, 도심지, 공장, 연구소, 길거리
직업적 의미	엔지니어, 세일즈맨, 약사나 의사, 화가, 제조업
애정적 의미	젊음, 만남, 재치, 유머, 불안한 관계

II 여자 교황

Papesse는 교황의 프랑스어 Pape에 여성형 어미인 -esse를 붙여 만들어낸 말이다. 이 카드에 나오는 여자 교황은 여자 교황 잔느를 나타낸다. 잔느는 자신의 신분을 숨긴 채 사제가 되어 교황의 자리까지 올랐다는 전설의 인물이다. 하지만 실제 현실에서는 여자 교황이 있을 수 없다. 추기경에게 교황이 될 자격이 주어지는데, 가톨릭 교회는 지금까지 여자가 추기경이 되는 것을 엄격히 막아왔다.

이 아카나는 타로카드가 중세 기독교의 영향이 아닌 고유의 전통을 이어왔음을 보여준다. 타로카드에는 이렇게 반(反)권위의 정신이 스며 있다. 여성임을 숨기고 교회의 우두머리가 되었다는 데서, 비밀스러움이나 다른 사람을 이끄는 능력, 탁월하고 영적인 능력을 읽어내기도 한다.

상징 풀이

타로카드의 여자 황제 아카나는 주로 정체를 알 수 없고 어딘지 신비가 깃들여 있는 것으로 풀이되곤 한다. 기도를 통해 타인을 구원하는 미인으로 나타나는 게 일반적이다. 그러나 마르세유 타로카드는 그런 이미지와는 다른 심오한 의미를 지니고 있다. 이제 그것을 찾아보자.

카드에서 무엇보다 먼저 눈에 띄는 것은 엄숙하고 경건하게 앉은 여사제가 펼쳐든 '황금의 책'이다. 황금은 영원성을 지향하는 것이다. 불사의 상징으로 황금이 지닌 가치는 크다. 연금술사들이 그토록 숱한 희생을 치러 가며 추구했던 황금이 아닌가. 또한 황금의 노란색은 땅을 상징한다.

다른 타로카드에서도 여자 교황(또는 고위 여사제)은 책을 가지고 있다. 그러나 다른 타로카드의 인물이 주로 닫혀 있는 책을 한 손에 들고 다른 한 손에는 권력의 상징 봉을 쥐고 있는 데 반해, 마르세유 타로카드의 여자 교황은 두 손 모두 책을 쥐고 있으며 책도 활짝 펼쳐져 있다. 닫혀 있느냐 열려 있느냐 하는 차이야말로 마르세유 타로카드의 특징을 보여주는 것이다. 책이 상징하는 것은 전문성, 학문, 지식, 열정, 지혜 등으로 공통적이지만 마르세유 타로카드의 '펼쳐진' 책은 고대의 사상을 반영하는 마르세유 타로만의 특징이다. 땅을 가리키는 노란색이 지닌 의미를 생각하면 더욱 그렇다.

고대 신화에서 땅, 다시 말해 대지大地는 특별한 의미를 지녔다. 땅은 곡식이 자라게 하는 생산력을 지니고 있으며, 살 데가 마땅치 않은 이들을 위해선 집穴居이 되어 따뜻하게 품어주는 포용성을 지니고 있기도 하다. 땅은 어머니 여신으로 대모지신, 대지의 어머니(Mother earth)로 오랫동안 숭배의 대상이 되어왔다. 여자 교황의 손에서 '펼쳐진' 황금의 책은 이러한 고대인의 신앙을 함축한다.

이제 시선을 위쪽으로 옮겨보자. 그녀가 머리에 쓴 교황의 관이 보인다. 이 관에는 3개의 빨간 줄이 가로로 그려져 있는데, 수비학의 아버지 피타고라스가 3각형을 우주적 의미에서 '생성의 시초'로 봤다는 점을 기억할 필요가 있다. 이때의 3이란 숫자 역시 '대지'와 마찬가지로 만물을 낳고 기르는 생산력과 포용력의 의미를 지닌다.

그리고 마지막으로 우리가 눈여겨 볼 것은 이 여자 교황 타로카드에서 빨간색이 차지하는 비중에 관한 것이다. 색채에 연구하는 미술사학자들은 빨간색이 역사적으로 색 중의 색, 색채의 왕으로 일컬어졌음을 강조한다. 전통적으로 빨간색 옷은 주교와 왕과 법관 그리고 형리가 입을 수 있었다. 그들 모두를 연결시키는 것은 삶과 죽음, 유한과 무한을 다스리는 지배자의 이미지였다.

그러나 여자 황제 타로에서는 이런 지배자의 이미지가 겉으로 두드러지지 않는다. 오히려 최고 지위에 걸맞지 않게 불안감이 서려 있고, 무언가 베일에 싸인 듯한 얼굴을 하고 있다. 이것이 나타내는 것은 비밀, 수수께끼, 침묵, 고집, 독신獨身 등의 의미다. 권력을 쥐고 있지만 드러내진 않는다.

그러면 이런 의미가 어떻게 생겨나게 되었는지 역사를 통해 살펴보기로 하자. 중세 기독교 문화가 꽃피면서 여성의 지위는 오히려 위축되었다. 여자가 글을 읽고 쓴다는 것은 쉽지 않았다. 여자가 책을 접할 수 있는 기회는 수도원에 들어가 수녀가 되는 것이 거의 유일했다. 하지만 이것도 가려가면서 해야 할 조심스러운 일이었는데, 왜냐하면 글을 안다는 것은 지식과 지혜를 갖는다는 것이고 지식과 지혜의 소유는 곧 권력의 소유로 연결되기 때문이다. 그래서 여자가 책에 관한 지식을 드러내는 것은 자신의 처지를 위태롭게 만드는 어리석은 행동이었으며, 중세 사회는 이를 용납하지 않았던 것이다.

물론 힐데가르트 폰 빙엔(Hildegard von Bingen) 같은 뛰어난 여성이 없었던 것은 아니다. 대표적인 중세의 신비주의자이자 최초로 여자 수도원을 세운 것으로 알려진 힐데가르트 폰 빙엔은 『정직한 인간이 쓴 비밀예언서』를 집필하여 자신이 본 신비적인 환상을 설명하고, 지상세계를 신성

한 빛의 왕국으로부터 분리시키는 닫힌 세계를 보여주었다. 하지만 이것
은 예외적인 경우에 속한다. 중세에서 현대로 이어지는 인류 역사에서 여
성은 줄곧 억압의 대상이었다. 중세를 거쳐 근대에 접어들면서 인류 초기
대지의 어머니가 지녔던 위상은 차츰 망각되었던 것이다. 이러한 여성의
역사를 이해하면 여자 교황 아카나에 담긴 핵심적인 의미에 좀더 쉽게 다
가갈 수 있으리라 생각한다.

아카나 풀기

내면세계가 깊고 어머니의 포근함처럼 모든 것을 인내하고 포용하는 자
애로운 모습으로 보인다. 전문성과 깊이 그리고 모성애를 상징한다. 교육
과 보호의 이미지이기도 하다. 인내와 헌신을 통한 구도자의 느낌을 주기
도 한다. 여성적인 섬세함과 강한 리더십을 뜻하므로 개인 전문사업이나
교육자에 적합하고 긍정적이라 할 수 있다.

아카나 읽기

손에 들고 있는 황금색 책의 이미지가 나타내듯이 남을 선도하거나 전문
성 있는 분야, 교육, 회계, 출판, 상담, 글을 쓰는 일에도 능력이 있음을 나
타내며 온몸을 감싸고 있는 옷이 상징하듯 드러나 있는 것보다는 감추어
진, 내재된 잠재력이 훨씬 강하다. 공부를 하려고 하거나 전문직 분야로
가려는 사람, 시험을 준비하는 사람이나 간호학 혹은 의학 분야로 진출하
려는 사람에게 매우 길한 카드다.

그림이 상징하듯 선생님이나 점잖고 지적인 분야에서의 성공을 의미하기
도 하지만 대인관계에서 자신을 잘 드러내지 않으려 하거나 타인과의 교

류에는 때로 소극적일 수 있음을 나타낸다. 여자로서 모성애나 자애로움을 지닌 사람을 뜻하며 친밀감 있고 안정감 있는 분위기를 드러내준다.

이 아카나가 자주 등장할 사람들은 간호학을 전공하고 있거나 그와 관련된 분야에 종사하는 사람들이 많다. 연애 문제에서는 알고 지내지만 주변의 시선 탓에 그 사이가 진척되지 않아 갈등하고 있는 상황일 것이다. 또한 사람과의 유대나 친구 관계에서 자신이 주도적인 입장에 서며 친한 사람 외에는 만남을 꺼려하는 경향이 있다. 자신의 문제를 솔직하게 드러내지 않으며, 결혼이 늦는 편이다.

일반적 의미 비밀, 신비, 학업, 자기성찰, 지식, 지혜, 능력, 모성애

건강적 의미 자궁, 신장, 임신, 발열, 관절염, 시력, 오래된 병

장소적 의미 가정, 서점, 철학관, 산부인과, 병원, 교회

직업적 의미 역술인, 무당, 산파, 교육자, 회계사, 관리자, 간호사

애정적 의미 은둔, 유보, 내성적, 불륜, 기다림

Ⅲ 여왕

Limperatrice의 사전적인 의미는 '맑은' '투명한' '문장이 명쾌한' '문필에 재능이 있는' 등이다. 여자 교황 아카나가 지적이고 조용한 모습의 여성이라면 여왕은 거꾸로 정열적이고 개방적인 모습의 여성이다. 그러나 여자 교황 아카나와 여러 가지 면에서 의미를 같이한다. 하지만 여자 교황이 '영원한 처녀'의 의미를 띠며 결혼에 다소 소극적인 측면을 나타내는 데 반해, 이 여왕 아카나는 '결혼'이나 '출산'과 같은 창조적 생산과 예술적 결실을 적극적으로 강조하는 측면이 있다. 이 카드를 통해 우리는 비로소 육체와 본능의 영역으로 들어가게 된다.

상징 풀이

지체 높은 여인이 한 손에는 방패를, 다른 한 손에는 비스듬히 십자가가 붙은 홀을 들고 앉아 있다. 시선은 오른쪽으로 향해 있는데, 무언가를 힐끗 곁눈질하는 자세를 취하고 있다. 또한 그녀의 얼굴은 불안해 보이고, 치마 아랫단에는 하얀 선이 구불구불하게 기어가는 듯하다. 여왕이 앉은 의자는 보이지 않으며 푸르스름한 빛이 감도는 날개의 형상이 여왕의 양 어깨 위쪽으로 솟구쳐 있다.

여왕이 여자 교황보다 훨씬 적극적인 성격이라는 것은 그녀의 의복에서 확인할 수 있다. 여자 교황은 법복으로 목을 가리고 있는 반면 여왕은 목을 드러내고 있기 때문이다. 목을 드러내고 감춤에 따라 나타나는 이러한 의미의 차이는 다른 타로카드에서도 관습적으로 동일하게 적용된다.

다른 타로카드에서 여왕 아카나에는 주로 포도와 같은 과일이 그려져 있는데, 이는 풍요와 다산을 뜻하는 것이다. 현대 타로에서는 과일 대신 풍요와 다산의 의미를 직접적으로 확증할 수 있는 일렁거리는 밀밭이나 열매나무有實樹가 나타나기도 한다. 하지만 마르세유 타로의 여왕 아카나는 풍요와 다산을 나타내는 이미지를 직접적으로 차용하지는 않는다. 우리가 실마리를 잡을 수 있는 것은 고작해야 치마 아랫단에 노출된 하얗고 가느다란 선이 뱀 형상으로 유혹과 생산을 뜻하지 않을까 하는 암시 정도다.

과일이 그려진 타로가 풍요와 연관되는 것은 그리스 신화의 영향이다. 잠깐 그 신화의 줄거리를 살펴보자. 대지의 어머니이자 곡식(생명과 생산)의 신 데메테르는 딸 페르세포네가 죽음의 신 하데스에게 납치된 것을 알고 분노하여 땅을 돌보지 않았다. 땅은 차츰 황폐해지고 곡식은 말라죽어갔다. 보다 못한 헤르메스는 페르세포네가 일 년 중 아홉 달은 어머니와 살고 나머지 석 달은 남편에게 돌아가도록 하는 중재안을 내놓아 페르세포네를 구했다. 하지만 데메테르는 이 방안에 만족할 수 없었다. 그래서 해마다 딸이 떠나고 나면 대지의 어머니는 다시 슬픔에 잠겼고, 그럴 때면 꽃은 시들고 나무들도 그 잎을 떨구고 땅은 활기를 잃고 차가워졌다. 하지만 페르세포네가 돌아오면 봄이 되고 땅은 되살아났다.

다시 카드를 살펴보자. 시선을 돌리면 여왕이 한쪽 겨드랑이에 품은 독수리 문장紋章의 방패가 보인다. 독수리는 절대와 고독 그리고 권력을 상징하고, 더불어 방패는 여왕의 보수적인 기질과 방어적인 면을 나타낸다. 곧이어 보게 될 황제 아카나에서 정강이 부분에 아무렇게나 놓여 있는 황제의 방패와는 달리, 여왕의 방패는 그녀의 품안에 사랑스럽게 안겨 있는데, 이것은 여왕이 지닌 포용력과 온화함을 드러낸다.

중세 서구 사회에서 방패에 그려지는 문양은 그것을 체계적으로 해석하는 문장학紋章學이란 학문 분야를 낳을 만큼 매우 정교했다. 방패 속의 문양은 다양하게 풀이될 수 있었다. 하지만 이 아카나에서는 그다지 다양한 상징성을 내포하는 것으로 보이진 않는다. 황제 아카나와 다르게 방패 속의 독수리가 오른쪽의 십자가 홀을 향하고 있다는 점을 주목해야 한다. 오른쪽은 예로부터 정의, 그리고 신성을 의미했다. 그렇듯 여왕 아카나 역시 정의와 신성이라는 덕목을 지향하고 있음을 유추할 수 있다.

이 아카나의 여왕은 감청색 옷 위에 빨간색 옷을 덧입었는데, 감청색은 짙은 파란색으로, 물질과 비물질의 다리로서 어둠 속에 드러나는 밝음이라는 의미를 지닌다. 어둠 속에서 접근 불가능하며 파악 불가능하고 모든 인간적 사고를 초월한 신, 언제나 역설과 부정을 통해 암시적으로만 예감할 수 있는 신은 파란색을 통해 감각적으로 경험할 수 있다고 여겨졌다. 중세의 고딕 성당에 아름답게 새겨진 스테인드글라스는 빛이 내려오는 통로였으며, 그 빛은 고딕 성당의 커다란 유리창을 통해 쏟아지면서 중세 사람들에게 신의 의미를 감각적으로 체험하게 해주었던 것이다.

아카나 풀기

현재의 상황에 만족하지 않은 상태다. 자기 관점을 굽히지 않으며 불만족을 의미한다. 여왕의 지위와 능력에서 재물을 활용하는 풍요로움이나 금전적인 문제를 잘 처리하는 사람이라는 의미를 끄집어내기도 한다. 그러나 방패나 방패 속의 독수리 문양이 보여주는 것처럼 최고를 지향하는 까닭에 까다롭고 따지기 좋아하는 경향이 있는가 하면, 일 처리에 완벽을 기해 큰 신뢰감을 주어 사람들에게 사랑을 받는다. 자기 주관이 뚜렷해서 생각보다 어려운 임무를 떠맡기도 한다.

아카나 읽기

외모가 빼어난 사람이 많은데, 이상하게도 외동딸이나 장녀가 잘 뽑곤 하는 카드다.

여왕 아카나가 자주 등장하면, 글이나 외국어에 관심이 많아 관련된 일을 준비하는 사람일 것이다. 직업이 외교 분야나 세무, 보건 업무에 연관된 공무를 보는 사람일 가능성이 높다. 상상력이 풍부하고 이지적이어서 자기표현을 잘 하지만 어딘지 방어적인 성향이 있어 오해를 사는 경우도 적지 않다.

연애에서는 결혼을 전제로 하는 사귐보다 만남 그 자체를 중시하며 이루어지지 않는 사랑으로 연애를 끝내는 경우가 많다. 대체로 이 아카나와 가까운 사람은 외로움을 잘 느끼면서도 혼자 있기를 좋아하는 타입이다. 자기 자신에 대한 자긍심이 강하고 완벽한 것을 추구하는 성향이 있다.

여자의 경우에는 사회적인 능력이 있거나 금전적으로 풍요롭다. 남자의 경우에는 남성적인 매력과는 다소 거리가 먼 지적이고 섬세한 감정의 소

유자다. 사소한 일에도 신경을 곤두세우며 잡다한 근심을 해서 스스로 지
치게 만들기도 한다. 고민이 있어도 잘 말을 하지 않아 궁금증을 자아내곤
한다.

일반적 의미	지성, 문필, 이해심, 자의식, 순수, 청결
건강적 의미	두통, 고민, 스트레스, 갑상선, 울화병
장소적 의미	언론기관, 학교, 병원, 저택
직업적 의미	작가, 기자, 사회운동가, 간호사, 평론가, 선생님
애정적 의미	매력, 지적, 영리, 보호본능, 이성적 사랑

IIII 황제

Empereup, '황제'라는 사전적인 의미 외에 '기둥을 세우다' '지반을 닦다' 같은 부가적인 의미를 지닌다. 마르세유 타로카드에서 황제는 부정적인 이미지를 띠고 있다. 강한 남성성과 주도권을 의미하는 반면 사태를 외면하고 상황을 기피하려는 이미지를 나타내기 때문이다. 황제는 수많은 사람을 거느린 사람이기에 책임에 대한 과중한 압박이 있다. 따라서 다른 타로카드에서와 마찬가지로 황제의 표정은 밝지 않다. 외면과 기피의 부정적인 이미지는 정면을 향하지 않고 측면을 향하고 있는 자세에서 유추할 수 있다. 다른 관점으로 보면, 황제는 누군가에 대적하는 모습으로 비치기도 한다.

상징 풀이

그 모습이 위풍당당하고 자신감이 넘친다. 몸을 한껏 뒤로 젖힌 자세에서는 자신감을 넘어 오만함까지 느껴진다. 마르세유 타로카드에 간직되어 있는 기독교의 영향을 염두에 둔 해석에 따르면, 이 아카나의 황제는 자신의 권좌에 대한 불안감으로 유대의 왕(구세주)이 태어날 것이라는 풍문에 귀가 솔깃해 유아 살해의 만행을 저질렀던 유대 왕 헤로데를 가리킨다고 한다. 이것은 황제의 이미지를 극단적으로 폄하한 견해지만, 어쩌면 이 견해가 자신의 지배자들에게 곱지 않은 시선을 보냈을 당시 평민들의 심리를 잘 드러낸 것으로 볼 수 있다. 왜냐하면 이 투박한 마르세유 타로카드의 제작 시기는 프랑스 대혁명이 막 봉오리를 터뜨리려 하던 앙시앵 레짐(해묵은 체제)의 말기이기 때문이다.

다시 황제 아카나의 상징적 의미로 돌아가자. 불멸을 나타내는 황금빛 목걸이를 두른 황제는 한쪽 손에 십자가 홀을 들고 누군가를 기다리는 모습, 아니면 누군가와 맞서 싸우려는 기세의 모습이다. 황제는 다리를 꼬아 한쪽 다리 바깥으로 내밀어 아무렇게나 놓여 있는 듯한 방패를 가리키고 있다. 그의 황금 테두리가 둘러쳐진 권좌가 살짝 보인다. 권좌를 드러내지 않는 여왕 아카나의 모습과는 대조적임을 알 수 있다. 이러한 황제의 형상에서 우리는 몇 가지 상징을 캐낼 수 있다. 차례로 살펴보면 다음과 같다.

황제의 방패가 아래에 놓여 있는 것은 자신감을 표현하는 것이다. 그는 무방비로 보일 만큼 심리적으로 자신감에 차 있다. 그러나 그 자신감의 이면에는 자신을 지켜줄 심복에 대한 기다림과 정치적인 적대 세력에 대한 대결 의식이 뒤섞여 있다. 모든 것을 규율에 맞춰 질서 잡아야 하는 황제의 자리는 늘 불안과 초조를 만들어낸다.

황제의 방패 속에 그려진 독수리는 황제와 마찬가지로 왼쪽을 향해 있다. 왼쪽은 오른쪽과 달리 예로부터 악함이나 부덕함과 연결된다. 이것은 황제를 짓누르는 책임에서 자유로워지고픈 내면의 욕구를 반영한다. 또한 황제가 취한 다리 모양은 점성학에서 사용하는 목성의 약호($2\!\!\!4$)와 유사하다. 황제 아카나가 목성과 관련 있음을 나타내는 표지다. 항상 위기가 도사리고 있지만, 그에 아랑곳하지 않는 낙천적인 성향을 보여주며, 포괄적으로 배포 크게 기회를 베풂을 의미한다.

우리는 황제의 방패에서 주목할 만한 하나의 요소를 찾을 수 있다. 황제가 신은 한쪽 신발을 포함해서 방패의 왼쪽, 오른쪽, 위쪽 부분이 빨간색이다. 이것은 황제에게 여성적인 부드러움이 필요하다는 암시이다. 그가 세속적인 성공과 절대 권위를 소유한 자임은 분명하지만, 포용력과 같은 부드러움으로 자신의 권력을 감싸지 않는다면 저항 세력과의 대결을 피할 수 없을 것이다. 황제의 오른쪽 팔이 취하고 있는 자세 또한 이에 대한 상징이다. 다시 말해 황제 역시 인간임을 자각하고, 자기 삶에 충실하지 않을 경우 권력을 넘겨줘야 하거나 권력을 지키기 위해 싸우게 될 것임을 예시한다.

이 황제 아카나는 타로카드 너머에 있을 미지의 존재에 대한 자각을 강하게 부각시킨다. 그 존재는 황제를 사랑하는 사람이거나, 그를 미워하는 사람일 수도 있다. 미지의 존재와 황제가 맺는 관계는 황제의 역할에 따라 달라질 것이다. 현대 타로카드에서 황제 아카나가 '4'라는 수에서 4원소나 사계절이 지닌 의미를 부각시키고 세계 구성이 안정되었음을 강조하는 것과 좀 다르다. 황제가 세계를 구성하는 주체임이 틀림없지만 그 구성은 옳은 것일 수도 있고 그릇된 것일 수도 있다. 구성의 가치와 지속성은 황제의 노력 여하에 달려 있다. 전통 타로카드의 대명사인 마르세유 타로의 황제는 절대로 확고부동한 권력을 강조하지 않는다. 다만 스스로 세계를 만드는 주인공이라는 자기 역할의 막중함을 일깨울 뿐이다.

아카나 풀기

과시욕을 나타낸다. 심층에서는 심리적 안정감이 있으나 표면적으로 불안감을 표출한다. 누구나 여유롭기를 바라지만 그것은 자신의 책임을 다했을 때 얻어지는 것이다. 과시나 만용은 자신을 궁지에 몰리게 할 수도 있기 때문이다. 그러나 누군가를 느긋하게 기다리는 듯한 황제의 자세는 기대감을 심어주고, 문제에 잘 대응하여 다른 차원의 세계를 열려 한다는 점에서 좋은 의미를 지닌다.

아카나 읽기

잠재된 지도력을 갖춘 사람이나 두뇌형의 사람에게 자주 등장하는 아카나다.

사업을 하는 사람이라면 안정된 사업체를 경영하고 있거나 가까운 장래에 그러한 자리에 오르게 될 것이다. 보안 업무나 경비직 같은 경찰 고위직에게 자주 등장한다. 형제 가운데 막내로 태어났어도 장남 역할을 하고 있거나 가업家業을 계승하고 있는 경우, 아니면 물려받은 재산이 많거나 부동산에서 이익을 본 경우에 이 아카나의 의미는 남다를 것이다. 그는 황제의 자세에 대한 교훈을 잊지 말아야 한다. 돈을 많이 다루는 업무에 종사하는 사람일 경우 긴장과 이완의 조화가 필요하다. 자신이 진행하고 있는 일을 확장하려는 생각이거나 좀더 구체화시켜서 밀어붙이려 한다면 그 결과가 좋을 것이다.

연애에서는 남자의 경우에 아버지같이 자상하고 친절하다는 장점이 있지만 과민하게 반응하고 집착한 나머지 상대를 옭아매려는 탓에 자잘한 다툼이 야기되기도 한다. 여유를 갖고 천천히 가야 한다. 여자의 경우에는 과도하게 상대의 의도를 넘겨짚는 것으로 말미암아 오해가 생길 우려도 있다. 한쪽이 다른 한쪽의 의중을 잘 헤아려야 한다는 점에서 겉으로 드러난 것 너머에 있는 장점을 봐야 한다.

자신의 신념이나 의지는 대개 긍정적인 편이지만 자존심이나 아집이 강하여 타협을 모르므로 원만한 대인관계를 위해 좀더 부드러운 자세가 필요하다. 한 수 접고 들어간다고 해서 자신이 가진 장점이 무너지는 것은 아니다. 어리석게 화를 내어 차려진 밥상을 걷어차지 말자. 정치에 청운의 뜻을 품고 있어 그 분야와 관련된 직업에 종사하거나 건축설계 또는 건축업 등에서 두각을 나타낼 수 있다.

일반적 의미	권위, 권력, 자신감, 고위직, 완고함, 비즈니스
건강적 의미	심근경색, 협심증, 동맥, 지방간
장소적 의미	시청, 부동산, 국가기관 건물, 특허청, 고급 레스토랑
직업적 의미	건축가, 정치인, 고위 간부, 외교관, 부동산업, 무역상
애정적 의미	이기적 사랑, 마초 기질, 보호자, 연상의 남자

V 교황

Pape, '절대 권위자'나 '우두머리' 등의 뜻을 지니며, 그밖에도 '연결해주는 사람' '주선자' 등의 의미를 지닌다. 영어 Pope에 해당하는 프랑스어. 더러 어떤 타로카드에서는 Hierophant라는 철자로 씌어지기도 하는데, 이때는 '종교의 비의(秘義) 해설자' 또는 '신비 의식을 집행하는 대사제' 등을 의미한다. 요컨대 전자(Pope)는 기독교적 맥락을 지니고, 후자(Hierophant)는 이교적 맥락을 지니는 것이다.

마르세유 타로카드가 '사제'가 아닌 '교황'을 사용한 것을 보면 중세 기독교의 영향이 많았음을 알 수 있다. 교황은 남의 어려움에 귀를 종긋 세우고 경청하는 사람이다. 이 아카나의 핵심적인 의미는 정신적으로 도움을 준다는 것이며, 충고와 조언을 건네주어 나아갈 길을 제시해주는 지혜를 가리킨다. 이런 측면에서 두 번째 아카나인 여자 교황과 동일한 갈래의 뜻을 지녔다고 할 수 있다. 하지만 여자 교황이 그 지혜를 자기 안에 감추고 내면을 닦는 반면, 교황은 지혜를 세계에 드러내어 보편화한다는 점에서 다르다.

상징 풀이

마르세유 타로의 다른 카드들에 비해 이 교황 아카나의 그림은 다소 복잡한 편이다. 빨간 법의를 두른 교황은 한 손에 로마 교황의 상징인 삼중 십자가를 쥐고, 한 손에는 검지와 중지 두 손가락만 펴서 무언가를 가리키는 듯하다. 한창 누군가의 이야기를 경청하고 있거나 누군가에게 자상하게 이야기를 건네고 있는 자세다. 교황의 손등에는 문신처럼 보이는 삼각형의 점 4개가 십자형으로 찍혀 있으며, 이것은 선한 의도가 펼쳐진다는 섭리가 담긴 스와스티카(卍)의 무늬를 연상시킨다. 교황의 표정은 근엄하다기보다 자애롭고 자세는 편안해 보이며, 하늘색 텁석부리 수염이 이 분위기를 더해준다.

교황의 일반적인 역할은 이야기를 듣고 말을 해주는 것이다. 그는 자신의 입을 통해 거룩한 하늘의 뜻을 세상 사람들에게 옮기는 전달자이다. 볼 수 없고 만질 수 없는 신은 자신의 대리자(성직자)를 세워 지상에 그 존재를 드러낸다. 살아 있는 부처로 여겨지는 티벳의 달라이 라마가 좋은 예일 것이다. 교황 역시 신의 대리자로 자신을 우러르는 이들의 소망에 귀 기울여야 한다. 그러나 중세 교회는 부패한 성직자들의 음란과 부덕에 관한 온갖 일화를 감추고 있었다. 경건한 신의 사자使者임을 내세워 부당하게 권력을 휘두르는 일이 적지 않았고, 이런 사건들은 쉬쉬하면서 입에서 입으로 민중 사이에 떠돌았다.

이런 역사적 기억을 바탕으로 교황의 아카나를 계속 풀어가면, 우리는 색다른 해석과 마주친다. 교황의 상체가 비교적 단순명료하게 그려진 데 반해, 그의 하체는 매우 복잡하게 그려져 있다는 게 무얼 뜻하는지를 통해서 말이다. 명확하기보다 어딘지 흐릿하고 모호한 느낌을 주는 하체는 의미를 거부하는 듯한 인상마저 풍긴다. 하지만 교황의 다리 부분에 두 개의 명확한 상징이 그 실마리를 드러낸다.

교황의 다리 부분에 두 개의 손이 나타난다. 하나는 교황을 향해 카드의 바깥에서부터 무언가 갈구하는 양 위로 치켜든 손이고, 다른 하나는 실의에 빠진 듯 아래로 힘없이 늘어뜨린 손이다. 이것은 라파엘로가 그린 「아테네 학당」에서, 아테네 학당의 현관을 걸어 나오는 플라톤과 그 제자 아리스토텔레스가 취한 손가락 방향과 닮았다. 교황의 하체에 나타난 두 손은 하늘과 땅을 가리킨다. 상징적인 의미에서는 물질과 정신, 물러섬과 나아감 같은 대립되는 의미의 뒤섞임을 보여준다. 교황은 반대되는 두 세력 간의 중재를 도맡는다. 이것이 바로 '다리를 놓는 자' 또는 '주선자'나 '중보자'의 의미다.

마지막으로 교황의 뒤에 놓인 기둥 두 개와 그가 든 삼중 십자가를 합치면 5라는 수가 된다. 피타고라스 수비학에서 5는 결혼의 수다. 여성의 수 2와 남성의 수 3이 각각 교황을 중심으로 상징화되어 5의 의미를 강화한다. 또한 이 5는 상징성이 뒤이어 소개될 6번 타로카드와 연결된다는 사실도 그냥 넘겨버릴 수 없다. 이 교황은 앞의 4번 타로카드의 황제처럼 카스리마(신의 은총)를 지닌 인물이란 점에서도 의미의 연결이 매끄럽게 전개됨을 보여준다. 이렇듯 교황은 떨어진 것의 소통을 가능케 한다.

그러나 교황과 황제는 모두 큰 권위를 지닌 인물이지만 교황 아카나가 황제 아카나에 비해 행동력에서 뒤진다는 것이 차이점이다. 교황은 실제적으로 자신이 앞장서서 무언가 일을 처리해야 할 때에 약한 모습을 보인다. 게다가 자신은 경전 속에서만 살고 있기 때문에 유행에 둔감하고, 고리타분한 얘기를 늘어놓기 일쑤다. 교황은 현실적인 감각에서 황제보다 보수적이며 이상적인 성격이다.

다른 타로카드들에서도 이 교황 아카나는 복잡한 상징을 담고 있어 다양한 의미를 불러일으킨다. 하지만 핵심적인 것은 이 아카나가 지닌 '연계성'이라는 의미일 것이다. 교황 아카나는 이상하리만치 풍부한 상징성으로 다른 아카나 카드와 잘 어울리는 특성이 있다. 이 에너지는 긍정적인 것이다.

인간관계나 이성관계에 대립이나 갈등적인 요소가 있음을 상징한다. 지도자와 리더십의 이미지라 할 수 있지만 유약한 면모를 보이기도 한다. 카리스마를 내세우기보다 상대방에 대한 배려가 필요하며, 주도권을 쥐려는 경향을 나타내기보다는 타인을 아우르려는 자세가 필요함을 나타낸다. 두 인물이나 상충하는 견해의 조정을 이루어낸다. 왕성한 지식욕으로 정력적인 활동을 펼친다. 한 자리에 너무 오래 앉아 있으므로 다른 사람들의 말을 경청하고 스스로 체험하는 기회를 찾아 몸을 자주 움직이도록 하자.

아카나 읽기

직장을 가지고 있으면서 다른 일에도 손을 댄 겸업을 하는 사람에게 자주 등장하는 아카나다.

자영업을 하거나 소규모일지라도 자기 것을 하기 원한다. 일종의 보스 기질이 있는 경우가 많다. 타인에게 득이 되는 좋은 충고를 해주면서도 정작 자신의 것을 잘 챙기지 못하는 성향이 있다. 일을 만들기를 좋아하지만 수습하지 않고 뒤로 물러서서 누군가가 해결해주길 기다리는 습성이 있다.

성격이 급해 화를 잘 내는 다혈질의 사람인 경우가 많으나 그래도 주변 사람들로부터 미움보다는 귀여움을 받는다. 확고한 자기 신념이 있는 사람이지만 융통성이 부족하여 어떠한 일을 계획하면 급하게 밀어붙여 빨리 끝내야 직성이 풀리는 사람에게 자주 나오는 카드다. 겉으로는 남성적이고 듬직해 보이지만 자신의 이미지와는 반대로 속마음이 여리고 감성적인 사람인 경우도 많다.

연애에서는 권위적이고 가부장적인 성격 탓에 여자들의 환심을 잘 사지 못한다. 애인이 있는 경우에는 오히려 깊이 사귀고 있기보다는 일시적인 만남이거나 그리 깊은 관계가 아닐 경우에도 자주 나온다. 리더십이 강한 남성을 원하는 여성의 경우에는 이러한 남성과 원만한 관계를 지속한다. 남성의 경우, 그가 소심한 성격이라면 리더십과 자기표현이 확실한 여성을 만날 것임을 예시한다.

아카나 도해

일반적 의미 축복, 교육, 관대, 철학, 정신세계, 리더, 회의

건강적 의미 심장, 머리, 혈압 계통, 경련, 혈액순환, 흉부

장소적 의미 성당, 사찰, 회의실, 결혼소개소

직업적 의미 회장, 종교인, 자문위원, 감독, 코치

애정적 의미 인자함, 이해심, 포용력, 권위, 참견

VI 연인

Lamovrevx, 이 아카나의 사전적 의미는 '연애' '애인' '연민의 정을 느끼다' '한눈에 반하다' 등이며, 그 외에도 '두꺼운 금속을 눌러 얇게 펴다' '부드러워지다' '확장되다' 등의 의미가 덧붙여진다.

단어의 중간에 들어 있는 amo는 '영혼'이라는 뜻과 이어진다. 영혼의 파장이 잘 소통되어 인격이 성숙해간다는 의미가 나오는 것이다. 사랑을 함으로써 사람은 사람다워지고 사람의 영혼이 몰라보게 성숙한다. 이 아카나는 이러한 삶의 비밀을 간직한 프랑스어를 새기고 있다. 다른 타로카드는 연인 아카나에서 '직관'을 유추해내기도 한다. 사랑은 제 짝을 알아보는 경이로운 직관을 통해 이루어진다.

타로카드의 6번째 아카나의 테마는 당연히 두 연인이다. 남과 여 두 사람만 나오는 타로카드도 있지만 마르세유 타로카드의 연인 아카나는 세 사람이라는 것이 눈길을 끈다. 우리는 이 셋이 이룬 구도를 통해 여러 의미를 추출해야 한다.

상징 풀이

이 연인 아카나는 사랑에 빠진 것이라는 통념적인 해석을 거부하는 듯하다. 세 사람이 모여 무언가 이야기를 주고받는 형상이다. 머리 위에는 광휘에 싸인 큐피드가 한껏 활시위를 당겨 그들을 겨누고 있는데, 사실 큐피드의 장난기 어린 화살은 아직 시위를 떠난 상태가 아니다. 그리고 이 세 사람 중 누가 누구와 연인관계인지도 분명치 않다. 단순히 삼각관계라 넘겨버리기엔 무언가 복잡한 사정이 숨어 있는 것처럼 보인다. 이 맥락에서 어떤 타로카드에서는 불륜의 사랑으로 해석되기도 한다.

이 카드에서 주인공은 그림의 한가운데 서 있는 남자다. 남자의 오른쪽에는 곱슬머리를 한 여자가 그의 가슴(심장)에 손을 얹고 있고, 그의 왼쪽에는 남자인지 여자인지 분간이 서지 않는 사람이 그의 어깨에 손을 얹고 있다. 심장은 영원한 맹세를 뜻하고 어깨는 그 맹세에 따르는 실천을 의미한다. 다시 말해 어떠한 약속과 그에 따른 계획과 실천, 그리고 결과의 짐을 짊어질 것을 요구하는 것이다. 남녀 간의 사랑은 다른 모든 인간관계의 척도가 된다. 사람의 됨됨이가 직접적으로 표현되는 사건이 바로 연애라 할 수 있다. 처음에는 그럴듯한 표정과 말투와 행동으로 타인을 현혹할 수 있지만, 그것이 겉만 꾸민 것이라면 그 관계는 오래가지 못하고 들통이 난다. 사람의 사귐에서 중요한 덕목은 속 깊은 진실성인 것이다.

하지만 남녀 간의 사랑이 아닌 다른 상황에 이 아카나를 적용할 때에는 막 일을 시작하려는 단계의 어려움을 나타낸다. 이때에도 가운데 서 있는 인물이 중심이 된다. 토가(치마) 차림을 한 남자는 두 여인 사이에서 무엇인가 난처하고 궁색한 표정을 짓고 있다. 그러나 큐피드의 화살이 그의 심장을 겨누고 있음을 주목해야 한다. 남자는 갈림길에서 하나를 선택해야 하고 그 결과를 전적으로 책임져야 한다.

다른 타로카드에서 연인의 머리 위에 날개를 펼치고 있는 천사를 자웅동체, 양성구유의 존재로 보는 경향이 있지만 마르세유 타로에 적용하기엔 무리가 따른다. 천사는 악마와 짝을 이루는 존재임이 분명하지만 마르세유 타로카드에서는 하늘의 뜻이나 섭리를 예고하는 메신저로 보는 게 나을 것이다.

이 아카나는 대비밀 카드의 6번이다. 수비학에서 6은 성적 결합을 나타낸다. 이 6은 최초의 여성의 수 2와 최초의 남성의 수 3이 곱해진 수이며, 다비드의 별 또는 솔로몬의 인장으로 불리는 육각형의 별은 두 개의 삼각형, 곧 남성(△)과 여성(▽)이 포개진 것이다. 하나의 삼각형은 위를 향하고 다른 하나의 삼각형은 아래를 향하고 있다. 이와 맞물려 인도의 전통에 등장하는 육각형의 별은 창조의 신 비슈누(△)와 파괴의 신 쉬바(▽)가 합일됨을 나타내며, 물질세계의 창조와 덧없음을 의미하기도 하는 것이다.

이러한 수비학적 맥락을 더듬어 보면 연인 아카나에 담긴 영원한 결혼이란 해석이 억지가 아님을 알 수 있다. 그리고 이때의 영원한 결혼 또는 영원한 결합은 연금술적인 의미를 지닌다. 영원한 결합은 새로운 탄생을 위한 첫 단계이기 때문이다. 구체적인 실천으로 처음 그 모습을 드러내는 것은 두 대상의 만남을 통해서 가능하기 때문이다. 이와 같은 연인 타로카드의 일반적 의미의 연쇄를 통해 우리는 우리 삶의 상황에 맞는 해석과 견해를 이끌어낼 수 있을 것이다. 맨살을 드러낸 남자의 다리 뒤쪽에 차곡차곡 쌓여가는 노란색의 형상은 올바른 행위에 따라 결과가 축적됨을 가리키는 지표라 볼 수 있다.

아카나 풀이

방향의 설정과 확장의 의미가 강하다. 선택의 상황에 놓여 있거나 자신을 한 차원 높은 단계로 끌어올림을 의미한다. 이 카드를 뽑았다면 당신은 당신의 직관을 신뢰하고 행동을 취해야 한다. 또한 연인 아카나가 숨기고 있는 유혹에 대한 위험성을 잘 인식해야 한다. 판단의 중요성이 더없이 필요하다. 하지만 가슴에 손을 얹어 당신을 믿어주는 사람이 있음을 기억하고 그에 값하는 노력을 한다면 모든 일이 순조로울 것이다. 다만 진실하다면 말이다. 애정관계에서는 갈등을 의미하지만 가시적인 부분보다는 내면의 진실에 따르라는 뜻이다. 적극성만 갖는다면 유학이나 진학문제에 매우 긍정적이다.

아카나 읽기

기존에 없던 새로운 분야의 개척이나 외국 관련 업무, 해외여행의 운이 강한 아카나다. 진취적이고 유행에 민감한 패션 분야나 미적 감각을 요하는 디자인, 의상, 메이크업 등에서 운이 상승해감을 나타낼 때 주로 나오기도 한다. 또한 연예 계통, 방송 계통, 영화제작 관련, 케이블 TV의 쇼 호스티스들에게 좋은 운이 있음을 나타낸다. 소개업을 하는 사람이나 방송작가 가운데 다큐멘터리나 예능오락 프로그램에서 비전이 있음을 나타낸다. 의대에서 전공 분야를 선택해야 할 시기의 사람 가운데 신경정신과에 적성이 맞는 사람이 자주 뽑는 아카나다. 또한 재미있게도 한의대에 진학하려는 사람이나 한의학을 전공하려는 사람에게도 잘 나타나는데, 견강부회한 해석이 될지 모르지만 큐피드의 화살촉에 담긴 뾰족한 기운이 침술과 관련된 에너지를 발산하고 있기 때문이 아닐까 한다.

일반적 의미 예술적 재능, 우정, 선택의 갈림길, 충동, 갈등
건강적 의미 심장, 허벅지, 정맥 계통, 치질, 간, 허리
장소적 의미 갤러리, 예술센터, 영화관, 무대, 갈림길, 박물관
직업적 의미 예능인, 중개인, 방송인, 화가, 프리랜서, 디자이너
애정적 의미 연애감정, 유혹, 삼각관계, 참된 사랑

VII 전차

Chariot, 이 아카나는 직접적으로 전차를 가리키지만 여기에서 파생한 뜻으로 '승리' 또는 '성공' 등을 가리키기도 한다. 전차 아카나는 대개 말과 마부와 마차의 관계를 중심으로 놓고 해석이 진행되는 경우가 많다. 전차라는 것은 전장에서 쓰이는 마차를 뜻하므로 경쟁관계에서 상대를 제압한다는 의미가 되기도 한다. 하지만 상대방을 쓰러뜨리기 이전에 진정한 승리의 의미를 묻고 있다는 점을 주목해야 한다.

전차 아카나의 그림을 보면 온갖 이원성으로 뒤덮여 있는 듯한 인상을 받는다. 우선 마차의 바퀴가 두 개이고 전차를 끄는 말이 두 마리다. 게다가 전차와 전차가 향하고 있는 상대라는 두 세력의 맞섬을 전제하지 않으면 이 아카나의 상황은 성립하지 않는다. 마구간에만 묶여 있는 말은 아무리 훌륭한 종마라 할지라도 무의미한 것이다. 전차 아카나는 세 가지(말, 마차, 마부)의 구성요소가 한데 어울려 있어야 비로소 의미가 만들어진다. 그렇게 생성된 의미는 우리에게 적잖은 교훈을 던져준다.

상징 풀이

그러면 이제 이 아카나의 상징을 살펴보자. 말을 모는 사람, 왕관을 쓰고 있으므로 왕으로도 보이는 사람이 탄 마차의 덮개는 휘장이 양옆으로 활짝 접혀 있다. 이 전차의 승선자인 왕이 기세등등하게 출정하는 모습으로 보인다. 대단한 자신감을 드러내는 듯하다. 지휘봉을 쥔 한쪽 손과 허리춤에 얹은 다른 손이 보인다. 또한 왕이 착용한 갑옷의 양 어깨에는 돋을새김된 사람의 얼굴 형상이, 여자로 보이는 얼굴은 왼쪽에, 남자로 보이는 턱수염 난 얼굴은 오른쪽에 무뚝뚝한 표정을 드러내고 있다.

이 얼굴이 소극성과 적극성을 뜻하는 것이란 사실은 누구나 쉽게 알아챌 수 있다. 그러나 이러한 해석 이외에 좀더 깊은 다른 해석이 있지 않을까 하는 의구심을 떨쳐버릴 수 없다. 표면적으로 두 어깨에 새겨진 각기 다른 얼굴은 자신이 책임지고 있는 사람들에 대한 의무를 나타낸다. 좀더 의미를 확장해보면 여성적 기질의 섬세함과 남성적 기질의 대담함이 조화를 이뤄야 한다는 것으로도 읽힌다.

이 전차 아카나가 양극성의 조화를 지향한다는 점은 전차 앞에서 힘센 다리로 대지를 박차는 역동적인 자세를 취한 두 마리의 말에게서도 확인된다. 말과 마차와 마부의 관계는 전통적으로 조화와 통제, 조절과 화합, 견제와 균형 등의 의미를 내포해왔다. 두 마리 말은 각기 다른 욕망과 의지를 지닌 개체들이다. 이들을 한 방향으로 나아가게 하는 일은 오직 고삐를 쥔 말몰이꾼의 역량에 달려 있다. 말몰이꾼의 능력은 이런 점에서 상충하는 세력들 간의 조정을 뜻한다고 할 수 있다.

전쟁이라는 최후의 수단을 통한 싸움은 그 상황이 매우 위태로웠음을 짐작케 한다. 이 최악의 상황에서 승리를 얻기란 쉽지 않다. 말과 마차와 마부가 마치 한몸이 된 듯 움직여야 뜻하는 바를 이룰 수 있다는 것은 자명한 이치다.

승리의 영어 단어 트라이엄프(triumph)는 말과 마차와 마부 셋을 가리키는 라틴어에서 나왔는데, 이는 말과 마차와 마부 이 셋의 조화로운 관계로 전쟁에서 승리한 군대가 개선문을 통과해 들어오는 것을 가리킨다. 노동, 직업, 공부 등을 의미하는 프랑스어 트라바유(travail) 역시 어원을 같이하는 단어다.

여기서 잠깐 간디가 평생 영적인 지침서로 삼았다는 『바가바드기타』에서 '승리'의 참된 의미를 되새겨보기로 하자. 『바가바드기타』는 원래 바라타 왕족의 두 집안 사이의 싸움을 다룬 장대한 인도 서사시 『마하바라타』의 한 부분을 추린 것으로 오늘날까지 대중적인 사랑을 받고 있는 경전이다. 주인공 아르주나는 자신의 대의명분에 확신을 가지고 적과 싸우기 위해 전쟁터로 나간다. 하지만 적을 마주했을 때 그의 심리상태는 '작은 왕국처럼 폭동의 상태'를 겪는다. 사람을 죽이는 것도 죄인데, 하물며 사랑하는 사람을 죽여야 한다는 것은 더 큰 죄가 아닌가. 아르주나는 운명의 가혹함과 세상의 수수께끼를 느끼며 몸부림친다. 이때 인도 3신 중 하나인 비슈누의 화신(아바타)인 전차병(마부) 크리슈나가 아르주나에게 승리의 참된 의미를 일깨워주려고 조언과 충고를 건네는 것이 이야기의 내용이다.

인간에게 본질적인 것은 육신이나 감각이 아니라 불변의 영혼이다. 영혼의 삶은 쿠루크쉐트라 전쟁으로 상징되며, 카우바라 족은 영혼의 고양을 가로막는 적이다. 아르주나는 유혹을 뿌리치고 격정을 제어함으로써 인간의 왕국을 되찾으려 한다. 진보의 길은 고통과 자기 부정의 길을 동반하기 마련이며, 아르주나는 그럴듯한 변명으로 이러한 영적 시련을 회피하려 한다. 이때 들리는 크리슈나의 음성은 신의 음성을 대변한다. 아르주나는 크리슈나의 조언과 충고로써 자신의 의무(다르마)가 무엇인지 깨닫는다.

이처럼 전차 아카나에는 생각보다 깊은 의미가 담겨 있다. 우리가 의미를 확장하려는 의지만 가진다면 이 전차 아카나에 담긴 더 많은 의미를 캐낼 수 있을 것이다. 전차 아카나에 보이는 수비학적 상징을 하나 짚어내는 것으로 예를 들면서 끝을 맺기로 하겠다.

카드의 왼쪽 부분에 살짝 드러난 마차바퀴살 3개와 카드의 아래 부분에 두 마리 말이 치켜든 말발굽 4개를 더하면 7이 된다. 7은 감각 작용을 포괄하는 4라는 수와 창조의 원리를 함축하는 3의 결합으로, 이것은 다시 성장과 변화의 의미로 연결된다.

아카나 풀이

이사, 여행, 기분 전환 등과 같은 이동 문제와 관련이 깊다. 현실적인 장애도 내포하고 있으나 의지로 충분히 극복할 수 있다는 점을 기억해야 한다. 이성관계에서는 이중성이나 양면성을 발견하고 놀라거나 갈등을 겪을 것임을 암시하기도 한다. 직업상 자기표현을 충실히 할 수 있는 분야라면 매우 긍정적이다.

아카나 읽기

전차의 이미지가 갖는 상징성 때문인지 레저 분야의 업종에 종사하는 사람이나 버스와 택시 같은 운송업, 해운항만, 택배회사에 종사하는 사람에게도 자주 나오는 아카나다. 성격은 거침이 없고 밝다.

또한 한 군데에 오래 머물지 못하는 기질이 있기 때문에 영업 분야의 적성과 운이 강함을 나타낸다. 군대생활을 연장해서 직업으로 삼으려 한다면 나쁠 것이 없을 것이다. 전문성을 가진 학술 발표보다 엔터테인먼트적인 요소가 있는 강의, 예를 들어 유행어나 유행 시리즈 등을 섞어 강의를 하는 것이라면 대단한 흥행을 몰고 올 소질이 다분하다. 대중의 지명도가 높은 말재주꾼에게 자주 나오는 아카나다.

연애에서는 새로 만난 사람과 깊은 사이로 쉽게 발전할 수 있다는 의미를 지닌다. 하지만 애인이 있는 경우라면 좀 곤란한 상황이 닥칠 것임을 암시한다. 느닷없는 회의를 조심해야 한다. 또한 사귀는 사람과 이별을 하거나 이별에 이르지 않더라도 마음이 돌연 떠나버리는 상황에 처할 수 있다. 따라서 판에 박힌 만남을 지속하는 것은 매우 위험하다. 적당한 선에서 자기를 돌보며 사랑을 가꾸어야 한다.

일반적 의미	여행, 자동차, 이동, 갈등, 역마살, 일시적인 기분
건강적 의미	근육통, 풍토병, 전염병, 멀미, 면역성 저하, 당뇨
장소적 의미	도로, 경기장, 연극무대, 주차장, 밀폐된 공간
직업적 의미	군인, 경찰, 정보통신, 출판, 유통업, 여행사, 항공사
애정적 의미	일회성 연애, 한눈팔기, 바람기, 불확실한 관계

VIII 정의

Justice, 이 아카나는 '정의' '법' '공평 무사함'이라는 사전적인 의미와 더불어 '엄격' '냉정' '낮과 밤의 경계' 등과 같은 부수적인 의미를 지닌다. 이 타로카드는 현대 타로카드와 배열 순서를 달리한다. 마르세유 타로카드와 비스콘티 스포르자 타로카드 등과 같은 고전 타로에서는 8번이 '정의'(또는 '법')이지만 현대 타로카드에서는 이 자리에 11번의 '힘' 아카나가 배열되곤 한다. 이것은 아마도 타로 읽기와 해석상의 편이를 위한 것으로 보이는데, 현대 타로의 효시인 라이더 웨이트 타로의 영향이다.

이처럼 타로카드는 고정된 것이 아니라 끊임없이 유동하는 의미체계다. 마치 일정한 패턴을 지닌 벽돌들을 조합하여 한 형상에서 다른 형상으로 바꾸는 레고 장난감이나 일정한 패턴을 지닌 네 개의 막대들을 조합하여 한 줄씩 지워가는 테트리스 게임과 유사하다. 일정한 패턴을 장악했으며, 복잡한 상징체계에 대한 공부가 깊다면 자신만의 타로카드 만들기도 가능하다.

상징 풀이

이 카드에서 가장 먼저 눈에 띄는 것은 수직성이다. 정의 아카나를 지배하고 있는 것은 수평을 나타내는 저울이 아니라 아이러니하게도 인물의 뒤에 펼쳐진 두루마리의 막대와 인물의 한쪽 손에 쥐어진 양날의 검(칼)이 보여주는 수직이다. 카드 속의 인물은 그리스 신화의 디케(dike)와 달리 안대를 착용하지 않았다. 천칭저울이 공평무사함을 뜻하므로 안대는 군더더기로 여겨졌으리라.

하지만 한 손에는 법을 어겼을 때 단호하게 처벌하겠다는 의지를 보여주는 징벌의 칼을 들고, 다른 한 손에는 어느 쪽으로도 기울지 않고, 사심 없고 평등한 해결책을 제시하겠다는 공평무사함을 상징하는 천칭저울을 들고 있는 것이 전통적인 상징체계 그대로이다. 이 카드의 주인공이 입고 있는 생명의 상징인 빨간색 법복이나 한 치의 어긋남도 없이 수직으로 세운 칼 등은 모두 완전무결한 신을 가리킨다. 이러한 상징에서 종교 전통에 충실한 마르세유 타로카드의 특성을 다시 한 번 확인할 수 있다.

전체적으로 이 아카나가 상징하는 바는 명징한 사고와 균형 잡힌 마음의 힘이다. 이것을 단적으로 보여주는 것이 바로 전통적인 상징물인 천칭저울이다. 정확하게 저울질하는 방법을 배워 가능한 한 가장 공정한 판단을 내릴 수 있도록 하는 것이 이 인물에게 요구되는 덕목이다. 이것은 '연인' 아카나가 도덕률을 존중하기보다 직관에 따라 느낌과 감성에 충실해 행동을 하는 것과는 대조된다. 본능을 넘어서서 이성에 따라 움직이라는 좀 더 성숙한 요구를 담고 있다고 할 수 있다.

목에 두른 황금 목걸이가 이런 변함없는 성실성을 나타내고 머리에 쓴 관에 새겨진 이중의 원은 완전성을 나타낸다. 이 정의 아카나는 분쟁과 갈등을 해결하는 판단의 중요성을 강조하고 있다. 따라서 매우 신중한 처신이 필요함을 알 수 있다. 이때 신중한 처신의 핵심은 성실성과 명확함일 것이다. 그러나 그 누구도 완전무결할 수 없다. 흠 없는 인간은 없다. 이 흠을 감싸줄 수 있는 것은 오직 신밖에 없다. 굳이 기독교의 유일신을 가리키는 게 아니라 절대 존재에 의지해야 한다는 점을 강조하려는 것이다.

이 절대 존재에 대한 의지가 아니라면 무엇에 의지할 수 있을까. 좀더 현실적인 해석은 인물의 뒤쪽에 펼쳐진 두루마리를 통해 유추할 수 있다. 두

루마리는 정의가 인간의 지혜를 한 자 한 자 기록한 법전法典에 의지해 있음을 보여준다. 두루마리는 곧 인간 관습의 집적이자 이성의 결정체다. 정의 아카나의 인물은 이러한 인간 지혜의 오랜 전승이 올바른 판단의 밑바탕이라는 것을 보여준다.

이 8번 정의 아카나, 7번 전차 아카나, 그리고 14번 절제 아카나는 모두 균형이 필요함을 역설하지만 서로 미묘한 뉘앙스의 차이를 풍긴다. 이 정의 아카나의 균형은 사과를 반으로 자르는 것 같은 일도양단의 명확함과 엄격함이 요구된다. 분쟁이 없도록 공정한 나눔을 이끄는 균형이라 할 수 있다. 하지만 7번 전차 아카나의 균형은 조절과 조정이 요구된다. 통합과 일치, 희생과 자기감수를 야기하는 균형이다. 끝으로 14번 절제 아카나는 섞음의 균형이다. 뜨거운 물과 차가운 물을 섞어 온도를 맞추는 것에 비유할 수 있는 균형으로, 내밀한 방식으로 사람의 마음에 닿기를 요구한다는 점에서 다른 카드와 다르다.

아카나 풀이

자신의 손을 벗어난 선택이나 결과에 관련된 이미지다. 확신을 갖고 결정하기가 쉽지 않다는 의미도 있다. 반대로 자신만의 주관에 따라 공정한 판단을 내리게 된다는 면에서 매우 긍정적이다. 연애운을 보는 배열법에서 이 카드가 나오면 좋은 친구를 만날 가능성이 높다. 남녀간의 우정과 사랑 사이에서 어느 쪽으로 치우치지 않고 원만한 관계를 형성하는 장점이 보인다. 재물운을 보는 배열법에서라면 주변 상황에 대한 빠른 판단으로 확실한 주식배당금을 얻거나 일정한 유산을 상속받는다는 의미가 나온다.

공직에 몸담고 있는 가족이 있거나 공무원에 뜻을 둔 사람의 아카나다. 성격상 그는 빈틈이 없지만 융통성이 적고 불특정 다수와 만나기를 꺼려하며 안정된 직업을 선호하는 성향이 있다.

남자의 경우에는 옳고 그름에 대한 사려 깊고 정확한 판단력을 보유한 사람이다. 그러면서도 정에 약해 아무리 못된 짓을 저질렀어도 상대가 솔직하면 관용을 베푼다. 이해심이 많지만 참았던 것을 한꺼번에 노출하는 성급함도 있다.

여자의 경우에는 여성미에 더해 똑 부러지는 성격이라 애인보다는 믿음직한 남자친구가 많다. 자신감이 뚜렷하고 이성적인 판단력으로 여장부 소릴 듣지만 자신의 약점을 내보이지 않으려는 성향과 잘못을 용납하지 않으려는 강직함 탓에 주변 사람들에게 부담을 주기도 한다. 애인이 생기면 매우 원만한 사이를 만들며, 관계를 주도해가는 타입이다. 속에 감춰진 애교가 매력적이다.

직업의 경우에는 외국과 수입·수출에 관련된 무역업에 종사하는 사람들과 친숙한 카드다. 지적 저작권을 담당하는 에이전시와 같은 분야나 통역, 관광가이드, 항공승무원에게 좋은 일이 생긴다.

일반적 의미	정의, 합리적, 평가, 정확, 신중, 조화, 결단
건강적 의미	허리, 눈, 각막, 비만, 신장, 폐, 귀
장소적 의미	법원, 행정관청, 전시실, 시험장, 연구소
직업적 의미	법조인, 중개인, 소송 대리자, 경매인, 에이전시, 분석가
애정적 의미	신중한 연애, 조화로운 관계, 우정에서 사랑으로

VIIII 은자

Hermite, 이 아카나의 사전적인 의미는 '은자' '예언가' 등이다. 하지만 의미를 넓혀서 '신중' '탈속' '자기 정진' '독립' '고독' 등의 의미를 읽어내기도 한다. 이 은자 아카나는 교황 아카나처럼 타인의 고민을 들어주거나 타인의 고민에 조언을 해준다는 의미가 담겨 있기도 하다. 하지만 은자는 교황이 던지는 상식적으로 교과서적인 충고가 아닌 뜻밖의 길을 보여주는 경우가 종종 있다. 은자란 세상을 등지고, 남들이 보이지 않는 곳에서 혼자 힘으로 살아가는 사람이다. 하지만 타인을 만났을 경우에는 자신의 경험에서 우러난 새로운 이야기로 도움을 줄 수 있다. 은자가 단순히 숨은 자라는 뜻이라면 긍정적일 게 없지만, 이 아카나의 은자는 외로이 자기 자신에게만 몰두하는 사람이 아니다. 왜 그런지 이유를 찾아보기로 하자.

상징 풀이

카메라를 들이대듯 이 은자의 모습을 차갑게 묘사해보자. 감청색 망토를 두른 노인이 한 손에는 호롱불을 들고 다른 한 손에는 긴 지팡이를 짚고 어디론가 걸어가고 있다. 그는 아주 천천히 앞으로 나아간다. 그의 앞길을 호롱불의 불빛이 밝혀주고 있다. 그의 몸 전체를 감싼 망토는 구불구불한 자락을 날리고 있다. 왼쪽에 짚은 지팡이가 튼튼해보인다. 망토 안의 옷은 검은 색이다. 이 은자는 어디를 가고 있는 것일까. 누굴 만나려는 것일까.

은자는 어떤 인생을 살아왔으며, 얼마나 오래 걸어왔던 것일까. 그는 앞으로 얼마를 더 걸어야 하는 것일까. 이런 숱한 물음 속에서 자애로운 한 노인과 마주한다.

이 은자 아카나에서 핵심적인 상징은 지팡이와 호롱불로 여겨진다. 흔히 호롱불이나 등불은 어둠을 밝혀주는 통찰과 지혜로 상징화되곤 한다. 마르세유 타로에서도 이것은 마찬가지다. 은자는 홀로 오랜 세월을 지내온 사람이다. 그가 겪은 신산고초는 이마의 주름살과 망토의 주름살로 표현되며, 그가 가진 삶의 지혜는 한 손에 치켜든 등불로 표현이 되어 있다. 홀로 켜진 등불은 외롭지만 따뜻하고 밝다.

은자는 체념을 터득한 사람이다. 체념에는 두 가지가 있는데, 하나는 부정적이고 다른 하나는 긍정적이다. 어쩔 수 없어 단념하면서 '썩은 포도'로 치부하는 것은 부정적이라 할 수 있다. 이솝 우화에 나오는 여우마냥 자신의 키에 닿지 않는 것은 다 '썩은 포도'라고 편안히 넘겨버린다면 어리석은 것이다. 중국소설가 노신의 『아Q정전』에서 '아Q'가 말한 '정신승리법'이란 것도 어리석은 체념에 속한다.

반면에 참답게 사는 것이 무엇인지 묻고 대답하는 가운데 자발적으로 포기하는 것은 긍정적인 체념이라 할 수 있다. 참된 체념, 자발적인 포기의 아름다움을 체득하기란 말처럼 쉽지 않다. 누구보다 세상을 잘 이해하면서도 세상 사람들로부터 이해받지 못하는 아이러니를 견뎌야만 갈 수 있는 길이다.

힌두교는 참된 인생이 네 단계의 삶을 거쳐 이루어진다 한다. 처음 두 단계에서 현실적인 삶을 살면서 공부도 하고 결혼도 하고 사업도 하며 부를 축적한다. 그런 뒤에 셋째 단계에서 모든 것을 물려주고 숲속으로 들어가

명상을 한다. 마지막 단계에 이르면 숲에서 나와 모든 것은 포기하고 자신마저 버리고 진리를 구하는 수행자가 되어 세상을 떠돈다. 그래서 이들은 산야신(sanyasin, 遊行者)라 부른다.

진정한 은자는 먼저 현실의 삶을 깊이 이해하는 사람이다. 재산도 쌓을 만큼 쌓고 학식도 갖출 만큼 갖춘 사람, 시쳇말로 부귀富貴와 영화榮華와 공명公明을 다 누려본 사람이여야 참된 포기를 안다. 이것이 은자 아카나에 담긴 핵심적인 내용이다. 참된 지혜의 등불은 삶을 통해 나온다. 일부 현대 타로카드에서 떠돌이 거지 같은 형상을 한 은자 아카나가 있는 것은 이러한 맥락에서 이해하면 좋을 것이다.

만일 세상이 싫어, 세상살이가 지겨워 감행하는 도피성 포기라면 은자는 아무 도움도 주지 못한다. 아니 도움은커녕 세상을 공포의 도가니로 몰아넣는 위험을 불러올 수도 있다. 이를테면 '유나바머(unabomber)'라는 별명으로 더욱 유명한 테드 카진스키의 삶이 이러한 경우다. 그는 1978~1995년까지 모두 열여섯 차례에 걸쳐 사제폭탄이 든 우편물을 학교와 항공사에 보내는 폭탄테러를 자행하여 3명이 죽이고 23명을 불구로 만들었던 인물이다. 미국 정부는 엄청난 현상금을 내걸어 그를 잡으려 했지만 번번이 실패했다.

그러던 중 동생의 제보로 체포된 유나바머는 뜻밖의 인물이었다. 16세 때 하버드대학에 입학해 3년 만에 졸업하고, 1968년 버클리대학에 교수가 되었던 수재 중의 수재였던 것이다. 그가 폭탄테러를 감행했던 것은 현대 문명의 잘못을 알리고 바로잡으려면 테러밖에 없다는 그릇된 생각에서 비롯했다. 20년 동안 탈속한 은둔자로 살았던 그는 종신형을 선고받고 현재까지 삶을 이어가고 있다. 카진스키의 예에서 보듯 일상의 평범함을 알지 못하면 삶의 지혜를 얻을 수 없다. 은자가 다 현자가 되는 것은 아니다.

이 아카나는 다른 타로카드의 아카나와 마찬가지로 양면적인 의미를 띠고 있다. 이미 말한 바 있듯 타로카드 낱장의 의미는 절대로 고정된 것이 아니다. 모든 의미는 해석하는 자의 마음에 담겨 있다는 점을 명심하도록 하자. 은자 아카나가 현자와 연결되느냐 마느냐는 타로카드를 펼친 사람에게 달렸다.

아카나 풀이

인생 경험이 풍부한 사람이 당신을 도우러 올 수도 있다. 그러나 해결책이 선명하지 않은 것처럼 보일 것이다. 하지만 신중하게 그의 말뜻을 이해하려고 하면 좋을 일이 있을 것이다. 사업이나 금전문제라면 시간 안에 처리할 수 있으리란 조심스런 희망을 품어봄직하다. 이성관계는 불투명한 상황에 처할 수 있다. 그러나 섣불리 다가가거나 조바심내지 말고 조심스럽게 자신의 처지를 알리는 편이 현명하다. 학업에서는 소신을 갖고 꾸준히 준비한다면 매우 긍정적인 결과를 기대할 수 있다.

아카나 읽기

산양자리(염소자리)의 아카나로서 1년 중 가장 추운 시기에 해당한다.

진학과 취업 이 두 갈림길에서 갈등하는 상황이라면 이 아카나가 가리키는 것은 취업해 돈을 벌기보다 진학을 해 공부를 지속하라는 의미가 강하다. 당신의 학운은 좋을 것이기 때문이다. 직장생활을 하고 있는 사람이라면 공부나 다른 일에 대한 유혹을 잘 조절하는 편이 현명하다. 미련이 남은 것은 여가활동을 통해 긍정적인 에너지로 승화시킬 수 있다. 구체적으로 하나를 선택해서 배우도록 하라.

바깥나들이를 싫어하거나 남들에게 게으르다는 소릴 듣는 사람들에게도 자주 나오는 아카나다. 그러나 그는 절대로 게으르지 않다. 다만 현실감각이 뒤쳐질 수 있으니 세간에 눈길을 돌려 자주 묻고 자주 적어나가는 것이 좋다. 자신의 세계관을 너무 강조하면 불화가 닥칠 수 있으니 조심해야 한다. 원만한 인간관계를 원한다면 먼저 타인의 이야기를 듣는 법부터 배워야 한다. 건강상 시력이 안 좋은 사람이나 나이보다 성숙해보이는 사람이 많다. 연애에서는 쉽게 사람과 사귀지는 못하지만 한번 사귀게 되면 소유욕이 강해지거나 주도권을 쥐려는 성향이 있다. 이 아카나의 경우에는 상대가 적극적인 사람이라야 연애가 수월해지며, 전문직에서 정신적으로 존경할 만한 구석이 있는 사람이 상사라면 발전 속도가 빠를 것이다. 학문의 연구를 업으로 삼는 연구원이나 제어계측 공학도, 교육자에게 좋다.

일반적 의미	지지부진, 연구, 신중, 고독, 침묵, 탐구, 지혜, 인내
건강적 의미	뼈, 시력, 노화, 면역력 저하, 치매, 무릎관절염, 신경계
장소적 의미	실험실, 양로원, 수도원, 동굴, 방사선실, 독방, 지하실
직업적 의미	의사, 한의사, 연구원, 탐험가, 천문학자, 교육자
애정적 의미	고집, 고정관념, 진지함, 기다림, 플라토닉 사랑, 자기성찰

X 운명의 수레바퀴

이 아카나의 의미는 '운명의 수레바퀴' '우연' '행운' 등이며 더불어 '윤회' 계절의 변화 '덧없음' '예측할 수 없는 결과' 등을 의미한다. 운명의 수레바퀴 아카나는 22장의 대비밀 타로카드의 한가운데에 놓인 카드다. 우리는 이로써 반환점을 맞이한 셈이다. 이제 새로운 전환이 다가올 것임을 예고한다. 운명의 수레바퀴 아카나는 일반적으로 타로 전체의 순환적인 성격을 표상하는 것으로 이야기되곤 한다.

타로카드는 자기 반영성을 지닌 미묘한 성격을 지니고 있다. 여기서 자기 반영성이란 '거울 속의 거울' 처럼, 그물에 맺힌 물방울 하나하나가 그물 전체를 비추고 있다는 인도 신화의 '인드라의 그물' 처럼 자기 자신을 끝없이 반영하는 양상을 일컫는다. 마찬가지로 대비밀 카드 한 장한 장도 타로 전체의 의미를 보여주는 자기 반영성을 지녔다는 것이며, 그 단적인 예가 바로 운명의 수레바퀴라는 말이다.

상징 풀이

그림에서 가장 큰 비중을 차지하는 것은 역시 수레바퀴다. 수레바퀴는 나무로 짠 받침대에 고정되어 있는데, 바퀴를 단 받침대가 어딘지 이상해 보인다. 수레의 축이 안팎으로 연결되어 고정된 것이 아니라 바깥쪽에서 연결된 것만 묘사하고 있기 때문이다. 뒤쪽에 이어져 있어야 할 수레바퀴의 고정 축은 인쇄상의 실수인지 의도적인 생략인지 보이지 않는다. 그러나 이 아카나가 던지는 의미의 전체 맥락을 고려하면 이는 단순한 실수가 아님을 알게 된다.

카드 속 운명의 수레바퀴 카드엔 이상한 형상의 동물 세 마리가 붙어 있다. 하나는 위쪽으로 열심히 달려가는 것처럼 보이고 다른 하나는 아래로 내려가고 있는 것처럼 보인다. 이 두 형상에 아랑곳 않고 정면을 바라보는 동물이 날개를 펼친 채로 한 손에 빨간색 막대를 들고 바퀴 위에 앉아 있다. 수레바퀴 양쪽에서 위아래로 움직이는 듯한 두 동물은 사람 같기도 하고 원숭이 같기도 한 생김새다.

이 카드는 서커스의 한 장면을 보는 듯한 인상을 준다. 수레바퀴 양쪽에 붙어 있는 두 마리의 짐승이 두른 치마를 보는 동안 이러한 인상은 더욱 강화된다. 어쩌면 인생이란 서커스와 같은 곡예의 연속인지 모른다. 이 운명의 수레바퀴는 인생의 파란곡절이나 기막힌 인생유전의 드라마를 상징하는 것인지도 모른다. 그러나 수레바퀴를 열심히 오르내리는 것처럼 보이는 동물들이 사실은 하나같이 전혀 움직이지 않음을 알 수 있다. 자세히 관찰하면, 수레바퀴를 움직이는 건 따로 있다. 이게 무슨 소린가.

움직이지 않는다니? 그렇다. 우리가 표면적인 해석에 머문다면 이 두 짐승의 자세에서 일출과 일몰, 성공과 실패, 희망과 좌절 같은 상승과 하강의 의미에 만족하고 말 것이다. 하지만 이런 해석으로는 무언가 불합리해 보이는 그림의 형상을 이해할 수 없다. 어째서 수레바퀴의 받침대가 불안하게 밖에서만 고정되어 있는지 그 비밀에 답할 수 없게 된다. 그렇다면 수레바퀴를 움직이는 것은 대체 무엇이란 말인가.

운명의 수레바퀴를 오르는 짐승은, 아래로 곤두박질치는 짐승에게는 없는 토끼처럼 큰 귀를 가졌다. 이것은 우리가 정상에 오르기 위해 남의 조언과 충고에 귀를 기울여야 함을 의미한다. 그러나 정상에 올라 날개와 칼로 상징되는 독선적인 야망과 권력만 쫓는다면 반드시 추락하고 말 것이다.

이 카드는 확실히 인생의 영광과 좌절, 환희와 실의를 형상화하고 있다. 꼭대기에 앉은 날개 달린 짐승은 인생의 절정기에 도달했을 때의 영광과 환희를 나타나고 있다. 그러나 그 표정이 밝지 않은 것은 이 영광과 환희가 영원히 지속되는 것이 아님을 알고 있기 때문이다. 먼지처럼 가벼운 인생에서 기쁨은 잠깐이다. 그런 까닭에 정상의 자리에서도 겸손해야 한다. 그렇지 않으면 쓴맛을 보게 된다.

다시 두 동물을 살펴보면, 이제 수레바퀴에 매달려 있는 모습이 눈에 띈다. 이들은 뒷다리로 바퀴를 단단히 얽어 운명의 수레바퀴로부터 떨어지지 않으려 안간힘을 쓰면서 매달려 있다. 그리고 그들을 회전시키는 것은, 카드 바깥에서 수레바퀴를 움직이는 이가 누구인지 궁금해 하던 당신, 다름 아닌 바로 당신 자신인 것이다. 당신이 카드의 왼쪽에서 바깥으로 이어진 손잡이를 움켜쥔 사람이다.

마지막으로 주목해야 할 것은 운명의 수레바퀴가 놓인 자리다. 운명의 수레바퀴는 흐르는 물처럼 보이는 하늘색 바탕 위에 서 있다. 우리의 인생이 유동적임을 암시하는 상징이다. 행운의 여신 포르투나는 행운을 준 자에게 동시에 불행도 가져다준다. 그것은 끊임없이 변화하는 삶의 키를 자신이 잡고 있어야 함을 일깨워주는 신화라 할 수 있다. 변화무쌍한 삶의 물결에서 스스로가 운명의 조타수가 되지 않으면 안 된다.

아카나 풀이

행운이든 불행이든 운명의 갑작스러운 변화를 예고하는 이미지다. 어떤 타로카드에서는 차크라(바퀴를 의미하는 산스크리트어)를 이 운명의 수레바퀴와 연결해 카르마(업보)라 풀기도 한다. 이것도 틀린 해석은 아니다. 카르마는 매우 합리적이고 설득력 있는 개념이라 할 수 있다. 누구도 부정할 수 없는, 원인에 따른 결과를 가리키는 것이기 때문이다. 한마디로 뿌린 만큼 거둔다는 뜻이다. 따라서 당신이 바라는 결실은 전후의 상황이 긍정적이라면 기대하는 만큼 좋을 것이다. 단, 결실을 겸손하게 감추어야 한다.

아카나 읽기

가족경영을 하는 경우이거나 가업을 이어받게 되는 경우에 많이 나오는 카드다. 식구들의 기대를 한몸에 받고 있는 사람에게 자주 나온다. 동업을 하려 할 때에도 많이 나오는데 그 결과는 별로 좋지 않다. 한국에서 뿌리를 내려 살기를 바라는 외국인에게 좋다. 자신을 잘 드러내지 않으나 뜻이 맞는 사람과는 의사소통이 원활하며 신뢰감이 돈독해진다. 연애관계에선 운명적인 사랑을 만나거나 도무지 맘에 들지 않는데도 한번 사귄 연인이라 헤어지지 못해 힘들어하는 상황. 먼저 자신을 돌이켜봐야 한다. 뜻하지 않는 돈이 생기거나 승진을 하거나 좋은 제안을 받는 일이 있을 수 있다. 자신에게 온 기회를 놓쳐선 안 되지만 그것에 너무 들뜨거나 자만해서도 안 된다. 인내하며 살았던 어려운 시절을 잊지 말아야 한다.

일반적 의미 윤회, 카르마, 계절의 변화, 전환점, 반복, 불안정

건강적 의미 혈액순환, 신경불안, 호흡기, 수족 냉증, 두통

장소적 의미 통제실, 교차로, 놀이공원, 증권시장, 도박장, 유흥가

직업적 의미 파트타임 근무, 영화 · 영상 분야, 승진, 생명공학

애정적 의미 기약 없는 결혼, 머뭇거림, 관계의 위기, 관계의 전환

XI 힘

Force, 이 아카나의 의미로 '힘' '역량' '정신력' '통제력' 등을 꼽을 수 있으며 부가적인 의미로 '욕정' '욕망' '자신감' '용기' '담대함' 등과 같은 것들을 이끌어낼 수 있다. 앞서 살펴봤듯이, 고전 타로의 대명사인 마르세유는 힘 아카나를 11번에 배열해놓고 있지만 현대 타로카드에서는 이 힘 아카나가 8번에 배열되는 경우가 대부분이며, 카드에도 force가 아닌 strength라는 단어가 씌어지곤 한다. 글자 그대로 force가 주로 물리적인 힘이라면, strength는 정신적인 힘이라는 뜻이 강하다. 그러면 이 아카나의 의미를 물리적인 것에 한정해야 할까. 물론 그렇지 않다. 운명의 수레바퀴가 주는 교훈인 정신적인 자세의 중요성을 충분히 일깨웠을 것이다. 하지만 정신 자세는 물리적인 힘, 실천적인 노력이 따르지 않으면 무의미한 것이 되고 만다. 힘 카드는 이러한 의미에서 올바른 배열 순서에 따라 주도면밀하게 배치된 것이다.

상징 풀이

중요한 것은 힘을 어떻게 쓰느냐 하는 것이다. 사자와 피할 수 없는 충돌을 맞이한 개인이 어떻게 난관을 헤쳐 가느냐 하는 것 역시 핵심 포인트라 할 수 있다. 그림을 보면 여인은 관례적으로 무한을 상징하는 ∞형의 챙 넓은 모자를 쓰고 사자의 입을 두 손으로 힘껏 찢는 광경이다.

사자와 대결하는 것은 엄청난 용기를 필요로 하는 일일 것이다. 그런데 여인의 표정에선 긴장감을 찾아볼 수 없다. 오히려 차분하게 땅 밑을 응시하고 있는 눈길이다. 그녀가 입은 옷은 감청색 코르셋으로 보인다. 코르셋의 위쪽 목덜미는 하얗게 드러나 있다. 여인은 꼿꼿한 자세를 흐트러뜨리지 않고 사자와 맞서 싸우고 있는 것이다. 이 싸움의 승부가 어떨지 알지 못하지만 이 싸움이 반드시 필요한 싸움이라는 사실은 짐작할 수 있다. 그렇지 않다면 어째서 본능과 욕망의 사나운 맹수에 대적한단 말인가.

현대의 라이더 웨이트 타로의 경우, 이 힘 아카나의 여인은 매우 부드러운 표정을 짓고 있다. 마치 사자를 어루만지는 듯한 자세로 심지어 몸을 앞으로 약간 구부려 사자와 무슨 대화를 나누려는 모습을 하고 있다. 하지만 마르세유 타로는 시선의 방향이 서로 다르다. 여인은 사자와 눈을 마주치지 않는다. 여인과 눈을 마주치려고 발버둥을 치는 것은 오로지 갈기가 무성한 힘센 사자다. 사자는 여인의 눈을 통해 그녀를 지배하고픈 욕망을 드러내고 있다. 하지만 여인의 대응은 매우 차분하고 조심스럽다.

그녀는 사자의 발버둥에 휩쓸리지 않고 오직 자신의 힘으로 자신을 해코지하려 덤비는 상대를 제압한다. 무엇보다 먼저 자신을 제어하려는 의지가 엿보이는 장면에 주목해야 한다. 우리는 이 카드에서 사자와 마주한 여인의 모습이 마치 마술사(연금술사) 카드와 매우 흡사함을 알 수 있다. 이 카드의 상징에는 연금술적인 의미가 내포되어 있는 것이 분명하다. 그러한 증거로 우선 무한의 상징을 한 모자의 챙을 꼽을 수 있을 것이다. 그 다음으로 여인의 발 아래 굽이치는 황금색 물살을 꼽을 수 있을 것이다. 연금술사는 숱한 희생과 실패와 좌절을 감내하고 극복하면서 물질과의 싸움을 회피하지 않는 사람이다.

당당하고 자신감 있게 변성變成의 꿈을 추구해야 하는 것이 연금술사의 덕목이다. 한 개인이 자신의 변화를 이루어내는 것도 역시 이러한 연금술의 과정과 다르지 않다. 사자는 이러한 자기완성의 길목에 도사리고 있는 위험과 유혹 그리고 충돌을 의미한다. 그래서 사자를 제압하는 힘은 물리적인 것에만 한정할 수 없을 것이다. 진정한 싸움은 영혼과 육신 양자로부터 얻어내야 하기 때문이다. 이 아카나에 새겨진 단어는 단순히 물질적인 힘을 뜻하는 것이 아니라 오히려 물질을 극복하는 힘을 나타낸 것이다.

사자의 입을 찢는 여인의 모습은 그리스 신화의 관례를 따른 표현이다. 이것은 헤라클레스가 사악한 왕 에우리스테우스가 지시한 12가지 고난 가운데 첫 관문인 네메아의 사자와 대적하는 모습을 나타낸다. 이 흉악한 네메아의 사자는 강철이나 청동, 돌에도 끄덕하지 않는 가죽을 지니고 있었다. 헤라클레스는 온갖 도구를 동원해 사자를 공략하지만 소용이 없었다. 그는 마침내 맨 손으로 사자와 싸워 이기고 그 가죽을 벗겨 자신의 투구와 갑옷으로 삼았다. 사자와 같이 헤라클레스는 천하무적이 되었다.

헤라클레스의 알레고리를 지닌 힘 아카나는 지략의 중요성을 나타내고 있다. 사자를 잡기 위해서는 힘 하나만으로는 불가능하다. 사자를 제압할 수 있는 요령이 필요한 것이다. 한 가지 일을 완벽하게 처리하고 빈틈없이 하는 것은 매우 훌륭한 덕목이다. 그러나 상황을 무시한 채 혼자 일에 빠져 있다면 이는 경계해야 할 것이다. 아무리 훌륭한 덕목이라 할지라도 상황을 고려해야 한다. 지략의 중요성은 나와 남의 관계를 면밀히 살피고 전체를 통찰해야 얻어지는 것이다. 사자 잡기는 그래서 어려운 것이다. 이 힘 아카나가 던지는 메시지는 이렇게 자신의 역량을 분별 있게 사용해서 승리를 쟁취하라는 것이다.

자신감과 능력이 뛰어나다는 상징이다. 주관이 뚜렷하거나 독립심이 강함을 암시한다. 상대방을 배려하지 않는 인간관계는 오래 가지 못하며 독불장군은 사랑하는 이와도 공존하기가 어렵다. 상호교류(Give & Take)가 필요하다는 것을 암시한다. 주변의 조언에 관심을 가져볼 필요가 있다. 인간관계의 난국을 잘 헤쳐 나가면 당신이 바라는 일은 일사천리로 이루어질 것이다. 그러니 먼저 사람을 보듬어라.

아카나 읽기

방향은 확신하지만 어딘지 막막하다고 느껴질 때 좀더 추진력을 가져야 한다는 의미다.

자신의 역량을 잘 발휘할 때와 그렇지 못할 때의 편차가 큰 사람에게 자주 나타나는 카드다. 권위나 권력에 관심이 많아 사법·외무·행정고시를 치러 사람들을 앞서 나서면 좋다는 의미를 지니고 있다. 또한 사회 안전을 책임지는 검사나 경찰공무원, 특히 강력계 형사에게 잘 어울리는 카드라 하겠다.

성격 면에서는 화끈하고 거리낌이 없어 누구하고나 쉽게 친해지고 사교성이 있다. 책임감도 매우 강해서 어려운 일을 앞장서서 처리하는 타입이다. 애정관계에서는 상대방을 자신의 이미지 속에 가두어두거나 섣불리 판단하며 자신의 기준을 앞세우는 경향이 있다. 이럴 경우 당연히 애정전선에 차질이 생길 우려가 있다. 연인에게 지배욕을 과시하려 하지 말아야 한다. 만약 갈등 상황에 있는 연인이라면 평상심을 유지하며 참고 기다리도록 해야 한다. 사랑하는 사람끼리 이기고 지는 것은 문제가 아니다. 누가 이기고 누가 지는 것은 없다. 싸우면 모두가 패자가 될 뿐이다. 힘 아카나가 강조하는 것은 힘을 쓰되 지략을 가지고 요령 있게 대처해야 한다는 것이다. 이 난국을 잘 이기면 반드시 좋은 일이 있을 것이다.

일반적 의미　권력과 통제, 지배와 과시, 융통성 부재, 꿋꿋한 의지

건강적 의미　심장, 근육계통, 신경계통, 혈압, 디스크, 고관절

장소적 의미　스포츠센터, 운동장, 도살장, 동물원, 기계실, 제철소, 사막

직업적 의미　운동선수, 대변인, 육체노동자, 조련사, 수의사, 치과의사, 헤어디자이너, 검사, 수사관

애정적 의미　성적 매력, 일방적인 감정 표현, 권위적 사랑, 집착

XII 거꾸로 매달린 사람

이 아카나의 pendu라는 단어는 흔들리거나 매달려 있음을 연상시키는 말이다. 사전적인 의미에서 주로 '매달린 사람' '늘어진 사람' '교수형에 처한 사람' 등이나 '시계추' 진자' '흔들이' 등을 가리킬 때 쓴다. 그리고 이에 더해 '미결정' '해결되지 않은 현안' '절박함' '망설임' 등으로 의미가 확장되기도 한다.

이 단어의 뜻을 좀더 쉽게 알려면 펜듈럼(pendulum)을 연상하면 된다. 펜듈럼은 우물을 파려고 물길을 찾는 데 쓰이던 도구로, 서양 중세의 수사들은 이 펜듈럼과 엘 로드(L rod)를 땅에 늘어뜨리고 걷다가 흔들거리던 펜듈럼이나 엘 로드의 반응에 따라 물길이 있는 곳을 짐작해내곤 했다. 이를 다우징이라 하는데, 물길이 있는 곳에 다다르면 좌우로 흔들리던 펜듈럼은 잔잔해지며 물고기가 찌를 문 것처럼 낚시를 할 때의 손맛 같은 것이 느껴진다고 한다. 그러한 흔들림과 멈춤의 관계, 또는 아직 무언가 결정되지 않고 매달려 있는 상태 등에서 '매달린 사람'의 뉘앙스를 파악하는 것은 그리 어렵지 않은 일이다.

상징 풀이

광대 복장을 사내가 'ㄷ'자 모양 나무에 거꾸로 매달려 있다. 마치 고행을 하고 있는 자세다. 중세에 고행은 여러 가지 방법으로 행해졌다. 기둥 위에 올라가 명상과 기도를 통해 마음의 평정을 추구하는 주상고행柱上苦行이라는 것이 있을 정도였다. 하지만 거꾸로 매달린 사람이 고행을 하는 것인지 처벌을 받는 것인지 우리로선 확실하게 알 길이 없다. 다만 그의 표정과 자세에서 의미를 캐낼 수 있을 뿐이다.

어떤 타로카드 안내서에서는 이 아카나로 타로에 관한 지식의 정도를 가늠하는데, 타로의 지식은 정해져 있는 것이 아니다. 요점은 큰 흐름을 읽을 수 있느냐 하는 것이다. 이 거꾸로 매달린 사람 카드는 영어로 'Hanged Man'이라고 표기한다. 이 경우엔 '교수형에 처한 사람'이라는 뜻을 분명히 가지고 있다. 어떤 의미 연관에서 해석하느냐에 따라 이 사람의 처지는 일시에 변한다고 봐야 한다. 물론 마르세유 타로에서도 카드 속의 사내가 죽음을 처해 있다고 해석하진 않지만, 해석의 길은 다양하게 열려 있다.

사내는 두 손이 결박된 채 두 개의 나무에 걸쳐진 막대기에 발목이 묶여 있다. 금발의 머리카락은 땅으로 늘어뜨린 채 정면을 응시하는 모습이다. 무엇인지를 깊게 반성하는 듯한 얼굴 표정이 무념무상에 잠긴 게 아닌가 하는 느낌마저 자아낸다. 우리가 분명히 알 수 있는 것은 이 카드 속의 사내가 매우 난처한 궁지에 몰려 있다는 점이다. 사내가 처한 상황은 여느 것과는 전혀 다르다. 그는 아무것도 제 힘으로 할 수 없는 처지에 빠져 있다. 그가 죽지는 않겠지만 적어도 큰 고통을 당하고 있는 것만은 부인할 수 없는 사실이다. 이 사내는 거꾸로 매달린 뒤부터 줄곧 흔들리며 고통을 받아왔을지 모른다.

어쩌면 그는 자발적으로 매달린 사람인지 모른다. 삶에 닥치는 고비는 따지고 보면 그 원인이 대개 자기 자신에게서 비롯하는 경우가 많다. 자기 자신이 초래한 고통은 스스로 감내하지 않으면 안 된다. 우리는 이 아카나에서 위기를 본다. 하지만 이 위기는 새로운 탈출을 위한 준비 과정일 뿐이다. 거꾸로 매달린 사람이 치르는 고행은 결국 자기 자신의 상황에서 벗어나 새로운 삶을 준비하기 위한 것이기 때문이다. 그런 점에서 이 카드 속의 사내는 하나의 입문의식을 치르고 있는 것이나 다름없다. 이 시기를 통과하지 않으면 아무것도 이룰 수 없다는 것은 자명하다.

흔들림으로부터 자유를 얻는 것은 내적 평정의 상태에 이르는 길밖에 없다. 사내는 조용히 자신이 처한 상황을 긍정하고 구원의 손길을 기다려야 한다. 11번 힘 아카나에서 득의만만했던 사람은 이제 겸손하게 마음속에서 평화를 찾고 있다. 타는 목마름을 풀어줄 수맥은 보이지는 않으나 분명히 지하에 흐르고 있다. 이 사실을 망각해선 안 된다. 카드에서는 보이지 않는 노란색 땅은 수맥을 감추고 있다.

그를 떠받치고 있는 것은 오직 양옆에 세워진 나무기둥뿐이다. 살았는지 죽었는지 가늠하기 힘든 양옆의 기둥은 가지를 쳐낸 자리가 빨간색으로 달아올라 있다. 그 빨간색으로 달아오른 가지의 개수는 묘하게도 12개인데, 이 거꾸로 매달린 사내의 카드 번호인 12와 일치하는 숫자다. 우리는 여기서 타로에 감추어진 수비학적 상징과 다시 마주치게 된다. 이 12는 바로 사내의 상태를 상징하는 것이다. 고대 영국의 시에서 그리스도의 상징으로 여겨졌던 불사조는 태양과 함께 깨어나 열두 번 몸을 씻고 열두 번 샘물을 마시며 매시간이 시작될 때마다 날개를 퍼덕인다고 묘사되어 있다. 이것은 곧 활기의 표현이다.

인간 펜듈럼이 되어 수맥을 찾는 사내의 모습에서 우리는 새로운 삶을 모색하는 활기를 엿볼 수 있다. 이러한 상징은 나무기둥을 떠받치고 있는 검은색 흙에서도 찾을 수 있다. 단단하고 두둑하게 다져놓은 검은색 흙은 곧 죽음을 의미하는 것이다. 하지만 이 죽음은 거듭남의 뜻을 함축한다. 연금술에서는 하나의 물질이 죽지 않으면 새로운 물질이 태어날 수 없다고 가르친다. 검은색 죽음을 통과하라. 이 카드는 죽음과 재생의 의미를 품고서 죽음 같은 그 암흑의 시기를 잘 견뎌내라는 충고를 건네고 있다.

이 아카나가 뽑은 사람은 주로 술을 좋아하는 사람이 많았다는 게 인상적이다. 보기에 좋은 이미지의 아카나는 아니지만 오히려 정신 분야의 직업, 이를테면 심리학에 뜻이 있는 사람이나 의대에서 정신과 전문의가 되려는 희망을 품은 사람에게 자주 나오는 아카나이다.

자신의 내면세계에 관심이 많은 사람이다. 남자가 이 아카나를 자주 뽑게 되면 연상의 여인과 인연이 있을 것이다. 공부를 하려는 사람에게 지금이 집중할 수 있는 좋은 기회임을 나타낸다. 그러나 사업을 하려고 하거나 생계에 초점을 맞추어 직장을 구하려는 사람에게 별로 좋지 않은 상황임을 나타낸다. 애정문제에서는 오래 사귄 사람과 결혼을 하게 되는 경우가 많다. 그러나 독신을 지향하는 사람과 친숙한 카드이기도 하다. 결혼한 사람의 경우, 심한 갈등을 겪고 있더라도 헤어지기 어려울 것이다. 이 시기는 내적 평정을 요하는 것이니 자기 자신을 관조하는 시간을 갖도록 하는 게 좋다. 미혼의 경우, 사귀어온 사람과 결혼을 바란다면 매우 희망적이다. 당신의 삶은 당신이 지금 만나는 사람과 매우 인연이 깊다.

일반적 의미 기다림, 인내, 희생, 습관, 우울, 헌신적, 수동적, 종속적

건강적 의미 원기 부족, 약물중독, 알코올중독, 신장, 요도, 건망증

장소적 의미 약국, 병원, 기도원, 휴게실, 술집, 모텔, 서커스 무대, 휴양지

직업적 의미 심리학자, 연구가, 실업자, 정신과 전문의, 광부, 매니아

애정적 의미 헌신적인 사랑, 자기희생, 인내, 실연, 동정심, 불륜

XIII 무명

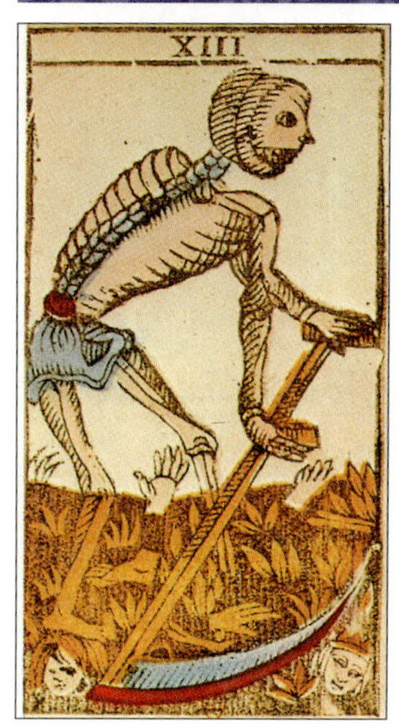

이 카드에는 아무것도 기록되어 있지 않다. 그래서 잠정적으로 이 아카나의 명칭을 무명 카드로 부르기로 하겠다. 이 무명 카드는 통상 죽음 아카나라는 명칭으로도 불린다. 실제로 현대 타로에서는 13번 카드에 죽음을 뜻하는 Death를 쓰고 있다. 하지만 마르세유 타로에는 아무것도 씌어 있지 않다. 22장의 메이저 아카나에서 유일하게 번호 없이 Le Mat라는 철자만 씌어진 바보 타로카드와 대조적이다. 그러면 그 까닭은 무엇일까. 13이라는 불길한 숫자의 기운 탓일까. 아직 무어라 말하기에는 그림에 관해 아는 것이 너무 부족하다. 정보가 있어야 카드의 비밀을 여는 열쇠를 마련할 수 있다.

무명 아카나는 곧이어 나올 14번의 절제 아카나와 함께, 마르세유 타로카드가 중세 미술에 큰 영향을 받았음을 보여주는 증거다. 그 이유는 죽음이라는 것을 표현하는 방식이 매우 관습적이기 때문이다. 죽음을 뜻하는 해골이 나타난 것만 보아도 쉽게 알 수 있다. 하지만 이 해골의 도상이 무섭게만 여겨지지 않는 까닭은 어째서인가. 서양 중세 미술에서 쓰였던 해골의 상징을 알면 그 비밀이 밝혀진다.

상징 풀이

서슬 퍼런 긴 낫을 든 해골이 팔을 휘저어 사람들의 목을 치고 있는 듯한 섬뜩한 형상이다. 하지만 해골의 머리는 얼굴 가득 웃음기를 띠고 있다. 익살맞은 표정은 어딘지 부조리해보인다. 죽음의 사자라면 진지한 표정이나 무시무시한 얼굴을 해야 하지 않은가. 해골의 발 아래 황금빛 들판이 펼쳐져 있다. 누가 봐도 곡식이 무르익어 일렁거리는 들판을 형상화하고 있음을 알 수 있다. 그 들판 군데군데 도움을 요청하는 듯 사람들의 손이

다급해 보인다. 카드의 하단 양쪽에는 두 사람의 얼굴이 그려져 있다.

해골의 모습에 유독 선명하게 강조된 것은 푸른색 등뼈다. 그리고 등뼈와 엉덩이뼈가 연결되는 지점에 빨간색 덩어리가 눈길을 끈다. 이 해골의 모습은 마치 단전丹田만 살아 숨 쉬고 나머지 모든 부분은 육탈肉脫되어 사라진 듯한 형상이다. 해골의 등뼈에 붙은 빨간색 덩어리는 에너지를 상징한다. 죽음 아카나는 우리가 생각하는 것처럼 부정적인 카드가 아니다. 앞서 거꾸로 매달린 사내 아카나에서 죽음이 재생을 약속하는 하나의 표지임을 읽었듯이 이 죽음 아카나의 의미 역시 그러한 맥락을 지닌다.

죽음이란 것이 사람들에게 부정적으로 인식되는 것은 자신이 소유한 모든 것을 앗아가기 때문일 것이다. 그러나 그것은 물질적인 면에서 그럴 뿐이다. 정신의 유산은 오래 남는다. 우리가 기억하는 수많은 위인들의 육체는 땅속을 꺼져 흙이 되고 먼지가 되었을지언정 그들의 생각과 말, 그들의 정신은 인류의 가슴속에 고스란히 남아 있기 때문이다. 이러한 특성을 이해한다면 죽음은 전혀 부정적이지 않다.

이 그림의 해골은 익살맞은 표정으로 사람들을 유혹한다. 유혹한다는 말이 좀 이상하게 들릴지 모르겠지만 확실히 죽음이 던지는 표정은 그렇다. 해골은 사람들을 '마카브르' 춤판으로 유혹하고 있는 것이다. 마카브르란 넓게는 중세에 그려진 죽음을 주제로 한 미술 전체를 가리키고, 좁게는 '죽음의 무도(춤)'를 가리킨다. 해골은 죽음의 춤판에 끌어들이려고 온갖 달콤한 말을 쏟아놓는다. 이 말에 속아 하나둘 죽음의 무도에 휩쓸린다. 하지만 해골의 정체를 아는 사람은 죽음의 춤판에 절대로 끼어들지 않을 것이다.

'메멘토 모리(memento mori)'라는 영화를 알 것이다. 시시각각 기억을 상실하는 사내가 온몸에 하나씩 문신을 새기고, 그 문신을 근거로 자신의 삶을 망가뜨린 사람을 추적해 복수를 한다는 내용의 영화. 이 영화의 제목으로 쓰인 '메멘토 모리'는 사실 죽음을 주제로 한 중세 회화에 으레 쓰이던 명구로, '죽음을 기억하라'라는 뜻의 라틴어다. 중세 사람들은 숱한 죽음을 겪었다. 굶주림과 가난, 또 흑사병으로 대표되는 전염병에 노출되어 있었다. 이들에게 죽음은 일상적이었고 심지어 친숙하기까지 했다. 중세 사람들에게 죽음은 두 가지 교훈을 일깨웠다. 하나는 죽음은 누구도 피해 가지 않는다는 것이고, 다른 하나는 죽음은 예고 없이 갑자기 찾아온다는 것이다. 죽음의 공평성과 죽음의 돌발성은 인생을 돌이키게 한다.

이 죽음 아카나의 해골은 단순한 상징이 아니다. 죽음 너머에 있는 삶을 보살피라는 의미다. 서슬 퍼런 낫을 들어 잘 익은 곡식을 거두어들이듯이 열심히 일한 뒤에 결과를 기대하라는 말이다. 이것이 앙상한 해골의 상징이 주는 교훈이다. 얼핏 보면 아무것도 없는 것 같은 카드에 이런 교훈이 들어 있다. 죽음 아카나는 결실, 추수에 대한 긍정적 의미를 감춘 채 오싹한 형상으로 낫을 휘두르고 있는 것이다.

아카나 풀이

겉만 보면 섬뜩하고 오싹한 형상이지만 보기와 달리 숨겨진 상징은 희망적이다. 이 죽음 아카나는 묘한 카타르시스를 느끼게 한다. 현재의 상황과는 전혀 다른 격변을 암시하고 있다. 그것은 인생역전일 수도 있고 모든 것을 버리고 새롭게 거듭남을 뜻하기도 한다. 환골탈퇴. 과거와의 단절을 통한 새로운 시작을 의미하지만 그것은 해방감이기 이전에 가슴 아픈 사연을 간직하고 있는 것일 수도 있다.

아카나 읽기

죽음 아카나는 부정적인 것이 아니다. 통념과 고정관념에 머물러 있다면 부정적으로 보이겠지만 말이다. 죽음 아카나엔 긍정적인 실마리가 많음을 기억하기 바란다.

크게 변화를 결심한 사람이거나 사업에 실패를 한 사람, 새로운 일을 계획하고 진행시키려는 사람에게 이 아카나는 희망을 전해준다. 하지만 별 걱정 없이 무난하게 지내고 있는 사람에게는 썩 좋은 내용이 아닐 것이다. 이것은 환란이 닥칠 것임을 예고하는 상징이기 때문이다. 그러나 죽음의 춤을 추자는 요구와 유혹을 뿌리친다면 더없는 기쁨이 생길 것이다. 유혹은 곳곳에 도사리고 있으니 조심하라.

금전문제에서 큰 돈이 오가는 사업가에게 자주 나오는 카드다. 연애문제에서 헤어졌던 옛 애인과 다시 만나 결혼에 이르게 되는 좋은 의미를 지녔다. 직업에서는 세밀함과 정교함을 요하는 분야의 일이 좋다. 한의학을 배우는 사람이거나 한의학에 미련을 떨치지 못하는 사람에게 자주 나타나는 카드다. 정신세계 연구자 또는 기공이나 기체조 수련자가 잘 뽑는 카드이기도 하다.

일반적 의미 환기, 물갈이, 개혁, 대변화, 갱신, 죽음, 이별, 재건축, 덧없음

건강적 의미 뼈, 무릎, 칼슘 부족, 체중 감소, 원기 약화, 백혈병, 골수질환

장소적 의미 화장터, 쓰레기장, 추운 지방, 검사실, 방사선실, 장례식장, 창고

직업적 의미 외과의사, 침술사, 한의사, 농부, 장의사, 조각가, 목수, 금속세공

애정적 의미 뜨거운 사랑, 싱거운 사랑, 냉정, 잦은 이별, 서툰 연애

XIIII 절제

Temperance, 이 카드에 담긴 뜻은 '절제' '균형' '중용' '조절' '비율이 맞게 뒤섞다' 등이다. 다른 타로에서는 균형 아카나라고 하기도 한다. 하지만 균형보다는 절제라는 말이 더 잘 어울린다. 왜냐하면 균형은 절제보다 그 의미의 폭이 좁기 때문이다. 절제가 있어야 바로 균형이 나온다. 이것을 상징적으로 표현하는 것이 여인의 물붓기이다. 이것은 성질이 다른 두 물질을 알맞은 비율로 섞도록 조절한다는 뜻이다.

필자는 22장의 대비밀 카드 가운데 가장 아름답고 신비로운 카드가 바로 이 절제 아카나라고 생각한다. 그러나 다른 타로카드 안내서들은 이 절제 아카나의 상징을 잘 읽지 못하고 있다. 제대로 그 상징을 풀이한 책은 하나도 없었다. 절제 아카나의 여인이 쥔 황금색 잔이 미술사적 맥락에서 나온 오랜 역사를 지니고 있다는 사실을 알면 더욱 흥미로울 것이다.

상징 풀이

이 절제 아카나에서 중요한 상징물은 여인의 손에 있는 황금색 잔이다. 날개를 단 여인이 황금색 잔 두 개를 양손에 잡고, 한쪽 황금색 잔에서 다른 황금색 잔으로 물을 따르는 중이다. 여인의 허리 부분에 마술처럼 쏟아지는 푸른색 물줄기가 보인다. 푸른색 물줄기는 마치 은하수처럼 두 잔을 이어주고 있다. 여인은 물이 바깥으로 흘러넘치지 않게 곡예를 하듯 조심스레 아래쪽의 잔을 받친 모습이다.

다소 조악하게 인쇄된 탓에 마르세유 타로를 처음 보고서 이것이 무엇을 뜻하는지 어리둥절했던 기억이 새롭다. 이 절제 카드는 13번의 죽음 카드가 그렇듯 중세의 상징을 그대로 빌려온 것이다. 중세 미술에서 관습적으로 그려지던 절제의 알레고리를 죽음 카드 다음에 배열한 것이라 생각하면 된다.

그렇다면 절제의 알레고리란 무엇일까. 미술사에 관한 깊은 지식은 없지만 관련 서적을 통해 상징의 심오한 의미와 역사적 배경을 알 수 있었다. 여인이 든 두 개의 잔은 각기 다른 액체를 담고 있다. 그리고 그 위치에 따라 위쪽에 들어 있는 것과 아래쪽에 들어 있는 것이 무엇인지 뚜렷이 알 수 있다. 그림 속에서 위쪽 잔에 든 것은 물이고, 아래쪽 잔에 든 것은 포도주다. 물론 뜨거운 물과 차가운 물로 봐도 나무랄 사람은 없다.

여인이 물을 부어 포도주의 농도를 조절하는 모습을 나타낸 것이 바로 이 절제 아카나다. 포도주를 물에 부어 농도를 조절하지는 않을 테니 위와 아래의 잔에 각각 무엇이 담겼는지는 뻔한 일이고, 우리 눈앞에 보이는 액체가 바로 물줄기라는 것 역시 뚜렷해지는 것이다. 포도주에 물을 섞는 관습은 고대 그리스에서 비롯된 것으로, 라틴어 '템페라레(temperare)'는 중용 또는 올바른 비율로 섞도록 조절하는 것을 말한다. 본래 절제의 상징은 여인이 포도주잔에 물병의 물을 따르는 모습이었지만, 단순화시켜 물병과 포도주잔만 놓아 절제의 알레고리를 표현하기도 했다. 특히 17세기 네덜란드 정물화에서 물병의 물 대신 껍질 벗겨진 레몬이 그려지기도 했다. 이는 포도주의 단맛을 억제하고 맛을 돋우는 데 레몬즙이 적절하게 섞여야 한다는 뜻을 내포하는 것이었다. 이렇듯 절제에서 핵심은 '알맞게 섞어 조절하기'인 것이다.

물병과 포도주잔의 알레고리를 통해 우리는 절제가 '측정' '정도' '척도' 등의 뜻과 연관된다는 것을 알 수 있다. 그리고 절제를 이루기 위해서는 감정이나 욕망의 고삐를 쥐고 통제해야 한다는 점에서 7번 전차 카드의 의미와 연결됨을 알 수 있다. 또한 균형을 이룬다는 의미에서 8번 정의 카드와도 연결된다는 것을 알 수 있다. 주의할 것은 이러한 연결에서 미묘한 의미의 차이를 놓쳐서는 안 된다는 점이다.

이를테면, 8번의 정의 카드와 14번의 절제 카드는 둘 다 균형을 뜻하는 아카나이지만 그 내용은 서로 다르다. 정의 카드의 상징은 천칭저울이고 절제 카드의 상징은 물과 포도주라는 매개체부터 다르고, 이 상징이 불러일으키는 의미는 더욱 확연하게 차이가 난다. 정의 카드의 균형은 다분히 외적인 공평함이란 의미가 강한 데 반해, 이 절제 카드의 균형은 절제를 통해 얻어진 내적인 중용이란 의미가 강하다. 타로 사용자가 이런 미묘한 차이를 아는 것이 타로 읽기에 도움이 됨은 두말할 나위가 없다.

이 절제 카드에서 자신에게 알맞은 정도, 또는 적정한 수준이 무엇인지를 파악하라는 의미를 캐낼 수 있다. 다시 말해, 분에 넘치는 욕망과 감정을 자제하라는 말이다. 그리스 철학자 에피쿠로스는 절제를 가리켜 '얽매이지 않는 것'이라는 용어를 쓰고 있는데, 이것은 자기 분수에 맞는 것을 마음껏 향유한다는 의미가 담겨 있다. 절제란 적절한 방식으로 할 수 있는 만큼 많이 즐기는 기술과 관련되어 있는 것이다.

우리는 절제 아카나에서 서로 다른 것을 조화시키고 융합하는 기술을 터득해야 함을 배운다. 독한 양주에 물을 타서 마실 때 적절한 비율을 맞추지 못하면 여전히 떨떠름하거나 너무나 밍숭밍숭해지는 우를 범할 수 있음을 명심하자. 절제 아카나는 우리에게 정교한 삶의 기술을 익히길 강조한다.

아카나 풀이

현재 진행되고 있는 상황을 암시한다. 조급한 마음은 버리는 것이 좋을 듯하다. 애정에 관해서라면 과정으로 이해하라는 의미다. 일시적인 느낌보다는 천천히 다가가는 모습으로 이해하면 좋을 듯하다. 우정에서 사랑으로 발전해나가는 과정이라 볼 수 있다. 사업에 관해서도 문제들이 해결되어가는 과정으로 이해하는 것이 좋으며, 서로의 동질성을 찾아가는 의미라 할 수 있다.

아카나 읽기

답답하게 일이 꼬여 있을 때 이 아카나가 나오면 무언가 기대할 만한 상황이 전개될 것임을 예고한다. 반면 현재 자신은 느슨해진 상황이거나 무언가 뚜렷한 의지를 갖지 못한 상태일 때 이 카드는 지루한 생활이 되풀이될 수 있음을 경고한다. 외국계 회사에 입사원서를 접수하고 결과를 기다리는 이나 여행사, 항공기승무원, 관광가이드 시험을 앞둔 이에게 좋은 소식이 온다는 것을 나타낸다. 왜냐하면 이 카드는 이질적인 공간이나 상황과 뒤섞여야 할 필요를 강조하는 카드이기 때문이다. 필요성은 당신에게 기회를 가져다줄 것이다. 여기서 반드시 기억할 것은 무엇이 필요한 것인지를 먼저 잘 깨달아야 한다는 점이다.

회사와 가정 이 둘밖에 모르는 성실하지만 다소 고지식한 사람에게 자주 나오는 카드이기도 하다. 연애에서는 외국인과 인연이 있을 가능성이 있다. 특히 열애 중인 사람이라면 속도 조절을 잘 해야 한다는 의미를 나타낸다. 하지만 애정전선은 쾌청이니 노래를 부를 만하다.

이 절제 카드는 주로 무언가를 넘치게 표현하는 사람에게 잘 나온다. 하지만 너무 지나치거나 너무 모자라는 것은 자신의 부덕함을 나타낼 뿐이다.

그러니 마음을 잘 다스려 중용의 도를 익히라는 의미가 담겨 있다. 아주

어려운 주문이긴 하지만 말이다.

일반적 의미　교류, 인연, 사교, 친절, 균형, 온도 조절, 왕복

건강적 의미　허리, 방광, 혈액순환, 스트레스, 저혈압, 수족냉증

장소적 의미　공항, 선박, 바다, 온천, 은행, 통신센터, 항공센터,

직업적 의미　통신회사, 외환 딜러, 항공승무원, 해운업

애정적 의미　사교성, 이심전심, 먼 데서 온 인연, 국제결혼

Diable, 사전적인 의미로는 '악마'지만 여기에서 가지 쳐나온 '이원성'이란 뜻을 잘 새길 필요가 있다. 이 단어는 라틴어 디아블로(diablo)에서 나왔다. 우리는 지금까지 타로카드를 해석하면서 한 개의 아카나가 그저 하나의 뜻만을 가진 게 아님을 보아왔다. 이런 특성을 가장 잘 보여주는 대비밀 카드가 바로 악마 카드라 할 수 있다. 악마의 어원에 벌써 2를 뜻하는 철자(di-)가 있음을 생각하면 이해가 빠를 것이다.

라이더 웨이트 이후의 현대 타로에서 악마 아카나는 일반적으로 부정적인 의미로 읽힌다. 하지만 마르세유 타로에서 악마는 반드시 부정적인 것은 아니다. 이 악마 카드가 서양 신비주의의 기둥이라 할 만한 연금술의 상징을 표현하고 있기 때문이다. 따라서 카드 속에 그려진 악마는 인간을 악의 구렁텅이로 몰아넣는, 우리가 흔히 아는 그런 악마가 아니다. 오히려 완성을 추구하는 과정에서 만나게 되는 새로운 단계를 나타내는 긍정적인 의미를 가진다.

상징 풀이

이 카드에서 핵심이 되는 것은 악마의 형상이다. 악마는 여자와 남자의 특성을 모두 갖춘 양성구유, 자웅동체의 존재로 표현된다. 그림 중앙이 악마다. 악마는 머리에는 사슴의 뿔을, 어깨에는 새의 날개를 달았으며 날카로운 손톱과 발톱을 지닌 기괴한 모습으로, 한 손에 빨갛게 이글거리는 횃불을 쥐고 있다. 이 악마의 양옆에 꼬리가 달린 작은 악마들이 있는데, 그들은 악마가 딛고 서 있는 도가니(화로)에서 연결된 탯줄을 목에 감고 있다.

이 그림이 연금술의 상징을 지녔다는 사실이 한눈에 들어온다.

남자와 여자가 합쳐진 헤르마프로디토스(hermaphroditos)의 형상. 이것은 연금술에서 결혼이나 연금술적 결합을 의미하는 것이다. 헤르마프로디토스는 그리스 신화에서 헤르메스와 아프로디테의 결합으로 태어난 자식을 가리킨다. 양성구유·자웅동체·남녀추니의 악마라니, 표면적으로 생각하면 어딘지 음탕하고 성적 방종과 타락을 상징하는 듯해 보인다.

그러나 예로부터 최고의 존재는 남성적인 원리와 여성적인 원리를 모두 지닌 것으로 여겨지곤 했다. 불교의 관음觀音보살이 그렇고, 그리스 신화의 에로스가 그렇다. 2세기의 기독교 영지주의자들이나 중세의 유대 신비주의자들은 태초의 인간 아담이 이러한 모습을 지녔다고 생각했다. 물론 이때의 아담은 이브가 창조되기 이전의 흠 없고 깨끗한 아담을 말한다.

이 악마의 형상이 연금술과 관련된다는 것은 악마가 딛고 서 있는 사물을 통해서도 알 수 있다. 이것은 연금술사들이 쓰던 연금술의 도가니를 표현한 것이다. 연금술사들은 불의 장인이었다. 불을 능숙하게 다루어 정결한 물질을 새로이 창조해낼 수 있다고 믿었다. 이러한 배경을 알면 이 악마 아카나의 의미가 훨씬 명확해질 것이다.

그렇다면 중앙의 악마 옆에 있는 꼬리 달린 작은 악마는 무엇을 뜻하는가. 이것은 우리의 나약한 심성을 가리킨다. 작은 악마의 꼬리는 우리 내면에 있는 야수성, 본능이라 하겠다.

도가니(화로) 위에서 올라선 악마는 한 손에 횃불을 세워서 이 그림이 연금술적 과정의 하나임을 분명히 한다. 또한 도가니에 연결된 탯줄은 연금술이 새로운 생명을 창조하는 과정임을 나타내는 것이다. 우리가 이 악마 카드에 담긴 전통적인 맥락을 알지 못한다면 겉으로 보이는 부정적인 측면에 현혹되고 말 것이다. 표면적인 의미도 그냥 지나칠 수 없는 것이긴 하지만 보다 깊은 의미에 눈을 돌려 상징을 바라봐야 한다. 그렇지 않으면 판에 박힌 해석에 머물러 있을 수밖에 없다. 이것은 타로 사용자 마음에 깃들인 다양하고 풍부한 가능성을 놓치는 결과를 낳을 것이다. 악마 아카나는 이런 측면에서 의미심장하다.

악마 아카나는 인간의 복잡한 내면을 보여준다. 우리가 악마를 두려워하는 이유는 그것이 우리의 경험 바깥에 있기 때문일 것이다. 이를테면 낮에 보았던 사슴, 사자, 독수리, 아리따운 여자와 건장한 남자가 밤의 꿈속에서 합쳐져 무어라 형용하기 힘든 기괴한 모습으로 나타났다고 하자. 우리는 이 꿈속의 존재를 악마라고 부를 것이고 그 꿈을 악몽이라 여길 것이다. 영국의 경험주의 철학자 데이비드 흄은 천사는 없다고 했다. 천사라는 것은 복합관념의 산물에 지나지 않는다고 했다. 하지만 그가 깎아내린 이 복합관념의 산물은 우리 내면에 담긴 그림자들이 반영된 것이라는 점에서 현실과 밀접한 연관성이 있다.

악마 아카나는 이원성의 상징이다. 내면에 담긴 어두운 그림자를 어떻게 제어하여 새로운 단계로 나아가느냐를 묻고 있는 카드라 할 수 있다. 악마 아카나는 그런 점에서 14번 절제 아카나와 관계가 깊다. 이질적이고 상이한 여러 요소를 어떻게 융합하여 새로운 생명을 만들지 일깨워주기 때문이다. 이 악마 아카나에서 부정적인 것이 먼저 보인다고 해도 악마의 긍정적인 의미를 놓치지 말길 당부한다.

아카나 풀이

집착이나 본능적인 만족을 상징한다. 물질적인 과욕이나 이익을 얻기 위한 융통성을 암시하기도 한다. 모든 일이 양지에서만 이루어지는 것은 아니다. 세상사를 보면 은밀하게 진행되어야 할 부분도 있기 마련인 것이다. 새로운 생명의 창조는 신의 영역을 범하는 성격을 지녔다. 이러한 연금술의 성격을 염두에 둔다면, 이 카드에서 금단의 땅을 밟고 싶은 인간의 호기심이란 상징도 캐낼 수 있다.

아카나 읽기

이 카드를 뽑은 사람의 반응은 13번 무명 카드를 접한 사람들의 반응과 비슷하다. 악마 아카나에 역사적인 배경과 신비주의적 의미를 알 길 없는 사람들로선 당연한 반응이라 생각된다. 하지만 앞에서 살펴봤듯이 반드시 부정적인 의미만 지닌 것은 아니다. 그렇다고 좋게만 볼 수도 없지만 말이다.

존 레논이 부른 이매진(imagine)의 이런 가사를 생각해보라. '천국이 없다고 상상해보세요 / 생각해보는 것은 그리 어렵지 않을 거예요 / 우리 아래에 지옥도 없고 머리 위로 단지 하늘만이 있을 뿐 / 오늘 하루를 살아가는 사람들만이 있을 뿐이죠.' 그림자는 빛이 있어야 생기는 법이고, 키 큰 나무는 그만큼 깊이 땅속으로 뿌리를 내려야 하는 법. 이게 부정할 수 없는 우리 세상의 원리 아닌가.

이 카드는 이원성 내지 양면성을 나타낸다. 부가가치가 높은 사업이나 사람의 본능을 자극하는 분야 – 유흥업, 숙박업, 복권사업 등 – 에서 금전적인 발전을 얻을 수 있다.

연애문제는 급진적인 관계로 진입하게 됨을 나타낸다. 기혼자에게는 유혹이 도사리고 있으니 몸가짐을 똑바로 하라는 경계의 의미가 있다. 자기

사업을 하는 사람에게는 수입과 지출을 좀더 세밀하게 관리하라는 의미다. 또한 나태한 생활을 이어가면서 막연하게 꿈만 꾸는 몽상가에게 자주 나오는 카드다. 약사나 미생물 연구자 같은 전문직 종사자에게도 자주 나온다. 생각지 못한 보너스를 받거나 용돈 정도의 불로소득이 생길 수 있다.

일반적 의미	부귀, 유혹, 갈등, 어둠, 최면, 섹스, 이간질, 마술사, 요행수
건강적 의미	암, 고혈압, 불면증, 폐쇄공포증, 히스테리, 정서불안, 간 질환
장소적 의미	도박장, 오락실, 복권판매소, 나이트클럽, 정신병원, 유흥가, 술집
직업적 의미	사채업, 서비스업, 브로커, 발명가, 마술사, 사교계, 약학 관련
애정적 의미	육체적 탐욕, 정열, 성도착, 질투, 불륜, 물질적인 사랑, 이혼

XVI 신전

Maison dlev, 이 아카나의 사전적 의미는 '신전' '성전' 등이다. 부가적인 의미로 '교만'을 뜻한다. 현대 타로에서는 이 카드의 명칭을 '무너지는 탑'으로 표기하고 있다. 하지만 마르세유 타로는 신전이라는 다분히 기독교적이고 종교적인 명칭을 부여하고 있다. 이것은 의미로만 따지면 명백히 기독교적인 맥락을 지닌 카드라 할 수 있다. 바벨탑의 이야기가 연상되기 때문이다. 아니 연상이 아니라 실지로 바벨탑의 신화를 원용하고 있다고 봐야 할 것이다. 이 카드의 상징에서 중요한 것은 곡예를 하고 있는 사람을 들 수 있다.

상징 풀이

카드의 그림이 풍기는 이미지는 축제를 보는 듯 밝다. 노란색, 빨간색, 하얀색, 검은색, 하늘색 등 형형색색의 물방울들이 하늘에서 쏟아지고 있는 풍경이다. 벽돌로 곧게 쌓아올린 탑이 있다. 그런데 탑 위쪽의 망루가 나팔소리에 부서져 내리고 있다. 이 카드는 대비밀 카드로서는 드물게 배경이 구체적으로 묘사되어 있다. 맨 아래는 황금색의 땅이고, 중간은 하늘색의 밭이고, 맨 위는 검은색의 언덕이 배치되어 있다. 이 카드의 핵심은 아무래도 물구나무를 선 두 사내에 있다고 하겠다. 한 사내는 탑의 전면에서 몸을 전부 드러내고 있고, 다른 한 사내는 몸을 굽혀 땅에서 무언가를 줍는 듯한 자세를 하고 있다.

이 무너지는 탑은 창세기의 바벨탑 신화를 떠올리게 한다. 원래 바벨이라는 말은 '신의 문'이라는 뜻을 지닌 수메르어다. 탑을 쌓아 신의 문을 열려 했던 인간의 욕망을 단적으로 표현하는 말이다. 일반적인 성서의 해석을 따르면 이것은 교만을 나타낸다. 자신감에 넘쳐 넘지 말아야 할 경계선을 넘어버린 뒤, 인간은 징벌의 나팔소리를 접한다. 징벌은 다름 아닌 의사소통의 불능에 처해지는 것이다. 교만은 인간을 외톨이로 만들어 누구와도 소통할 수 없도록 한다는 점을 상기시킨다.

교만하지 말라는 일반적인 의미 외에 다른 의미도 찾을 수 있다. 상상력을 발휘해서 살펴보면 카드의 분위기가 절대로 절망적이지 않음을 알 수 있기 때문이다. 갑자기 남들의 말을 못 알아듣게 되어 혼란에 빠진 모습이라 보기엔 매우 밝고 경쾌한 분위기이다. 탑에 가려 전신이 보이지 않는 사내는 어떤지 몰라도, 전면에 있는 사내의 모습은 곡예를 하듯 즐겁다.

곡예를 하듯 물구나무 선 사내의 상징을 우리는 다음과 같이 풀어볼 수도 있을 것이다. 우선 신의 문을 열려는 것은 인간의 자만과 교만을 나타내려는 것이 아니라 신에게 가까이 다가가 그의 음성을 들으려는 선의에서 비롯된 것이라고 말이다. 물질적인 욕심으로 탑을 쌓아올린 게 아니라 이미 쌓아올린 탑을 허물어달라는 소망을 전하기 위해 하늘에 오르는 사닥다리로 탑을 이용한 것이라고 말이다.

그럴 경우, 묘한 의미가 만들어지는데 파괴하기 위해 창조한다는 역설과 마주치게 된다. 쉽게 말해, 사다리를 부숴달라고 부탁하기 위해 열심히 사다리를 만들었다는 의미인 것이다. 이것은 우리가 가진 언어의 상징이기도 하다. 말은 뜻을 전달하지만 뜻을 전달하고 나면 없어지고 만다. 불교에서 말하는 '달을 가리키는 손가락'의 화두에서 핵심은 '달'에 있지 '손가락'에 있는 것이 아니기 때문이다.

위의 풀이는 다소 무리한 감이 없지 않다. 하지만 이런 해석까지도 가능한 것이 타로의 이미지 읽기인 것이다. 이 신전 카드의 축제 분위기는 우리가 이제껏 감춰왔던 하나의 비밀에 눈을 뜨게 한다. 그것은 광대 또는 바보의 이미지다. 기독교의 유일신은 매우 무서운 존재로 인식되었다. 그런데도 신을 모독하는 행위를 하는 것은 바보가 아니고선 불가능하다. 이 카드는 기독교적인 의미에 반하는 행위를 의도적인 상징으로 드러낸 것이다. 축제의 풍경은 중세 기독교가 지니고 있던 성聖과 속俗의 뒤섞임이라는 의미를 함축하고 있는 것으로 보인다. 지극히 세속적인 것에서 성스러운 것을 길어 올린다는 뜻이다.

그러나 어떻게 풀이하든 이 신전 아카나의 주된 의미는 변하지 않는다. 바로 기존의 질서가 붕괴된다는 것, 공들여 만든 것이 무너지고 만다는 것이다. 이것은 15번 악마 카드에서 새로운 단계로의 입문을 다시 강화한다는 의미도 내포한다. 신전 아카나는 깃발처럼 펄럭이며 울려 퍼지는 하늘의 음성에 탑이 무너져 내리는 형상을 취하고 있다. 이것은 새로운 질서의 도래를 갈망하는 인간에게 언제든 위기와 위험이 닥칠 수 있음을 경고한다. 이 카드는 이렇듯 자신의 우쭐거림을 거꾸로 세우라는 의미다.

아카나 풀이

잠재된 에너지를 쏟아내는 이미지다. 나팔소리처럼 강력하게 분출되는 힘을 상징한다. 그 힘은 자신의 재능일 수도 있고 물질적인 축복이 될 수도 있다. 때로는 욕구불만의 표출일 수도 있다. 하지만 창조적인 에너지를 쏟아낸다면 매우 긍정적인 결과를 맛볼 수 있을 것이다.

아카나 읽기

연애문제에서 이 아카나가 나올 경우, 별로 좋지 않다. 결혼이 파경을 맞거나 일시적인 혼란에 빠지는 경우 잘 나오는 카드다. 직업문제에서는 퇴출의 기운이 느껴진다. 하지만 새로운 출발이 있음을 기억하라. 탑에 가려진 사내가 무언가를 줍는 형상이듯이 손재주가 뛰어난 사람들이 많다. 사회체육 지도자 과정을 이수한 뒤에, 헬스트레이너냐 스킨스쿠버 강사냐를 놓고 갈등을 하다가 카드에 그려진 탑 전면에 있는 사내에게서 영감을 얻어 다이버 강사의 길을 선택한 사례도 있다. 흥미롭게도 카드 전면에 형형색색의 물방울 무늬가 그 선택을 지지해주고 있었다.

이벤트 사업을 하는 사람에게는 사업 확장의 기회가 다가왔음을 뜻한다. 사업 투자에서는 투자가 물거품이 되는 경우가 많다. 또한 넘어져 팔다리가 부러진다든가 갑작스러운 사건에 휘말릴 수 있다. 장거리 여행을 떠날 예정이라든가 운전을 업으로 하는 사람이라면, 한동안 긴장감을 풀지 말라는 조언을 해주고 싶다.

일반적 의미	돌발적인 사건, 예측불허, 사고, 붕괴, 파탄, 기다림의 결과
건강적 의미	기관지, 편도선, 외과수술, 관절부상, 뼈, 혈관질환, 항문질환
장소적 의미	교회나 사찰, 수술실, 채석장, 유물 발굴 현장, 화학 실험실
직업적 의미	건설 현장, 성형외과, 부동산업, 주식, 게임산업, 군사과학, 우주항공
애정적 의미	축복받은 관계, 정열, 이혼, 이별, 애정의 고난, 일시적 혼란

XVII 별

Toule, 이 단어의 사전적 의미는 '별'이다. 현대 타로카드와 마찬가지로 마르세유 타로에서도 포인트가 되는 것은 여인의 머리 위에 크게 빛나고 있는 별이다. 하늘을 수놓고 있는 7개의 별들은 시리우스 성좌로 '희망'을 상징한다. 두 손에 쥔 황금색 물병의 물을 강물에 혹은 바닷물에 쏟아붓고 있는 모습을 하고 있다. 도상에서 두 황금색 병은 14번 절제 아카나의 의미와 어떤 연관이 있음을 시사해준다.

이 카드의 의미는 대체로 고난 중에 꽃핀 희망이나 대승적인 화합 등을 나타내는데, 우리는 이를 카드에 그려진 상징을 통해 파악할 수 있다. 실망, 좌절, 상실이 힘들게 하지만 그런 고난은 더욱 큰 성과를 얻기 위한 준비 과정이라는 의미가 강한 아카나다.

상징 풀이

16번 신전 아카나가 부정적인 의미를 띠고 있었다면 그 부정적인 결과에서 벗어날 수 있는 희망의 씨앗을 보여주는 것이 바로 별 아카나다. 전체적인 그림의 분위기는 매우 밝고 눈부시다. 창공에 빛나는 별과 벌거벗은 여인의 발 아래 흐르는 맑은 물이 모든 것을 '투영'해주는 것처럼 보인다. 벌거벗은 여인이 무릎을 꿇고 두 손에 든 물병에서 물을 쏟아 강물에 붓고 있다. 여인의 등 위로 검은색 언덕이 보이고, 검은색 언덕에 솟은 황금색 나뭇가지 위로 이제 막 날개를 펼쳐 날아오르려는 새가 보인다. 여인의 머리 위에는 빛살을 사방으로 뿜으며 반짝이는 커다란 별이 있고, 그 별 주위로 7개의 별자리가 만들어져 있다. 밝고 아름답고 온화하고 풍족함이 넘치는 풍경이라 할 수 있다.

이 별 카드가 희망을 상징한다는 것은 이미 말했다. 하지만 그 희망이 어떤 양상을 띠고 펼쳐지느냐, 그 내용이 중요할 것이다. 이것을 잘 보여주는 상징이 황금색 물병이라 할 수 있다. 물병에 담긴 물은 양으로 보자면 여인의 발 아래 흐르는 물에 비할 것이 못 된다.

그러나 여인의 행위에서 양의 문제, 계량적이고 물질적인 차원의 문제에 집착하지 않음을 알 수 있다. 여인이 벌거벗은 자세로 앉아 있다는 것 역시 크게 욕심내지 않으며, 어떤 치장이나 꾸밈도 하지 않은 솔직한 상태라는 것을 말해준다. 여인은 충일한 기운에 잠긴 채 삶의 환희와 기쁨을 겸허하게 맞이하고 있다. 흐르는 물에 발을 담그고 있는 것은 마음에서부터 삶에 만족함을 나타내는 징표다.

이제 중요한 것은 물의 상징이 어떻게 사용되고 있느냐를 살펴보는 것이다. 14번 절제 아카나의 물은 절제, 조절, 균형의 의미를 지니고 있었다. 그것은 전적으로 내적인 상태에서 이루어지는 중용과 같은 의미가 강했다. 하지만 이 별 아카나의 여인은 겸손하게 무릎을 꿇고 자신이 가진 적은 양의 물을, 측량할 수 없이 넓은 강물에 쏟아붓고 있다. 이것은 자신의 미약한 존재가 광대한 우주의 일부이며, 이제껏 겪은 모든 시련과 낙망, 좌절과 고통 등, 사람의 한살이가 모두 기쁨이란 것을 깨달았음을 뜻한다. 그리고 물을 물에 붓는 행위는 우리의 존재가 더 큰 세계로 진입했음으로 보여주는 입문의 상징이다. 앞으로 이어질 달과 해의 카드에서 물은 계속

신의 은총이자 지복의 상징으로 등장하게 될 것이다. 여인은 이제 큰 고비를 넘기고 참 기쁨이 무언지를 만끽하는 상태에 이르렀다. 벌거벗고 자신을 비추어볼 수 있는 내적이고 안정된 자신감까지 갖추게 되었다. 그러나 이것은 11번 힘 아카나의 자신감과는 현저하게 다른 것이다. 여인은 이 자신감을 절대로 드러내는 법이 없다. 그렇게 할 수도 없다. 왜냐하면 여인의 자신감이란 강물에 섞인 물로 나타나듯 다른 것과 합일을 이루어낸 뒤에 온 것이기 때문이다.

멀리 황금색 나뭇가지에 앉은 새는 이제 영원의 전달자가 되어 새로운 세계로 날아오를 채비를 끝냈다. 별이 빛나는 동안 이 기쁨의 물은 하늘로 올라 구름이 되고, 새벽녘 기쁨의 감로수가 되어 다시 지상에 떨어질 것이다. 이제 삶은 나눔과 봉사와 헌신으로 더 완전한 깨달음을 향해 나아갈 것이다.

아카나 풀이

평화, 신뢰 회복, 희열을 나타내는 이미지다. 자기희생과 헌신으로 새 희망을 맞이함을 뜻한다. 여인의 머리 위에 빛나는 커다란 별은 자기 정화와 신성의 상징이다. 자신을 낮추고 버림으로써 삶의 전환을 맞이했다는 의미다. 이러한 상태에 도달하려면 사랑과 애정이 필요하다는 것을 암시하고 있다.

아카나 읽기

이 아카나를 뽑은 사람은 주로 미적인 것에 관심이 있는 사람이다. 남자의 경우 여성스러운 섬세함을 지닌 사람이 많고, 여성의 경우 무언가를 예쁘게 꾸미고 가꾸는 직업, 이를테면 미용, 북디자인, 공예, 꽃꽂이 등에 적합하다. 인테리어 분야에 종사하는 사람이나 금속세공 일을 하는 사람에게 자주 나온다.

여자를 별나게 밝히는 남자와 친숙하다는 게 흥미롭다. 실제로 미국의 한 포르노그래피 회사가 자사 로고로 이 카드의 도안을 약간 변형해서 사용하고 있다. 애정문제에 관련해 이 아카나를 뽑았다면 기혼 여성의 경우 기다렸던 아이를 갖게 되리라는 기쁜 소식을 뜻한다. 하지만 미혼 여성에겐 그다지 반갑지 않은 소식일 것이다. 이 세상이 그렇듯 카드의 상징은 복합적이고 다면적이다. 물의 상징이 큰 비중을 차지해서인지 레저 · 오락 분야에 긍정적임을 덧붙인다. 끝으로 사회생활에서는 갈등관계를 씻고 화합을 이룬다.

일반적 의미 영감, 헌신, 희망, 기다림, 사랑, 아름다움, 순결

건강적 의미 자궁질환, 불임, 갑상선, 생리통, 불감증, 부인병

장소적 의미 온천, 미술관, 식물원, 목욕탕, 갤러리, 자기만의 방

직업적 의미 예술가, 디자이너, 화가, 미용사, 조경사, 녹색운동

애정적 의미 사랑에 눈뜸, 이상적인 사랑, 헌신, 밝은 미래

XVIII 달

Lune, 이 아카나는 달이 차고 기우는 것에서 유추해 주로 '불안' '동요' '변덕' '권태' 등의 의미를 나타낸다. 달이 오랫동안 여성의 상징이었다는 점을 감안하여 상상력과도 이어짐을 알 수 있다. 또한 곧이어 나올 19번 태양 아카나와 짝을 이루어 풀이되는 경우가 잦다. 서로 상반되는 의미지만 서로 보완하는 기능이 있는 것이 달과 해의 관계임을 기억해야 한다. 달은 여성성이나 상상력과 더불어, 흐릿하게 드리워진 그림자 같은 일련의 이미지 갈래를 만들어낸다. 특히 달 아카나는 신비주의 맥락에서 알쏭알쏭한 이미지를 던지고 있다는 점을 주목해야 한다.

상징 풀이

달의 상징이 깃들인 이 카드는 대비밀 카드 22장 가운데 가장 난해한 느낌을 준다. 우선 그림을 보면 맨 아래 연못에 가재가 한 마리 달을 향해 집게를 세우고, 연못 둘레에는 두 마리 개가 마주보며 혀를 내밀어 이슬을 받아먹으려 시늉한다. C자형 초승달은 달을 상징하는 중세 기독교와 신비주의의 전통을 그대로 따른 것이다. 달이 뜬 하늘에는 빨간색, 노란색, 검은색, 하늘색 등 형형색색의 이슬이 가득하다.

초승달과 개와 가재와 이슬방울 사이에 어떤 연관성이 있는 것인가. 얼핏 보면 도무지 감이 잡히지 않는다. 이를 풀려면 일정한 배경 지식이 필요하거나 비밀 전수자로부터 귀띔이라도 받아야 할 것만 같은 느낌이 들 정도다. 하지만 이미지에 따른 타로 해석은 굳이 모든 것을 다 알아야 가능한 것이 아니다. 이미지를 자신의 내면에서 어떻게 길어 올리느냐 하는 것이 먼저다. 물론 여러 지식과 정보를 습득하고 있다 해서 나쁠 게 없음은 당연하지만 말이다. 카드를 자세히 보니 이상한 것이 눈에 띈다.

이 그림은 이슬이 내리는 것이 아니라 달을 중심으로 모여드는 형상을 취하고 있다. 어딘지 부자연스러워 보이는 이 장면은 사실 연금술의 전통을 나타내는 것이다. 카드 속의 이슬방울은 연금술에서 '철학자의 이슬'이라고 부르는 것이다. 밤, 어둠을 상징하는 것이며 생명력을 상징하는 것이다. 상상력의 씨앗은 식물의 씨앗과 마찬가지로 달의 어둠의 작용을 빌려서 싹을 틔울 수 있다. 신비주의자들은 어둠이 빛과 섞여야 형태가 생길 수 있다고 보았다. 인간의 정신을 달의 환상이라는 요소로 비유하곤 했던 신비주의의 맥락을 고려해야 한다. 우리가 상상력을 발휘하여 환상을 가지려 할 때 달을 겨냥하게 되며, 그 결과 어떤 수익을 기대하거나 우리가 목표했던 것이 돌아오기를 기대한다는 뜻으로 풀이해도 무방하리라.

달 카드 상징 풀이의 핵심은 이슬방울들이 하늘을 가득 채우며 달을 향해 있다는 그림 전체의 이미지를 마음에 새기는 것이다. 앞서 살핀 신비주의적 맥락을 난해하게 이해하기보다 마음 가는대로 이미지를 풀어도 좋을 것이다. 일반적으로 달은 밀물과 썰물을 만드는, 곧 조수간만의 차이를 일으키는 힘을 지닌 자연물이라는 사실을 기억하자. 이것은 일상생활을 주도할 힘을 보여주는 긍정적인 의미를 가진다. 달은 생명력을 발휘하여 생활을 변화시킨다. 그러나 이때 중요한 것은 태양과의 연관성이다. 달은 흐릿하게 세상만물을 감싸는 성질을 지니고 있다. 그리고 스스로 빛을 내지 못하며 스스로 회전하지 못한다. 달은 태양과의 관계, 그리고 지구를 비롯한 다른 별과의 관계에서 영향력을 입어 움직인다.

달은 인간의 마음에서 이성이 아닌 감성과 직관의 중요성을 나타내며, 모든 여성적 성질의 힘을 나타낸다. 여성성의 시대라고 하는 오늘날 달에 대한 카드의 출현은 반가운 것이다. 가려진 듯하면서도 꾸준히 자신의 힘을 증가시키는 달은 모든 상상력의 원천으로 확고하게 자리하고 있다. 이러한 달 일반의 상징을 이해하는 것이 무엇보다 중요하다는 것을 다시 한 번 강조하고 싶다. 이러한 특징이라면 우리는 달에게 희망을 품어도 좋으리라. 그러나 달은 선명하게 드러내지 않는다는 점에서 여러 문제를 안고 있기도 하다.

그 일례가 달의 이중성. 달의 상징에서 빼놓을 수 없는 것이 바로 이 이중성인데, 달 카드에 그려진 초승달 속의 얼굴은 언제나 한쪽만 드러내는 반쪽짜리 얼굴이다. 달은 지구 둘레를 돌면서 언제나 한쪽을 감춰두고 있다. 이로써 달의 이중성이 어떤 것인지 금방 떠오를 것이다. 달의 한쪽은 어떠한 빛도 반사하지 않으며 어둠 속에 잠겨 있다. 자신의 변화를 보여주는 듯하지만 절대로 비밀을 드러내지는 않는다. 이 달의 신비, 드러냄과 감춤의 교묘함에서 우리는 생명의 신비를 함께 읽게 되는 것이다.

가장 신비로운 힘을 지닌 카드가 바로 달이다. 하지만 이 신비는 태양의 힘, 명명백백한 이성의 힘을 필요로 한다. 이것은 우리가 곧이어 보게 될 태양 카드의 중요성을 부각시키는 일이기도 하다. 달과 태양은 서로의 연관을 통해 이 세상에 빛을 선사한다. 이 빛은 곧 완전한 세계의 일부를 이루는 필수적인 구성요소인 것이다. 18번 별 아카나의 여인이 예시했던 것처럼 이제 은총의 물은 하늘로 오를 준비를 마쳤다. 이 달 카드의 장면은 이내 우리가 감미로운 이슬에 마른 목을 축일 것임을 보여준다. 신비주의자들이 중요하게 여겼던 물의 이미지가 이슬을 통해 형상화된 이 달 카드에서 희망을 읽어봄직하다.

아카나 풀이

일시적인 딜레마나 불확실성을 암시하고 있다. 때로는 우리 무의식의 세계를 의미하기도 한다. 밀물과 썰물을 만들어내는 달의 작용은 '나'라는 존재가 조상, 부모, 가족으로부터 영향을 받고 있음을 상징하기도 한다. 하지만 이보다 중요한 것은 하늘에 가득 찬 이슬의 상징을 이해하는 것이다. 이슬은 하늘로 상승하는 이미지라는 것을 명심해야 한다. 다시 말해 우리가 자신의 한계를 깨닫고 벗어나려는 노력이 필요함을 역설한다. 이 노력은 이성의 작용만으로 이루어지지 않는다. 즉 감정이나 직관의 영향을 받고 있다는 것. 어둠은 엄연히 우리 자신의 일부이며 내면을 지배하는 것임을 인정해야 한다.

아카나 읽기

이 아카나가 자주 등장하는 경우는 고민에 빠져 있는 경우다. 일의 진행이 막혀 있거나 가정문제가 심화되어 있을 때 자주 나온다. 이 달 카드는 상상력을 요하는 직업이나 물을 이용한 직업에 적합함을 보여준다. 상상력을 필요로 하는 작업이 주로 밤에 이루어진다는 것을 상기하면 좋을 것이다. 시인, 소설가, 작곡가, 음반 프로듀서 등과 같이 낮과 밤을 뒤바꿔 사는 사람들에게 익숙한 카드다. 그리고 흥미로운 것은 요리사나 수영강사 같은 물과 관련된 사람에게도 잘 맞는 카드라는 사실이다. 심리적인 문제에 있어서는 우울함이 지속되어 날카로운 심리상태를 나타낼 때도 잘 나오며 앞에 놓인 상황에 좀더 신중을 기해야 함을 경고할 때도 잘 나오는 아카나다. 애정문제에서는 가까워질 듯하면서도 만남의 진행이 잘 안 될 때나 아직은 시간을 두고 더 지켜봐야 한다는 메시지를 나타낸다. 또한 임산부가 아이를 출산할 때 순산을 한다는 의미를 갖고 있기도 하다. 달 아카나는 여러 의미에서 생산성과 연결되어 있음을 기억해야 한다.

일반적 의미 영감, 꿈, 추억, 우울함, 기원, 기다림, 인내, 약속

건강적 의미 위장, 순환기, 과대망상, 우울증, 히스테리, 비만, 생리불순

장소적 의미 집, 영화관, 항구, 저수지, 식당, 호텔, 사우나, 미술관

직업적 의미 집안일, 건축, 점성가, 문화재 사업, 요식업, 수사관, 회계사, 골동품상

애정적 의미 감성적인 사랑, 상사병, 내밀한 사랑, 내성적, 표현 부족

XVIIII 태양

Soleil, 이 카드의 사전적 의미는 '태양' '권력' '세력' 등이다. 부가적인 의미로 '호시절' '행운' '황금' 등을 유추할 수 있을 것이다. 태양 타로카드에는 일반적으로 발가벗은 아이가 등장하곤 한다. 이러한 타로카드의 관습이 어디서 생겼는지 알 수는 없다. 하지만 이 도상이 성장과 발전을 의미하는 태양의 상징적인 의미와 자연스레 연관된다는 것은 부인하기 어려울 것이다. 이러한 일반적인 의미 연관을 생각하면서 이제 막바지에 다다른 타로카드 이미지 읽기에 박차를 가하자.

상징 풀이

태양은 명쾌하고 투명한 해결책을 제시하는 상징물로 이야기되곤 한다. 이 마르세유 타로에서도 예외는 아니다. 그림을 보면 벌거벗은 두 아이가 부끄러운 곳만 살짝 가리고 태양 아래 서 있다. 그들은 무언가를 논의하고 협의하는 자세를 취하고 있다. 그들의 머리 위에 태양은 다소 무뚝뚝해 보이는 형상으로 빛살을 사방으로 던지고 있으며, 카드의 절반을 차지하는 커다란 크기로 묘사되어 있다.

태양 아래 있지 않은 것은 아무것도 없다. 모든 것은 태양을 통해 소생하고 성장하고 사멸한다. 이 카드는 이것을 상징하고 있다. 풀이 돋고 꽃이 피고 열매를 맺는 일이 모두 그와 관련되어 있다. 태양은 또한 비를 끌어들여 하늘에서 구름을 만들고 지상으로 되돌려준다. 한마디로 자연의 순환은 태양의 힘을 통해 가능해진다. 이 순환의 핵심에 있는 태양은 사람들에게 희망을 준다. 그러나 명백한 이성이 가장 깊은 그늘을 만들어낸다는 사실을 잊어서는 안 된다. 이 태양 아카나는 태양에 품었던 인류 보편의 상징을 표현하는 것이라 생각해도 무리가 없을 것이다. 태양은 만물을 성장시키고 지속시키는 힘을 지녔다. 인류의 고대 문명에서는 이 태양이란 사물이 최고 권위자의 상징으로 쓰였음을 기억하면 좋겠다.

또한 태양은 삶에서 의지력과 자존심을 뜻하지만 그것은 혼자만의 것이 아닌 타인과 더불어 나타나는 것임을 잊지 않도록 하자. 관습적인 태양의 상징을 염두에 두면 이 카드는 이해하기가 어렵지 않다. 하지만 반드시 짚고 넘어가야 할 사항이 하나 있는데, 그것은 18번 달 아카나와 마찬가지로 이슬의 형상이 하늘로 오르고 있다는 것이다. 이것은 신의 은총 내지 지복의 형상을 나타내는 것으로, 인간 이성의 중요성을 강조하는 의미라고 보면 틀리지 않는다. 태양은 만물을 소생시켜 우리에게 뚜렷한 윤곽을 심어준다. 달 카드와 마찬가지로 태양 카드도 인간의 노력을 중시한다. 하지만 그 노력은 인간의 이성을 중심에 둔 것이라는 점에서 달 카드와 성격을 달리한다. 허나 태양과 달은 서로를 보완하는 관계다.

태양과 달은 낮과 밤, 남성과 여성, 밝음과 어두움, 감성과 이성, 빛과 그림자 같은 이항대립의 쌍을 이룬다. 하지만 이 두 가치는 서로 적대적인 것이 아니라 서로를 보완하고 지켜준다. 빛이 없는 그림자가 생기지 않고,

낮이 없으면 밤은 무가치하다. 감성과 이성의 조화를 통해서만 인간다운 인간이 될 수 있다. 이 태양 아카나는 이런 인생의 비밀을 담고 있다. 무엇보다 태양의 상징이 가리키는 것은 나와 남의 관계이다. 우리는 누구나 위대한 혼자다. 자아라는 절대적인 존재는 홀로 높은 지위를 차지하지만, 절대로 혼자서는 존립할 수 없다는 진리를 일깨운다. 태양 아래 두 어린아이가 서로를 보듬는 장면은 바로 이러한 의미를 나타내는 것이다. 나와 남의 상호보족적인 관계를 형상화하는 것이라 하겠다.

고대 창세신화에서, 특히 이집트나 남아메리카, 심지어 우리나라의 신화에서도 태양의 위치는 막강하다. 하지만 언제나 짝을 이루어 등장함을 다시 한번 강조하고 싶다. 타로카드 점술에서 태양은 매우 좋은 카드로 여겨진다. 주변 사람들에게 평판이 좋거나 인간관계에서 신용이 두터운 사람에게 자주 등장한다. 태양 아래서는 모든 것이 뚜렷한 윤곽을 드러내는 것처럼 어떤 일처리에도 분명함을 뜻한다.

태양은 또한 황금을 연상시키는 것이기도 하다. 이집트의 왕족들은 영원히 변하지 않는 황금으로 죽음 이후의 길을 떠났다. 투탕카멘의 황금가면은 그 좋은 예일 것이다. 이집트인들은 나이 어린 왕이었던 그의 죽음을 절망으로 받아들이지 않았다.

그가 살아 생전처럼 사후에도 영원한 권력자로 하계의 삶을 영위해 나갈 것을 믿어 의심치 않았다. 태양과 황금은 이러한 그들의 변치 않는 믿음을 상징했다. 태양이 단순히 재화의 축적을 넘어 돈독한 인간관계를 나타내는 것으로 원용되는 것은 이런 이유에서다.

아카나 풀이

이 카드는 따뜻하고 온화한 느낌을 준다. 기대하고 있는 상황에 명확하게 답이 주어진다는 의미다. 밝고 긍정적인 상황이 전개되고 있음을 암시한다. 의기투합이나 사업상의 교류, 인간관계의 완성을 의미한다. 노력에 따른 결실과 행운을 상징한다. 이 카드는 어떤 카드보다 긍정적인 분위기라 할 수 있다.

아카나 읽기

회사의 장래를 점치고픈 벤처회사의 사람이라면 사세 확장의 운이 있으니 기쁜 일이다. 그는 외부로부터 큰 자금을 얻게 되는 시점에 있다. 동업에 있어서도 좋은 기회가 왔음을 의미한다. 다만 동업은 신뢰감이 먼저이므로 당신을 믿어주는 만큼 타인을 믿을 수 있어야 한다. 그리고 지나친 기대는 금물이다. 모든 것은 자기 손에서 이루어져야 한다. 가까운 사이라도 자신이 꾸리지 않으면 망가질 것이다. 유아용품이나 완구점, 활자를 찍어내는 출판과 인쇄업에서 좋은 반응을 불러일으킬 수 있다.

대학교 앞에서 아이스크림 노점을 하던 사람에게 이 아카나가 나왔는데, 그는 노점상에서 번 돈으로 인터넷 상거래 사이트를 개설하여 짭짤한 재미를 본 경우가 있다. 또한 기업체의 비서직에 있는 사람에게 이 아카나가 나왔을 때 유아교육 분야로 이직을 권유한 적이 있다. 자신이 남의 밑에 일할 사람이 아니라는 것을 어렴풋이 알았던 그는 확신을 갖게 되어 유능한 유치원 교사가 되었다.

연애문제에서 동갑내기 부부가 잘 뽑는 타로카드가 바로 태양 아카나다. 비슷한 연배끼리 서로 사랑을 하고 삶을 꾸려나가는 경우 이 태양 아카나는 매우 긍정적인 의미를 던진다. 둘 중 누구도 우위를 점할 수 없다는 것이다. 순탄한 연애를 하고 나이가 들어도 젊은 감각을 유지하며 살 것이다. 아이를 좋아하고 다산을 원하는 여성에게 자주 나오며, 유머감각이 뛰어난 남자에게 잘 나온다. 사람을 많이 만나게 되는 영업직이 적성에 맞고 그 일로 승승장구하게 될 것임을 암시한다.

일반적 의미　권력, 생기발랄, 창의성, 열의, 우정, 형제, 창작
건강적 의미　심장, 눈, 신장, 일사병, 피부질환, 비타민 부족
장소적 의미　휴양지, 온천지, 서점, 출판사, 인쇄소, 유아교육원
직업적 의미　증권, 출판업, 동업, 유아교육, 운동선수, 카피라이터
애정적 의미　친구 같은 애인, 오래된 사랑, 이심전심, 신중함

XX 심판

Jugement, 이 카드의 사전적 의미는 '선고' '재판' '판결' 등이며 부가적인 의미로 '예언' '소식의 전달' '때를 기다림' 등이 있다. 이 카드는 긍정적이든 부정적이든 타로카드가 기독교의 영향을 많이 받았음을 보여주는 또 하나의 증거라 할 수 있다. 이 아카나는 다른 타로카드에서 '구원' 이라는 이름으로도 불린다. 심판과 구원은 원인과 결과의 자리에 있다. 심판의 결과가 천국행일지 지옥행일지 아무도 모른다. 하지만 이 카드에서는 지옥행이라는 무거운 판결과는 일정한 거리를 두고 있음을 알 수 있다. 천사의 나팔에서 울리는 팡파르는 기쁨을 나타내는 것이기 때문이다. 이 카드로써 대비밀 카드의 여행은 끝에 이른다. 다음에 나올 세계 카드는 일정의 끝마침이자 동시에 시작을 의미하기 때문이다.

상징 풀이

이 카드에는 분명히 심판이라는 이름이 붙어 있지만 기독교 성서의 묵시록에 보이는 것과 같은 무서운 심판의 광경은 아니다. 심판의 무시무시한 이미지는 어디에도 보이지 않는다. 다분히 행복과 희망이 넘쳐나는 기쁨을 맞이한 심판이다. 이 그림은 위와 아래 두 부분으로 나누어 그 이미지를 설명할 수 있을 것이다. 먼저 위쪽은 나팔로 팡파르를 울리는 천사가 그려져 있다. 천사는 하늘의 명령을 전달하는 심부름꾼에 지나지 않는다.

따라서 인간보다 나은 위치에 있다고 볼 수 없다. 그는 기능적인 존재다. 천사는 끄트머리가 빨갛게 단 날개를 펼쳐 하늘에서 나팔을 울린다. 천사를 둘러싼 구름은 환圜을 이루어 사방으로 뿜어지는 빛살로부터 천사를 보호해주고 있다. 천사의 나팔에는 십자가가 그려져 있다. 천사의 나팔은 목욕을 하고 있는 것으로 보이는 두 남녀와 등을 보인 채 뒷모습을 한 사람에게 울려 퍼진다. 그 나팔이 저주의 나팔은 아닐 것이란 사실을 이미 언급한 바 있다. 어째서 그런 추정이 가능한 것인가. 우선 이 천사의 표정이 어둡지도 밝지도 않다는 데 있다. 하늘의 명을 전달하는 천사의 무표정에서 인간의 요행수는 없음을 읽을 수 있다. 모두가 자기 행위, 자기 입술의 열매에서 비롯된다.

이 카드에는 보이지 않지만 두 손을 모으고 있는 두 사람의 자세로 보아, 그리고 그들이 앉은 황금색 통의 생김새로 보아 흥건한 물의 고임을 추측할 수 있다. 물은 생명과 유동성의 의미다. 다시 말해 변화무쌍한 인생에서 새로운 생명을 부여받을 수 있음을 뜻하는 것이다. 천사의 팡파르는 결국 벌거벗은 두 사람의 행동이 어떤 결과를 낳느냐에 달렸다. 그리고 목욕통 바깥에 자리한 푸른색 벌거숭이는 인생의 흐름에서 홀로 벗어나 있는 사람이라 할 수 있다. 그가 두 손을 모으고 있는지 아닌지, 얼굴을 찡그리고 있는지 웃고 있는지, 남자인지 여자인지 도무지 분간할 수 없는 상황이다. 그는 자신의 행동에 책임을 질 수 없는 안타까운 상황에 처한 사람이다. 심판의 도래는 모두에게 반가운 일이 아닌 것이다.

심판은 결국 준비한 자의 것이다. 이 심판 아카나를 구원 아카나로 읽을 수 있으려면 철저한 준비가 필요하다. 마르세유 타로에서 이 카드는 따라서 그냥 심판인 것이다. 심판의 결과를 긍정적으로 가져오려면 먼저 그에 상응하는 행위와 정열과 마음이 있어야 한다. 이 모든 과거의 행적을 통해 사람은 희망과 절망의 갈림길에서 한 쪽을 걷게 되는 것이다. 심판의 의미는 결국 인과응보에 닿는다.

벌거벗은 알몸으로 천사의 부름에 응답할 수 있는 자에게만 천국의 문이 열린다. 천국은 결국 사람을 가르고 나누어 그 장소에 어울리는 사람을 선택하는 것이다. 심판에 깃들인 일반적인 의미인 죄와 징벌은 이 카드에서 좀더 은밀하게 베일을 쓰고 있다. 직접적으로 지옥의 공포를 상기시키고 죽음의 차가움을 강조했던 중세 기독교의 영향으로부터 어느 정도 자유로운 면모를 보여주고 있다 하겠다.

일상적인 죽음이 르네상스와 근대를 거치면서 두려운 사건으로 변모하고 죽음을 치장하여 삶에서 죽음을 떨어뜨려 놓으려 했던 것이 서양의 역사다. 해골 그대로의 죽음과 대면하지 못하고 죽음은 어여쁜 형상으로 삶의 부분에서 떨어져나간 것이다. 미국이나 유럽에 있는 시체분장사라는 기이한 직업이 말해주는 현상이 바로 죽음의 장식화, 죽음의 팬시화인 것이다. 현대의 죽음은 예쁘게 치장되어 냄새나는 과정에서 추방되었다. 죽음을 일 대 일로 대면했던 무명 아카나의 모습은 이제 부활을 약속하는 심판 아카나에서 그 모습을 새로이 탈바꿈하게 된 것이다. 타로카드에서 어두운 힘을 읽으려는 이에겐 미안하게도 마르세유 타로는 절망보다 먼저 희망을 알린다. 그것은 노력의 결과로 나타난 축복이다.

아카나 풀이

결과를 기다리는, 또는 기대하고 있는 결과가 임박해 있는 모습이다. 끝없는 가치 추구와 자아실현이라는 의미가 있다. 결과의 답은 자신이 더 잘 알고 있을 것이다. 준비된 자는 뜻을 이루지만 그렇지 못한 자는 낙오됨을 의미한다. 때로는 불현듯 떠오르는 영감, 리듬, 느낌과 같은 것들을 암시하기도 한다. 창조성이 필요한 일들에는 매우 긍정적인 의미라 할 수 있다.

아카나 읽기

이 아카나는 방송 관련 분야의 사람에게 자주 나온다. 성우 시험을 준비 중인 사람에게 좋은 결과를 가져다주었고, 아나운서나 연예 관련 분야로 취업하려는 사람에게도 결과가 좋았다. 대학교에 편입하려는 사람에게나 중단된 공부를 다시 이어가려는 사람에게도 순탄한 진행을 암시하는 카드다. 사진이나 영상 분야에서 감각이 뛰어난 사람이 많다. 애정문제에서는 사귀고 있는 사람이 멀리 외국에 가야 하는 상황이 발생한다. 끊임없이 주변을 맴돌지만 끝내 닿지 않는 인연이 있을 수 있다. 그리고 상대에 대한 배려와 이해가 절대적으로 필요할 때 주로 나오는 카드다. 컴퓨터 관련 사업을 하는 사람에게 사세 확장의 기회가 마련되며, 경쟁률이 높은 입사 시험이나 공무원 시험에서 좋은 결과가 있을 것이다.

아카나 도해

일반적 의미 기다림, 계시, 부활, 기도, 예언, 발명, 치유, 기적, 메시지

건강적 의미 얼굴에서 귀와 입술과 혀, 원기 부족, 두통, 신경성

장소적 의미 음반 녹음 스튜디오, 성지, 사원, 유적지, 공연장, 사진관

직업적 의미 저널리스트, 고고학자, 아나운서, 성우, 음반 프로듀서

애정적 의미 인내, 기다림, 정성, 한동안의 이별, 지고지순한 사랑

XXI 세계

Monde, 이 카드의 사전적인 의미는 '세계' '우주' '만물' 등이며 부가적인 의미로 '완성' '모든 것이 제 위치에 있는 모습' 등을 가리킨다. 이 세계 아카나는 타로카드의 마지막이라 할 수 있다. 물론 바보 카드가 남아 있긴 하지만 바보 카드는 순서가 없이 아무데나 위치할 수 있는 특별한 위상의 카드이다. 그런데 흥미롭게 이 카드는 종결, 종료 등을 의미하는 카드가 아니다. 분명 맨 마지막에 배열되어 있고 현대의 다른 타로카드들도 이 관습을 철저하게 지키지만 상징적 의미는 '새로운 시작'을 의미하고 있음을 놓쳐서는 안 된다.

세계 카드가 시작이란 뜻을 내포하고 있다는 것은 신비주의에 바탕을 둔 상징 풀이를 통해서 가능한 것이다. 우리는 마르세유 타로카드 곳곳에서 기독교의 영향과 신비주의의 영향을 엿본 바 있었다. 이제 그 절정의 순간이 다가오고 있다. 세계 카드와 바보 카드가 바로 그런 절정의 광경을 보여줄 것이다.

상징 풀이

이 세계 카드엔 월계수로 엮은 둥근 원환이 있고 그 둥근 원환 속에 나체의 여인 하나가 두 팔을 펼쳐 다 이루었다는 듯한 몸짓을 취하고 있다. 카드의 상하좌우 네 모서리에 동서남북의 4방위 또는 물·불·공기·흙의 4원소를 상징하는 도상이 각각 그려져 있는데, 여인의 왼쪽 위에는 날개 달린 천사가, 여인의 오른쪽 위에는 독수리가, 그리고 여인의 왼쪽 아래는 황소가, 여인의 오른쪽 아래는 사자가 차례로 형상화되어 있다. 이 도상들의 중앙에 원환이 있으며, 원환 속에 그 여인이 서 있다.

우리가 이 카드에서 핵심적으로 파악해야 할 것은 다름 아닌 중앙에 타원의 형상이 상징하는 바다. 이것은 신비주의적인 맥락을 띤 것으로 이집트 신화의 영향을 그대로 보여주는 도상이다. 달걀의 형상처럼 위아래로 뾰족한 타원인 월계수의 형상은 단순히 완성만을 의미하지 않는다. 물론 표면적으로는 세계, 우주, 완성을 뜻하지만 그보다 더 주목할 만한 의미가 숨어 있음을 기억해야 한다.

월계수의 형상은 0과 같은데, 달 카드에서 얘기했던 기독교와 신비주의의 전승에서 초승달을 뜻하던 C자를 두 개 겹쳐놓은 형상이다. 이것은 '루'라고 발음하는 고대 이집트 상형문자로, 그 뜻은 '출생' '두 세계 사이의 입구'를 뜻한다. 마르세유 타로카드의 이집트 신비주의의 영향을 보여주는 단적인 증거라 하겠다. 이 맥락에서 세계 카드의 뜻이 끝이 아니라 시작을 가리키는 것으로 풀이되는 것이다.

이 가운데 두 세계 사이의 입구는 매우 상징하는 바가 크다. 이제껏 21개 타로카드의 의미를 풀이하면서 온갖 험난한 여정을 겪어온 당신이 이제 새로운 세계의 문 앞에 서 있다는 뜻이다. 세계 카드에 담긴 '완성'은 이렇듯 시작으로서의 완성을 의미하는 것이다. 절대로 종결, 종료가 아니다. 입문자는 비로소 자신의 내면을 향해 힘차게 걸을 수 있는 자격을 갖추었음을 통고받는 것이나 다름없다.

하지만 이 세계까지 도달하는 길은 실로 지난한 길이다. 이것을 상징하는 도상이 곧 월계수에 그림자처럼 그려진 작은 낙타 무늬다. 여인의 한 손에 쥐어진 노란색 봉 옆에 실루엣처럼 그려진 단봉낙타가 선명히 눈에 잡힐 것이다. 이는 기독교 성서의 한 구절을 연상시킨다. '부자가 천국에 들어가는 일은 낙타가 바늘구멍을 지나는 것만큼이나 어렵다.' 이때의 부자란 다름 아닌 일상에 묻혀 사는 우리들을 가리킨다고 볼 수 있다. 배불리 먹고 편히 잠자고 일상에 안주해 있는 우리들, 배부른 돼지 같은 우리를 상징하는 것이 바로 부자라고 볼 수 있다. 지금껏 우리는 이 여행이 바보의 여행임을 숨겨왔다.

진정한 세계의 문을 열기 위해서는 바보의 길을 걷지 않으면 안 된다. 그러나 그 길은 아무나 걷는 길이 아니다. 참으로 자신을 발견하고자 눈에 불을 켠 사람만이 찾을 수 있는 길이기 때문이다. 그 길을 가려는 자는 혼자 힘으로 불가능하다. 그 길을 앞서 간 선배의 비밀스러운 가르침의 전수가 없으면 영영 헤매고 말 위험스러운 길이다. 그 길의 끝에 새로운 세계의 문이 준비되어 있고 그 표상이 바로 세계 카드의 타원인 것이다. 이렇게 세계 카드에는 비밀스러운 의미가 있다. 이것을 읽느냐 못 읽느냐는 전적으로 타로카드를 읽는 사람의 내면에 달려 있다. 깊이 구하는 자는 깊은 곳에 그물을 드리울 것이다.

아카나 풀이

자기완성, 뜻을 이룬 모습이다. 하나의 완성, 결말은 새로운 시작을 의미한다. 결과는 끝이 아니라 새로운 도전, 문제의 시작임을 암시한다. 인생에 있어서 완성이 존재한다고 보는가? 완성은 이미 퇴보를 의미하기 때문이다. 동전의 앞뒤를 동시에 볼 수 있는 지혜야말로 이 카드가 주는 큰 메시지인 것이다.

취직시험을 본 사람이 자신의 합격운을 궁금해 할 때 외국계 회사에 취업하는 게 더 유리하다는 의미를 나타낸다. 마르세유 타로를 접한 지 얼마 안 되었을 때 어느 여성의 취업운에 대해 뽑았을 때 처음 나온 아카나가 21번 세계 아카나였다. 당시 타로에 관한 지식이 일천한 상태에서 이 Le Monde가 오로지 '세계'를 의미하는 단어라는 것밖에는 감을 잡지 못했었다. 이 카드가 외국과 밀접하게 관련되어 있다는 걸 깜빡했던 것이다. 물론 이 카드가 해외여행이나 외국계 회사 취업과 같은 외국과 관련 있는 아카나라는 것은 다른 여러 타로의 매뉴얼에도 나와 있는 내용이긴 했다. 하지만 나는 나중에야 그 깊은 뜻을 깨닫게 되었다. 아무튼 그때 그 여성에게 외국계 회사에 취업을 하느냐고 물었더니 족집게라고 놀라던 기억이 새롭다. 하지만 이건 놀랄 만한 일이 아니다. 타로의 세계는 단순히 직업의 운을 맞추는 데 있지 않고, 자신의 내면에서 참된 자아를 찾는 데 있다. 이 세계 카드는 연애문제에서 자신의 세계가 너무 강해 상대에 대한 편견으로 원만한 사귐을 갖기 힘들거나, 흔히 말하는 공주병과 같은 인물들에게도 자주 등장하는 아카나다. 한 분야에서 실력은 좋으나 인정을 받고 있지 못해 힘들어 하는 사람에게도 잘 나타난다.

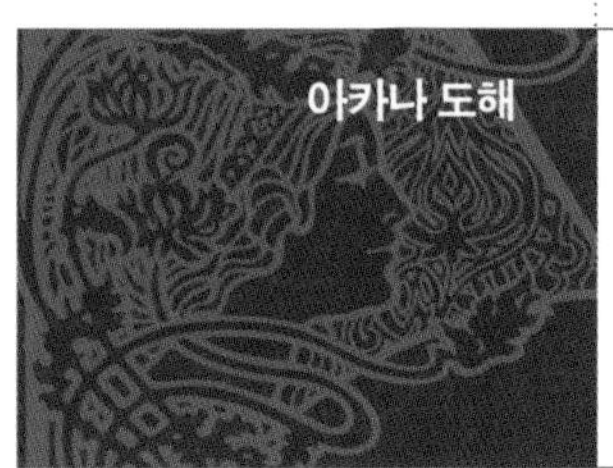

아카나 도해

일반적 의미 세계, 성공, 정상, 조화, 영광, 완성, 사람들, 우주
건강적 의미 안과 질환, 자궁 질환, 수족냉증, 만성 피로
장소적 의미 하나의 구역, 박물관, 대학, 회의실, 진공실, 무균실, 외국기관, 도서관
직업적 의미 장식업계, 스타일리스트, 외국계 회사, 패션업계, 유엔 기구, 동시 통역
애정적 의미 매력적인 사람, 행복의 절정, 신혼생활, 완성된 사랑, 영적인 사랑

XXII 바보

Mat, 이 카드는 22장 대비밀 카드 가운데 유일하게 번호가 붙어 있지 않다.(이 책에서는 편의 상 번호를 붙여 표기한다.) 번호가 붙어 있지 않다는 것은 순서가 없다는 말이다. 한마디로 특별 한 위상을 차지하는 타로카드라 할 수 있다. 어떤 타로카드에서는 이 바보를 '광대'라고 부르 기도 한다. 그리고 순서도 맨 처음에 갖다놓는다. 하지만 바보 카드는 순서가 없다. 한 카드의 앞이나 뒤에 마음대로 놓아도 무방할 정도다. 굳이 이 타로카드를 맨 앞이나 맨 뒤 ‒ 우리가 배 열한 것처럼 ‒ 에 놓는 것은 이 카드가 가진 중요성 때문이다.

이 바보 카드에 담긴 역사성과 비밀은 책 한 권을 써도 모자랄 정도로 풍부하다. 실제로 이 바 보 카드를 소재로 한 책이 나와 있으니 궁금한 사람들은 참고하기 바란다. 제목은 『젤라토르 : 비밀의 역사』이다. 이 책은 마크 헤드슬이라는 신비주의자의 생애를 다루고 있다. 이 책에 바보 의 신비주의적인 배경이 잘 설명되어 있다. 바보는 중세적인 맥락을 지니고 있기도 하다. 중세 에는 매년 '바보 축제'라는 성대한 축제가 열리기도 했다. 서양의 문학과 예술에서 이 바보의 의미가 차지하는 비중은 실로 크다. 단순히 광대나 나그네 정도에 머물지 않는다.

상징 풀이

바보 카드에 씌어진 프랑스어 '마(Mat)'는 '바보'라는 뜻이다. 이탈리아어 로는 '마토(Matto)'라고 부르는데, 이 두 단어 모두 이집트 신화의 '마트 (Maat)'와 깊은 연관성을 지니고 있다. 마트는 지하세계의 여신으로 오리 시스와 나란히 앉아서 죽은 자들을 심판한다. 막 죽은 자의 영혼의 무게를 다는 데에 사용되는 깃털도 마트라고 부른다. 이것은 광대 복장을 한 바보 의 손에 들린 지팡이처럼 곧다는 뜻, 균형을 뜻하기도 한다. 다시 말해, 바보가 어깨에 인, 봇짐을 묶은 막대기가 저울과 같은 역할을 한다는 것이다. 그림을 보면 바보는 한 손에 빨간색 지팡이를 쥐고 다른 손은 봇짐을 묶은 막대를 어깨에 이고 있다. 바보의 복장은 알록달록한 광대의 옷이다. 그리고 머리에는 세 갈래로 갈라진 뿔이 달린 모자를 쓰고 있다. 어딘가를 향해 막 길을 나선 형상이다. 바보의 길이 시작되는 광경을 담고 있는 것이 이 카드의 그림이다.

바보의 길은 어떤 것일까 하는 것이 바보 아카나를 푸는 열쇠가 된다. 바보는 정처 없이 유랑걸식을 하는 사회 하층민으로 분류된다. 서양 중세 때에도 바보는 매우 하찮고 주목받지 못하는 존재였다.

하지만 바보들의 축제에서 보듯 단단한 성채처럼 견고하게 짜인 중세 기독교 문명에서 바보라는 존재는 숨통을 터주는 긍정적인 기능을 했다. 바보들의 축제는 일명 당나귀(또는 나귀)들의 축제로 불리는 민중 전통이었다. 축제 기간이 되면 모든 계급은 위치를 바꾼다. 사회의 하층민인 바보는 귀족들을 맘껏 조롱하고 비웃을 수 있었다. 궁정사회, 사교계(중세의 사교계는 하나의 세계(Le Monde)와 같은 체계를 이루고 있다는 점에서 '몽드'라고 부르기도 한다)에 몸 담았던 귀족들도 긴장된 예법과 의례에서 벗어나 방만한 일상과 의도적인 타락을 보일 수 있는 때가 바로 '바보 축제'였다. 이런 역사적 배경을 기억하면서 바보 카드를 읽으면 조금 눈이 밝게 열리는 느낌이 있으리라 생각한다. 바보는 실은 바보가 아니다.

대비밀 타로카드의 여행은 바로 이 바보의 여행이라고 보면 틀리지 않는다. 바보는 자신의 길을 가기 위해 나름의 준비를 한다. 그러나 그의 길은 뚜렷한 목적이 없다. 어디에 닿을지 누굴 만날지 전혀 예측할 수 없는 여행인 것이다. 이런 점에서 마술사의 시작과 사뭇 다른 의미를 지닌 시작이라 하겠다.

바보 카드의 그림은 다양한 상징을 담고 있다. 하지만 이 자리에서 다 풀어놓기는 어려울 것 같다. 왜냐하면 바보의 상징은 다른 카드와의 연관 속에서 구체성을 띠기 때문이다. 이 카드를 중요하게 취급하는 것은 바보가 지닌 이러한 융통성 탓이다. 그는 누구와도 자신을 감추면서 어울릴 수 있는 것이다.

바보 카드에서 눈에 띄는 한 가지는. 바보의 길을 가로막는 듯, 바보의 한쪽 다리에 달려드는 개의 모습이다. 개에 관한 중세의 전설은 많았다. 대표적인 것은 '겔러트'란 이름의 개 이야기다. 영국 웨일스의 한 왕자에게 겔러트라는 사슴 사냥개가 있었다. 왕자는 외출할 때에는 젖먹이 아들의 요람을 돌보게 할 정도로 이 개를 신임했다. 그런데 어느 날 외출을 마치고 돌아와 보니 요람은 뒤집혀 있고 바닥에는 피가 홍건했다. 겔러트의 입에서는 핏방울이 뚝뚝 떨어지고 있었다. 그 광경을 보고 왕자는 분노를 주체하지 못했다. 그는 겔러트의 목을 베어버렸다. 그 순간 아기의 울음소리가 들렸다. 아기는 말짱했다. 정신을 가다듬고 주위를 살핀 왕자는 방 한 구석에 죽어 있는 송아지만한 늑대 한 마리를 발견할 수 있었다.

이 이야기에서 개는 그 충직함에도 불구하고 누명을 뒤집어쓴다. 이것은 바보의 운명과 다르지 않다. 사람들은 으레 바보가 하는 짓이 어리석다고 업신여긴다. 영리하게 자기 것을 챙기지 못한다고 나무라면서 말이다. 자기의 길을 성실하게 걷는 사람에게 우리는 바보라는 딱지를 붙이기도 한다. 하지만 바보 카드는 이러한 태도에 경종을 울린다. 진정한 자기 길을 가려는 바보는 이 세계의 문을 열게 된다.

바보 카드가 가리키는 것은 사람들의 숱한 손가락질과 오해에도 아랑곳

하지 않고 묵묵히 자신의 길을 걷는 입문자를 말한다. 이것이 곧 참된 나 眞我를 찾아나서는 구도의 길이다.

대비밀 타로카드 22장이 가르쳐주려 한 것은 결국 이 발걸음이다. 길이 있고 길을 걷는 나그네가 있다. 그는 사람들의 상식으로는 잘 이해되지 않는 길을 걷는다. 하지만 그의 길은 별난 길이 아니다. 사람들이 망설이며 한쪽으로 밀쳐낸 길일 뿐이다. 자신의 내면으로 여행을 떠나는 바보, 그는 비웃음 가운데 완성을 추구하는 자다.

아카나 풀이

무한한 가능성이나 예측불허의 일들이 기다리고 있음을 암시한다. 그러나 단순한 결말이나 완성을 의미하지 않는다. 대개의 경우 확정적이지 못한 유동적인 상황이나 불투명한 미래를 암시한다. 현재의 상황에서 막연한 기대감이나 벗어나고픈 심리를 반영하기도 한다. 확실한 자기비전을 가져야 한다는 메시지로 볼 수 있다. 바보 카드는 내면의 동기가 싹 트고 있다는 점에서 긍정적인 시기를 나타낸다.

아카나 읽기

이 카드는 어떤 일을 막연히 생각하고 있는 사람에게 자주 나온다. 이를테면 프랜차이즈 점포를 운영하면 어떨까, 유학을 가면 어떨까, 그 사람과 사귀어보면 어떨까 등등으로, 머릿속이 복잡한 사람을 보여주는 카드라 할 수 있다. 애정문제에서 바보 카드는 오해의 연속인 관계를 말한다. 그러나 사랑을 잃게 되는 것은 아니다. 반드시 원하는 상대와 이어지지만 우여곡절이 예상된다. 이 카드가 나왔을 때는 우선 시간을 갖고 장기전을 펼쳐가야 함을 강조하고 싶다. 섣불리 덤비면 꽃을 얻지 못할 것이다. 바보 카드는 대체로 어려움을 나타내는 상황이라는 암시가 강하지만, 얼마 가지 않아 큰 이익이 생길 것이라는 행복한 메시지를 전달하는 카드이기도 하다. 비밀스러운 신비주의 전통에서 이 카드가 차지했던 중요성에 비해 현대 타로카드에서의 위상은 그다지 높지 않다. 아무튼 바보 카드는 순수한 심성의 소유자를 상징한다.

일반적 의미	혼돈의 상황, 난해함, 자기수양이 필요, 자유를 갈망함, 미완성
건강적 의미	건망증, 병적인 충동, 특수체질, 탈모, 탈진, 허약, 정신질환, 위장장애
장소적 의미	대합실, 간이시설, 유스호스텔, 여관, 해외, 항공기, 여객선
직업적 의미	자영업, 실업자, 구직자, 임시직, 프리랜서, 보따리 장사, 탐험가, 여행가
애정적 의미	애정의 미완, 무책임, 호기심, 기인, 일회성 연애

수비학적 풀이

타로카드에는 오랜 세월을 거치면서 인간이 경험한 온갖 비의들이 감춰져 있다. 인간과 자연의 관계, 우주의 운행과 인간의 운명의 관계가 축적되고 정리되면서 신비로운 상징체계를 이루게 된 것이다. 이런 타로카드의 해석에서 빼놓을 수 없는 것이 바로 수비학이다. 마르세유 타로의 아카나 카드에 나타난 숫자들은 단순히 순서를 정해놓은 것이 아니다. 숫자가 갖는 고유의 상징이 타로카드에서 큰 비중을 차지하고 있다는 것은 이제 상식이 되었다. 이것은 현대 타로의 형성에 기여한 카발라(유대 신비주의)의 영향을 염두에 두면 이해하기가 더 쉬울 것이다. 그러면 타로의 수비학적 체계를 살펴보기로 하자.

수비학적 상징으로 구성된 78장의 타로카드 덱

마르세유 대비밀 카드 22장은 태양계의 행성 10개와 천체를 분할한 황도 12궁에 대응하는 것이다.

마르세유 소비밀 카드 56장은 인물카드 16장과 숫자카드 40장의 합인데, 이때의 인물카드 16장은 4종의 슈트(쿠푸, 바통, 에페, 드니에로 물, 불, 공기,

흙과 같은 4원소를 상징)와 4종의 궁정카드(중세사회의 4계급을 재현한 시종, 기사, 여왕, 왕)의 조합으로 만들어진 것이며, 숫자카드 40장은 십진수 1부터 10까지에 4종의 슈트를 각각 대응시킨 것이다. 그렇게 해서 이 대비밀 카드와 소비밀 카드의 합인 78이 나온다.

이 78장의 타로카드는 다음과 같은 절묘한 의미를 담고 있다.

1년은 12개월이다. 이 12개월을 차례로 모두 더하면 $\langle 1+2+3+4+5+6+7+8+9+10+11+12 = 78 \rangle$ 78이 된다. 이 78이란 수를 각각 더하면 $\langle 7+8 = 15 \rangle$가 되고, 이 15란 수를 다시 각각 더하면 $\langle 1+5 = 6 \rangle$이 된다. 그리고 6은 $\langle 6 = 3+3 \rangle$ 등의 연산으로 생각할 수 있다. 이 6은 수비학에서 두 개의 삼각형을 위아래로 포개어놓은 다비드의 별 또는 솔로몬의 옥쇄를 뜻하는 것이 되고, 이것은 소우주인 인간과 대우주의 융합·화합을 의미하는 상징이 된다. 현대 신과학에서 말하는 소우주와 대우주의 상응은 이러한 수비학적 연관으로 설명되는 것이다.

천·지·인의 음양조화를 나타내는 6각형 별 모양. 또한 이 6은 거꾸로 하면 9가 되는데, 인간 생명이 탄생하는 데 필요한 9개월의 회임을 연상할 수 있다. 절묘한 수리의 상징이 아닐 수 없다. 1부터 20까지에서 9개의 소수(다른 숫자로 나누어지지 않은 수)를 뽑아 차례로 더하면 $\langle 1+2+3+5+7+11+13+17+19 = 78 \rangle$이 된다. 이때 9는 0에서 9까지의 숫자 중 가장 큰 숫자이다. 영어 나인(nine)은 프랑스어로 네프(neuf)라 한다. 네프엔 새롭다는 또 다른 의미가 있다. 0은 음양의 구분이 없는 무한한 잠재상태를 의미하고, 9는 한 생명주기의 끝남을 의미한다. 잉태한 아기는 엄마 뱃속에서 9개월 동안 성장한 뒤에 이 세상의 빛을 보게 된다. 태아의 상태(9)를 끝내고 인간으로서 새롭게 태어나게 된다는 것이다.

이렇듯 묘한 연관성이 숨어 있기에 타로카드를 아카나(비밀)라고 부르는 것이다. 타로를 처음 접하여 배우게 되면서 진리의 세계로 한 걸음씩 들어가는 과정 속에서 우리는 새로운 세계에 눈을 뜨게 되며 놀라운 상상력이 펼쳐진 세계로 발돋움할 수 있게 되는 것이다.

십진법 수의 상징

우리가 일상생활에서 주로 쓰고 있는 수리체계는 십진법이다. 이 시작 수는 선함과 동시에 신이었고 짝수인 동시에 홀수였으며 남성인 동시에 여성이었다. 홀수에 더하면 짝수를 만들며 짝수에 더하면 홀수를 만드는 수였다. 수에 깃들인 상징들을 차례로 살펴보기로 하자.

1&2 1은 수의 아버지, 2는 수의 어머니다. 점인 1을 수의 아버지라 부른다면 선인 2는 수의 어머니가 된다. 짝수는 홀수에 비하여 약하기 때문에 여성적이라 부른다. 반면에 홀수는 항상 주인의 위치에 선다. 왜냐하면 홀수와 짝수의 합은 항상 홀수가 되기 때문이다.

3 수의 시작은 3부터다. 1과 2가 본질적 요소이며 위치적 수이기 때문에 3이 진짜 첫 번째 수가 된다고 피타고라스 학파는 주장했다. 3은 면面의 이미지로서뿐만 아니라 처음과 중간 그리고 마지막을 갖는 수로서 모든 현상을 나타낸다.

4 제곱수이며 4원소, 4계절, 달의 4모형, 4가지 미덕 등의 표현에 쓰인다.

4는 지식의 수이며 세상의 수이다. 4방과 4방위가 있다.

5 남성적인 수 3과 여성적인 수 2를 갖고 결혼의 수인 5와 6을 만들 수 있는데 결혼의 수 5는 모든 살아 있는 것들을 끌어안는 자연의 모습이다. 5가지 본질, 음악에서의 조화음 5가지, 우주에 있는 5가지 창조물(행성, 물고기, 새, 동물, 인간) 그리고 인간의 오감 등을 나타낸다.

6 여성적 결혼의 수이다. 미의 여신 비너스처럼 아름다운 완전수이다.

7 특별히 다뤄야 할 수. 시작수의 사촌 격으로, 7은 어떤 수로도 생성될 수 없기에 처녀수로 불린다.

8 사랑과 우정 그리고 지혜와 창조적 사고의 수이다.

9 3의 제곱수이다. 협조의 수이며 일치의 수다. 또한 한계가 있는 수이며 태양의 수이기도 한다. 투쟁이 없는 수이며 제곱수로서 동화의 수이다.

10 영원을 움직일 수 있는 이미지를 갖는 수이다. 수에는 4개의 경계선이 있는데 단위인 1, 10, 100, 1000이 있다고 한다. 10은 모든 수의 합이며 전 세계를 품고 있다. 따라서 10은 우주적 수이다. 이 수는 모든 완전수 중의 완전수인 것이다.

십진수와 메이저 아카나와의 연관

우리가 일상생황에서 주로 쓰고 있는 수리체계는 십진법을 사용하고 있다. 1, 3, 5, 7, 9는 양陽의 수이고 2, 4, 6, 8, 10은 음陰의 수이다. 과학

수학 의학 등 모든 학문에 있어서 광범위하게 응용 활용되고 있다. 왜 그 럴까? 아마도 그것은 십진법이 보다 명확하게 이미지와 상징성, 그리고 실용성을 갖고 있기 때문일 것이다. 십진법과 관련하여 타로카드를 해석해보기로 하자.

숫자 없음 – 편의상 0으로 표현하지만 우리 정서에 와닿을 수 있는 표현은 무無나 공空일 것이다. 그러나 '단순히 없다'라는 개념은 '개념이 있다'라는 의미가 된다는 점을 기억하라. 이 묘한 뉘앙스를 놓치지 말아야 한다. 따라서 0은 무한한 잠재적 가능성을 가진 수로 해석되어야 한다. 아직 일정한 형체가 없는 부화 이전의 달걀 형태의 수로 정해진 형태가 없으니 무한한 잠재적 가능성을 지니고 있다는 의미다. 또한 양적 수적인 면에서 결정된 형체가 우리 눈에 보이지 않는 미지의 영역이다. 플러스 개념의 0과 마이너스 개념의 0이 공존하는 상태다. 0은 영원한 미지수이다. 실제로 마르세유 타로의 아카나에서는 0이라는 숫자를 찾아볼 수 없다. 0이라는 수는 보이지도 않고 볼 수도 없는 숫자인 것이다.

1 독립, 개성, 지휘, 야심, 유일무이. 1은 원을 의미하기도 하고 하나의 점 또는 중심을 상징하기도 한다. 그것은 곧 무한한 가능성을 뜻한다. 홀수의 시작, 남성, 아버지, 권위, 불, 불꽃, 우주는 하나, 태양도 하나, 달도 하나, 지구도 하나, 우리 몸도 하나, 이 세상 단 한 명뿐인 나, 유일무이한 존재인 신과 자아를 뜻하기도 한다. 동시에 일체, 독립성, 독자성, 고독, 프로젝트, 탄생 등을 의미한다. 행동, 자력에 의한 성공, 성취, 자신감, 권위, 의지를 상징한다. 인체에서는 머리, 눈, 코, 귀, 목 등을 나타낸다. 점성학의 태양, 화성과 대비되는 상징으로 볼 수 있다.

(➜1번 마술사 아카나는 자아의 발로이자 일의 시작으로 연관시켜 볼 수 있다.)

긍정 의미 의지, 개성, 활동, 시작, 리더십, 솔직함, 인생의 성공, 금전, 명성, 선구자
부정 의미 나태, 회의, 기회주의, 과신, 폭력, 독선, 실패, 자기중심주의, 오만, 고독

2

감성, 협조, 화목, 균형, 추구, 외교 등을 의미한다. 또한 2는 두 손, 두 다리, 우측 및 좌측, 두 개의 뇌, 콧구멍, 두 눈, 두 귀, 두 개의 신장, 밤과 낮, 남성과 여성, 하늘과 땅, 차가운 것과 뜨거운 것 높은 곳과 낮은 곳 등을 나타내는데, 예로부터 2라는 숫자는 어머니를 상징하였다. 여성적이며 수동적인 상징, 반대, 대칭, 결합, 협조, 공조, 사랑과 미움, 합의, 이견, 이중성 등을 의미하기도 한다. 1이 세로로 서 있는 모양이라면 2는 가로선을 의미한다. 협조, 협동, 적응, 순응, 종속, 복종 등의 상징의미로 해석할 수 있다. 신장, 소화기관, 신경조직, 내분비선 등 신체 부위를 나타낼 수 있다. 점성학의 달, 금성, 그리고 경우에 따라서는 수성, 명왕성 등의 의미와 대비시켜 볼 수 있다.

(➜2번 여자 교황 아카나는 어머니와 헌신의 개념과 상응한다.)

긍정 의미 영감, 꿈, 사교성, 외교적, 협력, 균형, 결합, 번영, 사랑, 신용, 헌신, 유능한 제2인자
부정 의미 이중성, 변덕, 수동적, 억제, 우유부단, 불행한 결합, 이혼, 복종

3

창의, 창조성, 표현, 사교성, 낙관주의, 삼각형의 형상, 평행. 대치되는 무선을 연결하여 생성되는 창조적인 접점을 뜻한다. 천지인, 삼위일체, 성부, 성자, 성령, 제우스(하늘) · 포세이돈(바다) · 하데스(땅속), 과거 · 현재 · 미래, 길이 · 폭 · 넓이, 연금술의 유황 · 소금 · 수은, 성

서에서 예수 탄생을 축복하는 동방박사 세 사람, 아버지의 수 1과 어머니의 수 2에 상응하는 자식의 수 3, 창조, 표현, 문필, 강연, 세미나, 교류, 상업, 커뮤니케이션, 지성, 공부 등을 상징한다. 신체에서 목, 간, 장기, 임파선 등 각종 분비샘을 나타낸다. 점성학의 수성과 밀접하다.

(➔ 3번 여왕 아카나의 표현과 창의성, 실용적인 감각과 연결시켜 볼 수 있다.)

긍정 의미 창의성, 사교성, 쾌락주의, 낙관주의, 기민성, 관대, 관용, 행복, 조화, 우정, 창작
부정 의미 전문성 결여, 현학적인 성향, 분산, 집중력 부족, 오만, 경박, 경솔, 갈등

4

정사각형, 질서, 방법, 일, 엄격, 안정, 동서남북, 4계절, 4대 원소, 달의 4주기(28일), 아담(ADAM 네 자로 구성), 4대 복음서, 정사각형, 스핑크스(여성의 머리 = 지혜, 황소의 몸통 = 의지, 사자의 발톱 = 권위, 독수리 날개 = 침묵). 땅, 물질, 돈, 안정, 견고, 일, 건설, 질서, 규칙, 행정, 실행, 제약, 실사구시, 법률, 조직, 구성 등을 상징한다. 신체에서 위장, 방광, 치아, 뼈, 사지를 나타낼 수 있으며, 점성학의 수성, 토성의 특성과 대비시켜 볼 수 있다.

(➔ 4번 황제 아카나의 용기, 조직력, 물질적인 안정과 연관시켜 볼 수 있다.)

긍정 의미 조직력, 실용성, 의무, 엄격, 규율, 합리성, 치밀, 집중력, 지속성, 진리의 추구, 충직, 용기
부정 의미 옹졸함, 편협, 단견, 인색, 편집, 괴벽, 쩨쩨함, 융통성 없음, 유약, 가난, 불행, 역경

5

유동성, 움직임, 변화, 자유, 커뮤니케이션, 독립, 발전, 모세 5경, 발전, 진화, 지식, 지혜를 의미한다. 상승 운동, 하늘과 땅을 연결하는 인간, 인간 조건을 초월할 수 있는 가능성, 전후좌우 사방을 연결하는

중심점, 가로와 세로의 접점(십자가), 여행, 개방적 사고방식, 성기, 호흡기, 순환기, 신경, 손가락, 발가락을 상징할 수 있다. 점성학에서는 수성, 목성, 천왕성의 상징의미와 연관이 깊다.

(➜5번 교황아카나의 아버지, 역동적이고 강한 남성 에너지와 연관시켜 볼 수 있다.)

긍정 의미 자유, 모험, 호기심, 다양성, 변화, 개혁, 갱신, 대인 접촉, 적응력, 영감, 경쟁, 추구, 상승, 발전, 추구, 독립적, 독자성, 여행, 모험, 꿈과 낭만으로 점철된 인생, 애정, 로맨스, 이별

6 사랑, 책임, 화해, 타협, 서비스, 가정, 조화의 추구, 정삼각형 두 개를 상하로 겹쳐놓은 6각형인 다윗의 별 또는 솔로몬의 옥쇄, 물과 불, 음양의 조화, 혼선, 환상, 예술, 사랑, 미화, 물질과 영적인 결합, 대치, 선택, 적응, 타협, 외교적, 사회적 활동, 만남, 이별, 여행, 변동들을 상징한다. 신체에서 심장, 척추, 경우에 따라서는 눈을 나타내며 점성학의 달, 금성 등의 기능에 비추어 볼 수 있다.

(➜6번 연인 아카나의 사랑, 영적인 결합, 탐미주의와 관련된다.)

긍정 의미 사랑, 이상주의, 하모니, 화해, 책임, 평온, 평안, 행복, 감성, 탐미주의, 아름다움, 감성,
부정 의미 감정적인 방종, 시련, 애정을 미끼로 한 협박, 방탕, 불안정, 우유부단, 무책임, 분규

7 심사숙고, 비밀, 리서치, 내성적, 내면화, 고독, 1주일, 태양계의 7행성(태양·달·수성·금성·화성·목성·토성), 인체의 7개 문(두 눈·두 귀·두 콧구멍·입), 7개 차크라(인체의 7대 기공), 무지개, 7음계 등과 연관된다. 여행, 종교, 신성, 분석적, 논리적, 지적, 영적인 성향, 문필 등의 상징의미를 가지며, 신체에서 신경 계통과 관련이 있다. 점성학의 토

성, 목성, 해왕성의 특성과 기능에 밀접한 관계가 있다.

(➜7번 전차 아카나의 예능적인 재능과 이동 등에 상응한다.)

긍정 의미 지혜, 정적, 관조, 성찰, 명상, 신중, 영성, 완벽주의, 독립, 독자성, 신앙, 심오, 정화, 회개
부정 의미 회의, 불안, 우울, 내면화, 소극적, 몽상적, 광신, 맹신, 위선, 은폐, 가난, 고독, 알코올

8 강력한 힘, 통제, 제어, 건설, 물질, 권위, 정의할 수도 헤아릴 수도 없는 무한대, 음 에너지, 부활을 위한 죽음, 예수 그리스도, 시련, 주역의 8괘, 4면 8방, 균형, 판단, 물질적 발전(사업), 성공, 직업상의 변화, 사망, 유산, 소송, 흥망성쇠, 무한대, 인체의 심장혈관, 위장, 수술, 사고 등과 관련지어 생각할 수 있으며 점성학의 화성, 명왕성의 특성과 기능에 유사한 역할을 한다.

(➜8번 정의 아카나의 합리성과 균형의 의미와 상응한다.)

긍정 의미 권위, 힘, 지배, 억제, 물질적인 성공, 정의, 완력, 합리성, 무한대, 부활, 영적인 승화
부정 의미 극단주의, 지나친 야심, 야망, 기회주의, 권력, 파괴, 죽음, 편파주의, 무례

9 이상주의자, 광범위의 커뮤니케이션, 애타주의, 휴머니즘, 감성, 출생을 기다리는 임신, 탄생, 고독, 죽음, 애타주의, 헌신, 휴머니스트, 이상, 신앙, 외국, 신경, 정신적 스트레스, 정신병, 교육, 철학, 법, 출판, 해외여행, 무역, 외국과의 교류 등과 밀접한 관계가 있는 숫자다. 정신 신경 계통의 질병과 관계가 많다. 점성학의 목성, 토성의 기능과 유사한 상징의미를 지니고 있다.

(➜9번 은자 아카나의 휴머니즘과 신앙, 자기완성의 측면과 상응한다.)

긍정 의미 영감, 성령, 신성, 구도자, 발전, 완성, 불후, 불멸, 지혜, 영원, 명성, 위대함
부정 의미 반항, 순진, 회의주의, 염세주의, 비관주의, 자기본위, 이성기피증, 고뇌, 번뇌, 고독

10 〈1 + 2 + 3 + 4 = 10〉 이를 피타고라스의 '테트락티스' 라 한다. 우주적인 개념으로 전체, 완성, 달성 등을 의미한다. 10 = 1 + 0 즉, 영원한 시작을 뜻하고, 부활, 새로운 변화를 의미한다. 그 시작은 1이 지니는 의미보다 한 차원 높은 경지를 나타낸다. 지금까지 수비학적 의미상 긍정 의미와 부정 의미를 함께 열거해 보았다. 10번부터는 위의 수비학적 개념과 동일하게 이해해주기를 바란다.

(➡ 10번 운명의 수레바퀴와 관련지어 생각할 수 있다.)

11 타로카드에서 1번부터 10번까지는 인간이 태어나고 자라면서 접촉하는 현실 세계를 뜻한다. 흔히 말하는 세속적인 부와 성공, 권세를 나타내는 것이다. 하지만 11번부터 21번까지는 그러한 인간의 자기완성, 정신세계, 해탈, 구원의 세계로의 이행 과정을 보여주고 있다. 11번부터 21번까지의 카드는 1번부터 10번 카드보다는 한 차원 높은 단계로의 변화를 상징한다. 예를 들면 11번 힘 아카나는 〈11 = 1 + 1 = 2〉. 둘(하나와 하나)은 상반된 에너지를 표현하고 그 속에서 상승, 발전해야 함을 암시하고 있다.

(➡ 11번 힘 아카나와 연관된다.)

12 하늘의 수인 3과 땅의 수인 4를 곱한 수. 하늘의 수와 땅의 수를 곱한 수는 완전하고 꽉 찬 수가 된다. 그래서 성경은 12라는 수가 많이 등장하게 되는데, 이스라엘 지파의 수가 12였고, 예수님의 제자의 수가 12였다. 그 외에도 12라는 수는 무수히 많다.

(➜ 12번 거꾸로 매달린 남자 아카나와 연관된다.)

13 1년 열두 달이 끝나고 새로운 달이 시작되는 의미로 볼 수 있다. 〈13 = 1 + 3〉으로 한 차원 높은 의미의 수 1과 창의, 창조의 수 3이 지닌 상징과 상응한다. 그러나 이 창조는 환골탈태의 과정이 있어야 함을 암시한다. 또한 〈1 + 3 = 4〉는 '부수고 다시 짓다' 라는 의미로 생각해 볼 수 있다.

(➜ 13번 무명 아카나와 연관된다.)

14 1 + 4 = 5 즉, 적응성과 진화 (5)의 숫자와 연결된다.

(➜ 14번 절제 카드와 상응한다.)

15 1 + 5 = 6 즉, 물질과 영적인 결합의 수이다. 악마가 들고 있는 불이 문명의 불이다.

(➜ 6번 연인카드에서 큐피드의 5는 영혼의 불을 상징한다.)

16 1 + 6 = 7 즉, 지혜와 신성의 숫자이다. 그러므로 내면적 가치의 추구와 자기정화의 의미를 담고 있다. 또한 4 × 4 = 16 즉, 물질, 근면, 건설 등을 의미하기도 한다.

(➜ 16번 신전카드와 상응한다.)

17 1 + 7 = 8 즉, 우주의 무한한 에너지를 상징하는 숫자다.

(➜ 17번 별 아카나의 상단에는 여덟 개의 별이 빛나고 있다.)

18 1 + 8 = 9 즉, 출산을 기다리는 엄마의 뱃속에서 9개월의 회임, 성장을 상징한다.

(➜ 18번 달 아카나는 여자의 임신과 출산에 관련된 상징이 있다.)

19 1 + 9 = 10 즉, 우주적 개념으로 전체, 완성을 의미한다.

(➜ 10번 운명의 수레바퀴 아카나는 태양의 순환과 에너지를 상징하고 이는 19번 태양 아카나와 일맥상통한다고 볼 수 있다.)

20 심판 아카나는 〈20 = 2 + 0 = 2〉가 된다. 이는 여자 교황 카드와 연관시켜 볼 수 있다. 불어로는 20을 VINGT으로, 2를 뜻하는 불어 DEUX에서 DE을 뽑고 VINGT에서 VIN을 뽑아 연결하면 DEVIN(예언자)라는 의미가 된다.

(➜ 20번 선고 아카나, 2번 여자 교황 아카나와 연관이 된다.)

21

〈2 + 1 = 3〉 즉, 천 · 지 · 인 삼재의 완성수를 의미한다. 모든 것이 제자리에 갖추어진 모습이기도 하지만 완성이라는 의미는 끝이 아닌 새로운 시작의 출발점을 상징하기도 한다.

(➔ 21번 세계 아카나의 이미지와 통한다.)

22

타로카드에서 마지막 아카나는 21번이지만 그 다음 숫자로서 22는 타로카드에서 이를 바보 카드와 연관지어 볼 수 있다. 왜냐하면 처음과 끝은 다시 하나로 이어져 있기 때문이다. 또 다른 해석으로는 〈22 = 2 + 2 = 4〉 즉 우주 속에서 완성된 인격, 우주의 기둥이라고도 해석할 수 있을 것이다.

(➔ 22번 바보 아카나와 연관지어 생각할 수 있다.)

점성학적 풀이

점성학의 기원은 고대 바빌로니아(기원전 2,000년) 시대까지 거슬러 올라
간다. 초기에 점성학은 천문학과 공존하면서 한 나라의 운명이나 왕의 운
명을 점치는 데 활용되다가 고대 그리스로 전파된 기원전 3세기에 와서
일반인들에게 널리 알려지게 되었다. 기원후 4세기경 점성학과 천문학이
분리되어 오늘날에 이르게 되었다. 타로카드가 처음부터 점성학과 연관
성을 지녔던 것은 아니었을 것으로 추정한다. 타로카드에 점성학 개념이
도입되어 논리적이고 이론적인 근간을 이루게 된 것은 17세기 이후로 알
려지고 있다.

이제 우리는 점성학의 기본 개념과 그 속에 반영된 태양계 10행성과 황도
12궁의 관계를 살펴보려고 한다. 점성학과 타로의 관계를 해명하는 것은
생각만큼 쉽지 않다. 여러 타로카드 안내서에서도 이 부분은 소략해서 다
룬다. 하지만 타로의 입체적인 이해를 돕기 위해 우리도 기초적인 상식을
정리하는 선에서 점성학과 타로의 관계를 정리하지 않을 수 없다.

타로카드와 점성학의 관계를 알아보기 위해선 다음의 전제들을 미리 기
억할 필요가 있다.

점성학은 2대 극성(陽·陰), 3대 특성(활동·고정·변화), 4원소(地·水·火·風)의 개념들이 서로 영향을 주고받으며 진행되는 과정을 이해하는 학문이다. 그러면 황도 12자리의 3대 특성과 4대 원소에 관해 알아보기로 하자. 아래의 요약적인 설명과 도표를 살펴보는 것으로 기본 전제를 이해했으면 좋겠다.

3대 특성

활동 (CARDINAL SIGN)

특정 원소가 비로소 그 기운을 갖고 움직이는 상태로, 시작이나 초기의 기운을 가리킨다. 각 계절의 출발점으로 백양, 게, 천칭, 산양으로 구성되어 있고, 어떤 일이든 벌리기를 좋아하며 개척정신과 실천성이 강하나 지나친 활동으로 일을 크게 벌일 위험도 강하다.

고정 (FIXED SIGN)

특정 원소의 기운을 이어나가 존속하고 유지하려는 상태로, 연속성이나 중기의 기운을 가리킨다. 계절이 무르익었을 때를 생각하면 될 것이다. 황소, 사자, 전갈, 물병 등의 별자리로 구성되어 있고, 전통을 좋아하고 변화나 새로운 일에 잘 적응하려 하지 않으며 보수적 성향이 강하게 나타낸다. 선대의 일을 물려받는 경우가 많으며 물질적 측면을 강하게 생각한다.

변화 (MUTABLE SIGN)

특정 원소의 기운이 다른 원소로 변하기 전의 상태로, 말기의 기운을 가리킨다. 각 계절의 막바지에 해당한다. 한 계절을 끝내고 다른 계절로 들어가는 변화의 시기다. 쌍둥이, 처녀, 사수, 물고기 등의 별자리로 구성되어 있고, 변화의 성질이 너무 강해 오히려 일의 추진력이 미약하다는 단점을 나타내기도 한다. 행동력은 떨어지나 이론적 측면에는 매우 강하다 할 수 있다.

4대 원소

불 (FIRE SIGN)

백양자리, 사자자리, 사수자리로 행동적이고 다혈질이라 할 수 있다. 자신이 하는 일에서 최고를 고집하므로 중간에 새로운 일을 시작하기가 쉽지 않다. 창조적인 정신이 강하고 직선적이고 뒤끝이 없다. 행성으로는 화성, 태양, 목성이 이에 해당한다.

흙 (EARTH SIGN)

황소자리, 처녀자리, 산양자리로 냉정하고 확실하며 일의 시작은 어려우나 일단 일을 맡으면 성공을 이룬다. 자신이 원하는 것에 큰 집착을 갖고 있다. 창의력이나 능동성이 약해 전통적인 관점과 안정성을 선호한다. 변화에 약하고 마음에 상처를 받으면 오랫동안 담아둔다. 이성적인 면이 강하고 합리주의를 원칙으로 삼는 경향이 있다. 행성으로는 수성, 금성, 토성이 이에 해당한다.

공기 (AIR SIGN)

쌍둥이자리, 천칭자리, 물병자리로 깊은 관념을 좋아하며 자유인으로 생활하기를 원한다. 자신의 생각을 남들에게 표현하기를 좋아하고 큰 정신적 충격에도 금세 회복하는 능력을 갖고 있다. 또한 감상적인 행동을 싫어한다. 행성으로는 수성, 금성, 토성, 천왕성이 있다.

게자리, 전갈자리, 물고기자리로 자신의 느낌으로 상황을 파악하고 행동하며 주위의 환경에 적응을 잘 한다. 연민에 집착하며 남의 말에 동요되는 경향이 있다. 신중하며 한 번 헌신하겠다고 맘먹으면 끝까지 간다. 행성으로는 달, 화성, 명왕성, 목성, 해왕성이 있다.

황도 12궁에 대응하는 12분야의 상징

점성학은 각 행성(태양, 달, 수성, 금성, 화성, 목성, 토성, 천왕성, 해왕성, 명왕성)들이 황도 12궁 별자리(춘분점을 기점으로 태양이 지나가는 전체를 12등분해 설정한 가상의 좌표)에 대응하여 어떤 성질을 나타내는가를 밝히는 학문이기도 하다. 타로카드와 점성학의 관계는 이 황도 12궁의 별자리에 일반적으로 통용되는 12가지 분야(여러 연구자들이 오랫동안 정리한 내용)가 각각 어떻게 위치하고 대응하는가를 살펴봄으로써 삶의 변화와 그 양상을 유추해내는 것이라 보면 된다. 그것을 도식화하여 정리하면 아래와 같다.

1 분야	인격, 자아
2 분야	경제적 안정과 금전
3 분야	대인관계, 교류
4 분야	가족관계, 부동산
5 분야	애정관계, 의식행위
6 분야	봉사, 건강
7 분야	계약, 결혼
8 분야	배우자의 재산, 성적인 문제
9 분야	해외운, 학운
10 분야	명예, 사회적 성공
11 분야	자유, 우정
12 분야	잠재의식, 헌신

위의 12분야는 황도 12궁에 대응하는 기질을 정리한 것이다. 하지만 이것을 필연적인 연결이라고 규정할 수는 없다. 다만 오랫동안 인류의 경험에 근거해 누적되고 정리된 것이라는 사실은 명심해야 한다. 인류의 경험은 단순한 것이 아니다. 고대인들로부터 현대인에게로 전승된 것 가운데 가장 유구한 전통을 자랑하는 것이 바로 점성학이었다. 타로카드를 이런 점성학의 관점에서 해석하는 욕망은 지극히 자연스러운 것이다. 점성학의 치밀한 논리를 습득하려면 좀더 깊은 공부가 필요하다. 우리는 앞서 말한 대로 상식적인 선에서 점성학의 원리를 살펴보고 그것이 타로와 어떻게 연결되는지에 중점을 두어 살필 것이다.

10행성과 타로카드의 상관관계

각 행성의 이미지와 이에 연관되는 타로카드의 의미를 아래와 같이 정리할 수 있다. 이것은 타로카드의 이미지 해석을 염두에 두면서 10행성의 이미지를 떠올리면 이해하기가 한결 수월할 것이다.

태양(SUN)

모든 생명의 근원이다. 고대에 나타난 태양숭배의 관념은 중세로 이어져, 태양은 신의 완전성을 상징하는 것으로 생각되었다. 만물의 중심이자 에너지의 기원이며, 삶에 대한 의지력과 자존심을 나타내고 힘과 위신, 자기표현의 상징이 바로 태양이다. 이것은 또한 창조성과 연관되어 육체적으로는 자식을, 정신적으로는 문명(예술과 과학)을 의미한다. 인체에서는 몸의 중심이라 할 수 있는 심장과 척추와 관련이 있다.

19번 태양 점성학에서 태양 상징
10번 운명의 수레바퀴 수레의 6개 바퀿살은 60분, 60초 등 시간의 주기 상징
11번 힘 사자의 입을 벌리고 닫는 모습에서 의지와 자아 상징
16번 신전 고대인에게는 신을, 중세인에게는 신의 완전성을 상징

긍정 의미 종합능력, 영향력, 고상, 고매, 위엄, 믿음, 신뢰, 관용, 관대
부정 의미 독선, 잔인, 폭력, 자만, 이기주의

달(MOON)

태양의 빛을 반사하고 분배하는 기능이 있다. 여성의 상징으로, 수동적이지만 생명의 씨앗을 품어 양육하는 모성을 담고 있다. 달은 지구상의 모든

그늘진 것들의 시초이고 의지력과 외부세계 사이를 잇는 감정의 가교로서 가정과 과거의 기억을 다스린다. 달은 개성을 보호하는 동시에 환경에 적응하기 위한 인격을 형성시킨다. 무의식의 반영, 변화, 감정, 잉태와 출산을 상징한다.

18번 달 점성학에서 달 상징
2번 여자 교황 교육과 보호, 어머니, 모성애 상징
17번 별 잉태와 출산을 상징

긍정 의미 충분한 감정의 전달, 잉태, 변화에 순응해나가는 힘, 모성애, 상상력, 창조력
부정 의미 의존성, 수동적, 억압되어 있는 상황, 보호가 필요한 미성숙, 동요, 미분화, 이중성

수성 (MERCURY)

태양의 이편과 저편으로 왕복하면서 교대로 나타나는 특성을 지닌다. 고대에는 전달자(아폴론, 헤르메스)라 생각되었다. 각 개인의 사고방식이나 타인과의 의사소통 방식을 나타내고 양성과 음성을 모두 갖고 있으므로 중성적인 성격의 행성으로 여겨진다. 실무적인 영역을 다스리며 두뇌가 명석하고 다재다능하다. 임기응변이 좋고 창조된 것을 잘 활용하므로 지능과 합리성, 분석과 지식 등의 복합성을 상징한다.

7번 전차 두 마리의 말은 움직임과 이중성 상징
3번 여왕 합리성과 지성 상징
6번 연인 큐피드의 화살이 가리키는 방향성 상징
20번 심판 나팔을 불고 있는 천사의 모습은 수성을 상징
1번 마술사 다재다능함과 민첩성, 손재주 상징

긍정 의미 행동력과 임기응변, 적절한 발휘, 민첩성, 다재다능함, 분석과 종합
부정 의미 무관심, 피상적, 분산, 산만, 사기성, 책임감 결여, 언행 불일치

금성 (VENUS)

우리말로 하면 '개밥바라기 별'이다. 해 뜨기 전 동쪽 하늘이나 해진 뒤의 서쪽 하늘 높이 보이는 밝은 행성이다. 태양과 달을 제외하고 가장 밝은 행성이다. 애정과 미의식을 담당하고 결혼을 주재한다. 그러므로 아름다움, 미덕과 헌신, 정돈, 사랑과 평화 등을 상징하는 긍정적인 의미의 행성이다.

2번 여자 교황 예의와 미덕 상징
3번 여왕 정리와 정돈, 지성적인 아름다움 상징
8번 정의 구체성과 물질적 안정성 상징
17번 별 육체적인 면과 사랑 상징
21번 세계 미의식과 낭만성 그리고 평화 상징

긍정 의미 물질적 안정성, 만족감, 구체성, 낭만성
부정 의미 탐욕, 향락, 성적 본능, 질투, 사치

화성 (MARS)

고대에는 재앙과 전쟁을 가져다주는 불길한 별로 생각되었으나, 이는 옳지 않은 것이다. 발의권과 추진력을 상징하는 행성으로 보는 것이 타당하다. 모든 일의 시작과 끝을 다스리며 투쟁을 좋아하는 적극적인 성격을 지닌 별이다. 날카로운 물건들과 금속을 지배하는 경향이 있고 부주의로 인

한 사고와 같은 부정적인 의미가 없는 것은 아니다. 남성의 심벌, 분출하는 힘, 호전성, 공격성 등을 상징한다.

1번 마술사 개척정신 상징
11번 힘 과감하고 실천적인 열의 상징
16번 신전 남성의 분출하는 힘 상징
5번 교황 발의권과 리더십 상징

긍정 의미 자신을 고무시킴, 실천적, 호걸풍, 정열적
부정 의미 투쟁적, 인내심 결여, 직선적, 성급함, 무질서

2₄ 목성 (JUPITER)

태양계의 행성 중 가장 큰 행성이다. 변화무쌍한 대기의 운동, 많은 위성 등을 갖고 있다. 목성을 가리켜 행운과 확장, 진보를 가져다주는 좋은 별로 생각되어 왔다. 현실세계에서 낙천적이며 스케일이 크고 좋은 기회를 가져다준다. 성장과 확대, 의식의 확장, 남성적이고 영적인 면을 상징한다.

4번 황제 정의와 책임감 상징
5번 교황 선견지명과 자비심 상징
6번 연인 큐피드 뒤편의 오라클은 의식 확장과 영혼 상징
15번 악마 물질주의적인 면 상징
21번 세계 낙관주의와 새로운 세계로의 도약 상징

긍정 의미 변신, 확대, 정의, 선견지명, 낙관주의, 자비, 동정심, 호탕함
부정 의미 허풍, 분산, 만용, 정도에 넘치는 성격, 낭비성, 물질주의, 쾌락

토성 (SATURN)

육안으로 보이는 행성 중에서 가장 바깥에 있는 것으로, 고대인에게는 움직임이 느린 별로 여겨졌다. 그래서 만만한 성격을 지닌 것으로 느껴졌을 것이다. 보이는 세계와 보이지 않는 세계의 경계, 울타리, 시간적인 주기를 상징한다. 지각할 수 있는 모든 것의 한계를 의미하며, 고대에는 매우 불길한 별로 알려졌으나 지금은 그렇지 않다. 모든 별의 부정적인 의미는 상대적인 것이다. 노력하면 극복 가능하다. 시련에 대한 오랜 인내와 노력을 필요로 하며 야심, 질투심, 그리고 인생의 노년기를 뜻한다. 응집력과 통제력, 수축과 응결 등을 상징한다.

4번 황제　현실성과 질서 상징
5번 교황　정신세계와 엄격함 상징
9번 은자　자기통제와 인내심 상징
14번 절제　두 물병의 물이 천천히 흐르는 느린 시간 상징

긍정 의미　정확, 냉정, 공정성, 꾸준함, 인내력, 엄격, 집중력, 현실성, 절약, 노력, 신중
부정 의미　위축되다, 까다롭다, 자기중심, 환란, 차가움, 죽음, 냉엄함, 회의적, 비관주의, 우울증, 경직

천왕성 (URANUS)

1781년에 발견된 행성이다. 자전축은 공전 면에 누워 공전하므로 밤과 낮, 그리고 계절이 함께 변한다. 이 행성의 발견 전후를 기점으로 역사적인 일들이 많이 일어났다. 미국의 독립과 프랑스 대혁명 등 사회 변동의 시기와 천왕성의 발견 시기가 일치한다. 과학의 발전과 사회에서 개인이 대두되던 시기였다. 갑작스러운 변화, 상식을 깨뜨리는 독창성, 괴팍함과

상응하며 수성의 힘이 한 단계 높아진 것으로 표현된다. 전대미문의 일, 인습에 묶이지 않는 것, 예측할 수 없는 것 등을 상징한다.

0번 나그네 인습에 묶이지 않는 자유분방함 상징
14번 시류 영감과 창조성 상징
16번 신전 갑작스러운 변화와 해방 상징
20번 선고 파동과 리듬 즉, 예술적인 영감 상징

긍정 의미 발달, 발전, 창조, 영감, 발명, 로맨틱, 독립, 자유, 이지적, 이상주의자, 자연보호
부정 의미 생활이 불안정하고 무절제함, 반항적, 모든 제약을 부정함

해왕성 (NEPTUNE)

1820년에 발견된 행성이다. 차갑고 조용한 행성으로 생각되었지만 표면에는 거대한 규모의 빠른 회오리바람이 불고 대기에는 여러 기상현상이 일어나고 있다. 해왕성은 사회 변화와 인간의 무의식, 연민, 집단성, 영적 감수성, 예술성을 상징한다. 금성이 한 단계 발전된 것으로 해석하기도 한다. 목성의 음성적인 측면, 자포자기와 신비주의와도 연관이 있다. 꿈과 환상, 영상예술, 과대광고, 허위선전 등을 상징한다.

10번 운명의 수레바퀴 예측불허의 변화무쌍한 움직임 상징
12번 거꾸로 매달린 남자 헌신과 인류애 상징
21번 세계 이상주의와 자기존재의 깨달음 상징

긍정 의미 이상주의, 헌신, 자기존재의 갈파, 인류애, 평화, 영적인 축복
부정 의미 혼돈, 몽상, 도취, 은둔, 체험과 포기, 환영, 속임, 희생

명왕성 (PLUTO)

1930년에 발견된 행성이다. 태양의 혜택을 거의 받지 못하는 가장 춥고 어두운 행성이다. 때로는 해왕성보다 더 안쪽 궤도를 돌기도 한다. 화성의 힘이 한 단계 상승된 행성으로 간주되기도 한다. 갱신을 상징하며 시작과 끝을 주관한다. 미지의 요소들이 용암처럼 흘러 나와 옛것을 무너뜨리는 경향이 있다. 하계의 별, 영속성을 부여하는 힘, 성적 에너지, 처벌, 재생, 삶과 죽음의 신비, 비밀리에 준비된 것 등을 상징한다.

12번 거꾸로 매달린 남자 자기 고행의 모습 상징
13번 죽음 재생과 영속성 상징
16번 신전 상승에 대한 열망 상징

긍정 의미 야심, 독립성, 상승에 대한 열망, 리서치, 개척자, 아방가르드
부정 의미 폭력성, 반항, 혹세무민, 사디즘, 죽음

황도 12궁 별자리와 타로카드의 연관관계

백양자리 (ARIES, 3월 21일 ~ 4월 20일)

양, 불, 활동의 성질을 지님. 화성이 지배함.

춘분점을 기점으로 낮이 길어지고 양기의 에너지가 승하기 시작하는 때다. 어느 환경에서나 선두에서 이끌어가려는 성향이 있고 개척정신 또한 강하다. 솔직담백하며 생활이 바빠야 오히려 마음이 편하다. 오직 현실에 충실한 스타일로 계획된 일은 이유 여하를 막론하고 밀고 나간다. 백양자리는 남성적 성향이 가장 강한 별자리다. 인체에서는 머리, 혈압 조절을 다스리며, 질병으로 혈액순환 장애, 두통 등에 주의해야 한다.

5번 교황 가부장시대의 상징으로서 족장, 수장 등의 우두머리의 의미.

1번 마술사 계절적으로 양기가 성한 시기이고 타로카드에서 첫 장을 여는 의미.

10번 운명의 수레바퀴 춘분점. 1에서 9까지의 경험을 바탕으로 새로운 사이클이 시작됨을 의미.

긍정 의미 용기, 지도력, 야심, 열정적, 실행력, 독립성, 모험성, 우두머리
부정 의미 변화무쌍, 폭력성, 충동성, 조심성 부족, 끈기 부족, 참견

황소자리 (TAURUS, 4월 21일 ~ 5월 20일)

음, 땅, 고정의 성질을 지님. 금성이 지배함.

고정점의 특성이 가장 잘 나타나는 자리다. 변화를 싫어하는 대기만성 형이다. 금전적 가치를 중시하며 항상 현실에 충실하고 땅(부동산)과 인연이 깊다. 남자는 넓은 대지처럼 평온함을 주는 타입이고 여자는 상대에게 순종하는 타입이다. 남녀 모두 소유욕과 질투심이 강하다. 크게 화를 내면 주위에까지 피해를 주는 경우가 종종 있다. 눈으로 확인할 수 있는 현상적인 측면이나 재산 축적과 같은 물질적인 측면을 중시한다. 인체에서는 이목구비를 다스리며, 좋은 목소리를 갖고 있는 사람이 많다.

1번 마술사 봄, 농사, 마술사의 탁자 위에 식음과 관계된 상징물이 보임.

4번 황제 물질, 노력, 근면, 경작, 건설이라는 의미에서 연관됨.

7번 전차 양 어깨 위에 그려진 견장의 태양과 달의 이미지에서 달은 게자리의 지배 행성이며, 황소자리는 달의 기능이 증대되는 자리.

21번 세계 계란 모양의 화환은 월계수로 3 ~ 4월에 핌.

긍정 의미 아름다움, 구체성, 언변, 인내, 지구력 근면성, 침착
부정 의미 쾌락주의, 탐욕, 고집, 게으름, 편견

 **쌍둥이자리** (GEMINI, 5월 21일 ~ 6월 21일)

양, 공기, 변화의 성질을 지님. 수성이 지배함.

가장 변화성이 강해 한 곳에 정착하지 못하고 새로운 곳을 찾아나서는 경향이 있다. 주변과의 친화성이 좋고 호기심이 강해 새 정보를 잘 찾고 그것을 전달하는 일을 좋아한다. 손재주가 좋아 기계의 특성을 잘 파악한다. 모임이나 단체에서 윤활유 역할을 한다. 행동이 민첩하고 순발력이 강하며 새로운 것에 빨리 적응한다. 두 가지 이상의 일을 할 수 있는 멀티형의 인간이다. 언변 또한 뛰어나서 언론, 기자, 통신, 여행에 관계된 직업에 적합하며, 수리에 강하므로 회계, 세무, 교육 등의 분야에서 두각을 나타내기도 한다. 영업이나 방송, 연예계 또한 적성에 잘 맞는다. 인체에서는 손, 발, 폐를 다스리며 신경성 질환이나 호흡기 질환에 주의해야 한다.

7번 전차 두 마리 말의 영상에서 쌍둥이의 개념 유추.
8번 정의 천칭의 모습에서 쌍둥이의 이미지 연상.
15번 악마 두 악마의 이미지가 쌍둥이자리와 관련.
19번 태양 두 어린아이의 모습이 쌍둥이의 상징.

긍정 의미 표현력, 적응력, 영리함, 글재주, 이해력, 교육, 웅변, 호기심, 합리적
부정 의미 이중성, 분산, 피상적, 모방, 사기성

 **게자리** (CANCER, 6월 22일 ~ 7월 22일)

음, 물, 활동의 성격을 지님. 달이 지배함.

가장 여성적인 별자리로 부드럽고 보호적이나 자신의 영역을 침해당하면 거칠게 대항한다. 성격이 내성적이고 소심하므로 자신이 직접 나서는 것

을 꺼려하고 상대가 먼저 자신에게 다가올 때 반응한다. 감상적이기는 하나 자신의 속마음을 쉽게 표현하지 않는 경향이 있다. 가족과의 유대감을 중히 여긴다. 감성이 풍부하고 예민해 심령세계에 관심이 많다. 경제생활에서는 검소함을 지향한다. 상상력이 좋아 예술 계통에서 두각을 들어내기도 하며 자신의 조상이나 고향, 국가에 애정이 깊다. 인체에서는 젖가슴과 위장, 생식기를 다스린다.

4번 황제 자기 영역에 대한 수호의 이미지.
2번 여자 교황 모성애와 심령 세계와의 연관성.
18번 달 연못의 가재 그림에서 게자리와 연관성 유추. 또한 두 마리의 개(또는 이리)가 여름에 태양과 동시에 동쪽에서 뜬다는 큰 게자리임을 암시.

긍정 의미 내면화, 감정, 가족생활, 단체생활, 영감, 동정심, 절약, 감정의 교류
부정 의미 변덕, 수줍음, 덤벙거림, 과잉감정, 단호함 부족

사자자리 (LEO, 7월 23일 ~ 8월 22일)

양, 불, 고정의 성질을 지님. 태양이 지배함.

자아의식을 뜻하고 품위, 너그러운 지배력을 나타내며 개방적 성향이다. 당당하게 자기 주위를 지배하려는 습성이 있고 화려함과 타인으로부터 추앙받기를 원한다. 자기 표현력이 좋고 쇼맨십이 뛰어나 연예 비즈니스에 재능이 있다. 도박이나 오락, 스포츠를 좋아한다. 인체에서는 심장과 혈관 계통을 다스린다.

11번 힘 에너지가 왕성한 사자의 모습에서 유추.
19번 태양 상단의 햇살은 태양의 계절인 사자자리를 나타냄.

긍정 의미 적절한 표현, 자긍심, 귀족 성향, 진실성, 관대함, 성실성, 정열
부정 의미 오만, 과장, 폭력적, 이기적, 사행심

처녀자리 (VIRGO, 8월 23일 ~ 9월 22일)

음, 땅, 변화의 성질을 지님. 수성이 지배함.

순결과 복종, 그리고 근면성을 상징한다. 자신을 내세우지 않고 타인에게 봉사한다. 세부적인 문제나 복잡한 것들을 잘 정리한다. 상식적으로 행동하며 평론에 능하여 문학적 재능이 풍부하다. 자신이 맡은 일을 확실히 이해해 완벽하게 이행하려는 의지가 강하다. 늘 청결하고 단정함을 좋아하며 질서의식이 강하다. 심신이 예민해 건강문제에 관심이 많고 반복되는 일에 능숙하다. 의료 분야에 적합하다. 그 외에도 회계사, 정밀분석가, 세심한 주의를 요하는 직종에서 재능을 발휘한다. 정열적인 사랑보다는 청결, 절제, 위생을 중시한다. 인체에서는 하복부를 비롯한 소장을 다스리며, 신경성 체질이 많으므로 소화기 계통에 질환이 오기 쉽다.

3번 여왕 상식적이며 문학적인 재능이 뛰어남으로 유추.
17번 별 심신이 예민하고 건강 문제와 관련되어 있음.
21번 세계 알몸의 여인은 사계절의 중심을 상징. 일년 중 6번째 달이 처녀자리. 모서리의 그림 4개에서 황소(황소자리)는 봄, 사자(사자자리)는 여름, 독수리(전갈자리)는 가을, 천사(물병자리)는 겨울을 의미.

긍정 의미 적응력, 검소, 실용적, 영리함, 판단력, 성실
부정 의미 결벽증, 신경성, 과잉반응, 집착, 붙임

 **천칭자리 (LIBRA, 9월 23일 ~ 10월 22일)**

양, 공기, 활동의 성질을 지님. 금성이 지배함.

대인관계를 중시하며 타인과의 유대감이 좋다. 자신이 처한 상황을 저울질해 손익계산을 분명히 하려는 경향이 있다. 상대를 먼저 파악하고 자신의 행동을 결정하려는 성향이 강하다. 인간관계의 조화를 중시하므로 중재자의 자질이 강하다. 그러므로 교섭이나 협상에서 재능을 발휘하기도 한다. 연애에도 자신이 베푼 것에 상응하는 만큼의 대가를 기대한다. 무엇이든 함께 나누려 한다면 확실한 조력자가 될 수 있다. 직업적으로는 로비스트나 외교관, 딜러, 에이전시 또는 실내장식, 의상 등을 포함하여 응용미술에서 재능을 보이기도 한다. 인체에서는 골반, 신장을 다스린다.

8번 정의 저울을 든 이미지가 법, 정의, 판단, 제도 등 천칭자리와 관련.
10번 운명의 수레바퀴 바퀴는 태양, 일 년 365일, 6개 바큇살은 60분, 일 년 중 춘분과 추분을 상징.
14번 절제 두 물병이 저울을 연상, 음양 변화로 천칭자리와 연관, 타협, 교섭.

긍정 의미 표현력, 지적 성향, 정의감, 공정성, 사교성
부정 의미 끈기 부족, 편의주의, 단호함 부족, 분규

 **전갈자리 (SCORPIO, 10월 23일 ~ 11월 21일)**

음, 물, 고정의 성질을 지님. 화성, 명왕성이 지배함.

강한 목적의식과 의지력을 상징하고 죽음과 재생을 다스린다. 때를 기다릴 줄 아는 인내력 또한 강하다. 화성은 음성의 지배 자리로 남성의 성적 측면과 관계가 있다. 의사표현이 소극적이다. 자기 통제력이 뛰어나 그것

을 직업을 통해 승화시키는 사람들이 많다. 자신이 관심 두는 일에는 자기 노력하나 관심 밖의 일에 대해서는 그렇지 못하다. 또한 자신이 믿는 것에 대해서는 헌신적인 성향도 강하다. 금전적으로는 매우 조심스러운 편이며, 변화를 그리 좋아하지 않는다. 죽음과 관련이 많은 별자리이므로 생노병사에 관심이 많다. 직업적으로는 형사, 탐정, 장의사, 환경사업, 육가공업과 관련이 깊다. 촉각이 예민하여 타인과의 피부접촉을 꺼려하는 특성이 있다. 인체에서는 생식기관, 비뇨, 배설기관을 다스린다.

12번 거꾸로 매달린 남자 영적인 수련, 변신, 변화를 준비하는 과정 암시.
13번 무명 대변신, 죽음과 재생에서 전갈자리의 상징을 읽음.
15번 악마 성문제, 비밀, 카리스마, 연금술 등의 이미지에서 연관됨.
16번 신전 파괴의 개념, 파괴는 재건축을 전제로 함. 또는 불가항력의 재해.

긍정 의미 부활, 집중력, 끈기, 내면화, 의지력, 직관력
부정 의미 질투, 극단주의, 애증, 비밀

사수자리 (SAGITTARIUS, 11월 22일 ~ 12월 20일)

양, 불, 변화의 성질을 지님. 목성이 지배함.

낙천적이고 미래지향적이나 오히려 그것으로 인해 자신이 추구해야 할 일에 신중하지 못해 실패하는 수가 많다. 변화자리로 사자자리보다는 융통성이 있고 전갈자리의 내면적 욕망이 진리 탐구와 신앙심으로 발전한 것이다. 정신적인 성장을 원하며 철학적, 예언자적 이미지가 강하다. 유쾌함, 친근감을 드러내기는 하나 그 또한 변화가 심해 종잡을 수 없는 경우가 있다. 내기에 관심이 많고 금전 관리에 소홀하여 타인과의 관계에서 손

실을 보는 경향이 허다하다. 체계적인 조직생활보다는 자유스러운 개인생활을 선호한다. 결혼생활에서 제약받는 것을 싫어하므로 재혼을 하는 경우나 독신주의를 선호하는 사람이 많다. 여행을 좋아해 객지생활을 하거나, 아예 외국에서 장기간 체류하는 사람도 많다. 직업적으로는 여행가, 탐험가, 고등교육, 법률, 의학, 종교계에서 재능을 보여주기도 한다. 인체에서는 허벅지, 골반, 디스크, 간 기능을 다스린다.

6번 연인 인물의 심장과 손목을 겨눈 큐피드의 화살 이미지.
7번 전차 숫자 7은 정신세계를, 두 마리의 말은 운송 수단을 상징.
5번 교황 종교, 정신세계는 사수자리와 관련, 정신적인 성장과 예언가 이미지.
4번 황제 제왕, 마스터, 사업 등의 확장은 사수자리와 관련.
11번 힘 모자에 있는 6개 화살촉 모양은 6번 카드의 화살, 사수자리와 연관.
15번 악마 변덕이 많고 변화성이 강하며 내기나 도박에 관심이 많음을 상징.

긍정 의미 적응력, 낙관주의, 박학다식, 전문가, 독립성, 용감성, 관용
부정 의미 일을 잘 벌임, 조심성 부족, 가치관 모호, 싫증

산양자리 (CAPRICORN, 12월 22일 ~ 1월 20일)
음, 땅, 활동의 성질을 지님. 토성이 지배함.
책임감이 강하고 현실적이다. 근엄한 인격의 소유자가 많다. 야심이 강해 지위와 경력에서 최고를 지향한다. 대기만성형으로 40대부터 두각을 나타내는 사람들이 많다. 형식과 절차를 중시하므로 계획 없이는 일을 진행하지 않는 스타일이다. 요행을 바라지 않고 절제력 또한 매우 강하다. 자신의 속마음을 잘 드러내지 않는 경향이 있고 매사에 신중한 편이다. 남자의 경우에는 경제적인 기반이 다져지기 전에는 결혼에 뜻을 두지 않으므

로 만혼이 많다. 반대편 게자리와 마찬가지로 양친을 존중하고 가정적이나 학벌과 명예를 중히 여기며 가부장적 권위의식이 강하다고 할 수 있다. 인체에서는 무릎 관절을 다스린다.

9번 은자 연로한 노인의 모습에서 고독, 고립의 이미지와 꾸준한 인내심을 느낌.
4번 황제 권력의 정상이라는 의미와 직업분야의 장인정신과 관련.
5번 교황 정신세계, 종교계의 수장이라는 의미와 관련.
14번 절제 시간의 흐름, 지체, 지연의 상징과 연관.
15번 악마 악마의 머리 뿔, 다리의 모양은 영양의 뿔과 다리를 연상.

긍정 의미 책임감, 냉철함, 직업상의 성공, 절약, 끈기
부정 의미 비관주의, 냉정, 비사교성, 원칙주의, 고집

물병자리 (AQUARIUS, 1월 21일 ~ 2월 18일)

양, 공기, 고정의 성질을 지님. 토성, 천왕성이 지배함.

산양자리와 같이 사회적 색채와 야심적 기질이 강한 별자리다. 그러나 사회성을 강하게 띠고 있다는 점이 산양자리와는 구별된다. 개인적인 측면보다 동료의식에 더 비중을 두는 성향이다. 전체적인 상황을 중시하며 인간관계에서 공정함을 지향한다. 물병자리의 특성상 새로운 것을 좋아하지만 3대 특성 중 고정자리에 해당하므로 고집이 강해 불의에 과감히 맞서 싸워나가는 기질이다. 사자자리와 마찬가지로 개성이 강하며 주위 사람들로부터 인정받기를 원한다. 금전문제에서는 낭비벽은 없으나 소홀히 하는 경향이 있다. 인체에서는 발목을 다스린다.

2번 여자 교황 새로운 이념에 관심이 많고 초연한 자세로 검토하는 모습에서 물병자리와 관련이 깊음. 또한 손에 든 황금책의 줄을 세어보면 좌우 페이지가

8줄과 9줄 도합 17줄이다. 즉 17번 별 카드와 관련.

14번 절제 천사의 양 손에 쥐고 있는 물병에서 물병자리임을 앎.

17번 별 알몸의 여인이 쏟아버리고 있는 물병에서 물병자리와 관련.

20번 심판 물병자리는 인간관계, 미래와 희망 등을 주관하므로.

  – 바보 허공을 응시하는 바보의 얼굴, 하늘(별)을 보는 구도자의 이미지.

긍정 의미 지적 성향, 심령, 애타주의, 자유, 발전, 독자성, 개혁
부정 의미 혁명적, 반항적, 비협조, 선동적

물고기자리 (PISCES, 2월 19일 ~ 3월 20일)

음, 물, 변화의 성질을 지님. 목성, 해왕성이 지배함.

사회적으로 고통받고, 소외된 사람들에게 동정심과 연민을 강하게 느끼는 별자리이다. 또한 몽상적인 면과 자기암시에 강한 사람들이 많다. 사람의 심신을 위로하고 치료하는 능력이 있어, 의료 분야, 종교 분야, 사회복지 분야에 큰 능력을 발휘한다. 종교가 있는 사람은 신앙심이 깊어 사랑과 봉사로 헌신적인 삶을 살아가는 사람들이 많다. 표면적이고 직설적인 것보다는 암시적인 것을 좋아하는 경향이 있어 예술 분야에 종사하는 사람도 많다. 인체에서는 발을 다스린다.

10번 운명의 수레바퀴 시간과 공간이라는 우주를 상징, 시작도 끝도 없는 우주질서의 윤회, 12황도대의 끝 자리가 물고기자리로, 이생을 준비하는 전생에 해당.

12번 거꾸로 매달린 남자 남자의 양옆으로 빨간색의 나무가 각각 6개씩 모두 12개가 일 년 12달 상징. 황도대의 마지막 12번째의 별자리인 물고기자리를 상징.

긍정 의미 희생정신, 자기수양, 로맨틱, 상상력 풍부, 동정심
부정 의미 우유부단, 중독성, 속임수, 무절제

메이저 아카나 56장에 깃들인 상징
열쇠 찾기 & 빗장 풀기

열쇠 1 마이너 아카나 소비밀 카드의 구성

인물카드 – 궁정카드와 슈트의 조합으로 이뤄진 16장의 소비밀 카드

시종(Valet), 기사(Cavalier), 여왕(Reyne), 왕(Roy) 등으로 구성된 궁정카드는 일반적으로 중세사회의 4계급(신분)을 의미하는 것으로 여겨진다. 한마디로 슈트는 궁정카드의 인물들이 지닌 장식물들이라 할 수 있다. 그리고 금화(Deniers), 컵(성배, Coupe), 봉(Baton), 검(칼, Epee) 등으로 구성된 슈트(suit)는, 프랑스어 차례로 드니에, 쿠푸, 바통, 에페로 발음되는데, 이들은 각각 흙, 물, 불, 공기를 상징한다.

숫자 카드 – 각 슈트에 대응하는 십진수로 이뤄진 40장의 소비밀 카드

궁정카드 없이 오직 드니에(금화), 쿠푸(컵), 바통(봉), 에페(칼)만으로 이뤄진 카드다. 주로 구체적 상황을 해석하고자 할 때 쓰이며 이른바 수비학이라 부르는 숫자 신비주의와 깊은 연관성을 가진 마이너 카드로, 르네상스 이후 프랑스의 카발라 연구자에게서 널리 활용된 것으로 알려져 있다.

열쇠 2 기억해두면 좋은 궁정카드의 인물 이미지

시종의 이미지

가장 젊고 어린 인물로 묘사된 것에서도 알 수 있듯 시작과 초기에 대한 이미지다. 아직 익숙하지 않은 일이나 해야 할 일이 임박했거나 그것에 꼼꼼히 대비해야 한다는 의미다.

기사의 이미지

활기차고 패기 넘치는 젊은이를 묘사하고 있듯이 모험을 두려워하지 않으며
혈기왕성하게 도전하는 이미지다. 정열적으로 무엇을 탐구하고 구체적으로
자신을 만들어나가는 의미다.

여왕의 이미지

이제껏 혈기왕성하게 움직이던 에너지가 내면화되고 체화되면서 안정적이고
수용적인 자세로 변화된다. 충만한 부드러움을 지니고 다음 단계로 상승과
분출을 준비하는 과정을 나타낸다.

왕의 이미지

역동적이고 지배적인 남성상으로 묘사되고 있듯이 자신의 영역을 구축하고
정형화시킨다는 의미다. 액자 속에 세상을 집어넣으려 하므로 자기 틀을 깨
는 것이 필요하다는 이미지다.

빗장 풀기

소비밀 카드는 구체적인 상황이나 이미지를 알고 싶을 때 사용하는 타로다.
마르세유 타로에서는 제한적으로 사용된다. 왜냐하면 수비학적 상징이나 점
성학과의 관련성이 높은 카드가 바로 소비밀 카드인데 일반적인 타로카드 사
용자가 이해하기엔 좀 부담스럽고 무리가 있다. 따라서 대비밀 카드의 보조
용으로 제한적인 사용을 하는 것이 바람직하다. 마르세유 타로카드는 역방향
을 취하지 않는 원칙이 있듯이 소비밀 카드의 사용에 있어서도 이러한 원칙
을 지킨다.
다음에 제시될 소비밀 카드 56장의 낱장 풀이는 오랫동안 여러 사람의 손을
거쳐 다듬어진 결과이다. 대비밀 카드보다 해석의 폭이 좁다는 한계가 있지
만, 상황이나 이미지, 그리고 어떤 한 사건의 전모를 분명하게 보여준다는 장
점이 있음을 기억하는 편이 좋을 것이다.

인물카드 16장 낱장 풀이

인물카드는 이미지와 글자만으로 구성되어 있다. 메이저 아카나처럼 포괄적이고 다양한 상징성은 없지만 특정 영역에서 구체적이고 직접적인 해답을 제시해준다. 굳이 외우려 하지 말고 매뉴얼처럼 자주 펼쳐보며 적용하는 게 바람직하다. 그럼 이제 지수화풍의 차례로 인물카드의 의미를 하나씩 짚어보도록 하자.

드니에 시종 아카나

한 소년이 오른손에 금화를 들고 그것을 유심히 바라보고 있고 바닥에는 또 다른 금화가 놓여 있다. 금화를 응시하는 눈이 새로운 계획이나 무슨 꿈을 꾸고 있는 듯하다. 바닥의 색깔은 물빛을 띠고 있는데, 가능성으로 충만한, 그러나 아직은 아무것도 이룬 것 없이 서 있다. 이는 조언이 필요한 사람이거나 신중하고 조심성이 많은 사람임을 의미한다. 부동산 관련 사업에 손을 대려는 사람, 또는 재테크나 돈을 좋아하는 사람을 상징한다. 처음으로 사업을 하려는 사람이기도 하고 명예나 지위보다는 금전적인 것에 더 관심이 많은 사람을 의미한다. 하지만 시작의 의미가 강조되므로 이 카드가 나올 경우에는 자신에게 사업이나 금전 관리 능력이 얼마나 충분하게 갖춰져 있는지 점검해볼 필요가 있을 것이다.

드니에 기사 아카나

말을 탄 기사의 손에는 봉이 들려 있다. 이 사람 역시 금화를 바라보고 있다. 목적지를 향해 나아가려는 광경이다. 연인을 찾아가는 것일 수도 있고 소식을 전하려 가는 것일 수도 있다. 바닥의 색깔은 흙빛이지만 말은 여전히 물빛을 띠고 있다. 말은 기사가 가려는 방향인 전방을 응시하면서 이제 막 출발하는 듯 앞발을 내딛고 있다. 이는 금전적 상황이 한 차원 호전되는 상황으로, 재물운이 상승하는 기운을 나타낸다. 승진이나 보직의 이동, 또는 호조건에 스카우트되는 것을 상징한다. 여행에서 금전적 행운을 얻거나 무역상의 거래가 유리한 조건에 체결됨을 암시하기도 한다. 더 좋은 거주지로 이사를 가거나 생활권이 크게 바뀌어 어려움이 예고되기도 한다. 주식 투자 같은 변화가 빠른 재테크에서 운이 좋다고 볼 수 있다.

드니에 여왕 아카나

부귀해 보이는 여자가 금화를 응시하는 모습인데, 돌출된 이마는 계산적이고 지극히 현실적인 금전관념을 나타낸다. 한 손은 권위를 상징하는 봉을 들고 여왕의 아랫배에 놓여 있다. 불룩 튀어나온 배가 아기를 가졌음을 나타내며 또한 "임신한 여왕은 왕이 멀리한다"라는 의미를 내포하고 있다. 금전과 권위에 있어서는 부족함이 없지만 애정에서는 멀어지는 상황이다. 금화를 바라보는 표정에서 흡족함을 읽을 수 있으며, 어느 정도 자신의 재산 상황이 안정되는 의미임을 유추할 수 있다. 고가의 물건을 손에 넣는 행운을 쥐게 되거나 금전적인 여유를 의미한다. 금전에 관련한 전문직으로 세무, 회계, 금융 전문가로서 인정을 받게 되거나 재테크에서 안정된 이익을 거둔다. 또한 잉여 재화로 다른 곳에 투자할 수 있게 된다.

드니에 왕 아카나

이제껏 금화를 들고 있던 모습과 달리 아래쪽으로, 누군가에게 보여주는 모습이다. 떳떳하고 당당하게 번 돈임을 과시하려는 모습 같다. 허리춤에 얹은 손이 거만해 보이기까지 한다. 다리를 꼰 모습이 메이저 아카나 카드의 황제와 비슷하다. 성공한 사업가의 풍모다. 물빛을 한 땅의 빛깔은 추수가 끝난 뒤의 척박해진 상황을 암시하고 있다. 집안으로부터 많은 재산을 물려받게 되거나 타인과의 금전관계에서 우위에 설 수 있음을 의미한다. 사업하는 사람에게 아주 좋다고 볼 수 있다.

쿠푸 시종 아카나

한 소년이 성혈의 상징인 포도주가 담긴 컵을 불안하게 들고 어디론가 가려 한다. 누군가에게 자신의 컵을 전해주려는 모습이다. 한 손에는 컵의 뚜껑과 같은 것을 들고 큰 눈으로 컵 안을 들여다본다. 스카프가 컵 언저리에 닿아 있다. 사랑하는 연인에게 자신의 감성을 전하러 가는 모습을 연상시키기도 한다. 예술세계에 첫발을 내딛는 행운이 있을 수 있다. 연예인이 데뷔를 할 때 이 카드는 매우 긍정적이라 할 수 있다. 감성의 시작, 그것은 불안함을 내포하기도 하나, '시작이 반'이라는 말이 있듯이 좀더 준비하면서 자심감을 가질 필요가 있다.

쿠푸 기사 아카나

울퉁불퉁한 땅바닥과 컵을 든 기사의 모습이 여전히 불안하다 그러나 시종의 컵보다는 좀더 세련되고 안정감이 있는 모습이다. 컵을 응시하는 눈빛은 걱정과 연민을 보여주며, 이와 상반되게 말의 표정은 자신감에 차 있다. 하지만 기사는 허위허위 달리다 그만 멈칫한 상황이다. 나아가야 할지 멈추어야 할지 갈등에 싸여 있다. 말의 표정이 보여주듯 앞으로 나아가는 것이 발전적임을 암시한다. 주변 상황은 자신에게 이로운 방향으로 나아가고 있는데, 스스로 결단을 못하는 상황이거나 자신감 부족을 회복해야 함을 상징한다. 이 카드의 주된 의미는 현 상황에 만족하지 말고 더 앞으로 나아가라는 것이다.

쿠푸 여왕 아카나

뚜껑이 닫힌 컵을 안정되게 쥐고 있다. 컵의 뚜껑이 닫혀 있는 것으로 보아 아직은 자신의 마음을 내보이려 하지 않는다. 신중하고 조심스러운 모습이다. 컵을 누군가에게 주려 한다기보다는 받아들이는 모습에 가깝다. 머리에 쓴 왕관은 여왕과는 어울리지 않는 분위기다. 자신의 감정을 남에게 보이고 싶지 않거나 비밀이 많다. 애정을 받아들이는 데 너무 신중하여 결정을 내리지 못하거나 자신의 감정 표현에 소극적인 경우를 나타낸다. 닫혀 있는 컵 안에 무엇이 들어 있는지는 아무도 모른다. 자신만이 알 수 있을 뿐이다. 좀더 적극적이고 사람에게 다가서려는 노력이 필요함을 나타낸다. 자신의 잠재적 재능을 펼치지 못하고 있거나 주변 상황이 받쳐주지 못함을 암시하기도 한다.

쿠푸 왕 아카나

아랫부분이 깨져 있는 컵에는 관심이 없는 듯 시선은 다른 방향을 향해 있다. 무언가 근심스러운 표정이다. 황금색 바닥은 여러 갈래의 문양이 새겨져 있고, 의자에 걸쳐진 왼팔에서 여유로움과 거만함이 느껴지기도 한다. 깨진 컵을 든 왕은 다른 카드의 인물과는 다른 방향으로 고개를 돌리고 있다. 실연의 상처에서 벗어나지 못한 채 과거에 집착하는 사람이거나 새로운 애정을 받아들일 준비가 안 된 사람을 상징한다. 또한 깨진 컵이 암시하듯이 불안한 애정관계에 있음을 상징하기도 한다. 예능 분야에서 맞지 않으며 타인과의 커뮤니케이션에서 갈등과 대립이 있음을 상징한다. 홀로 고립되어 암울한 상황임을 나타낸다.

바통 시종 아카나

아래 부위가 두툼한 몽둥이를 땅에 대고 있는 모습이 마치 측량을 하고 있는 것 같다. 그림 전체를 꽉 채운 인물의 이미지에서 큰 뜻을 품고 있는 사람인 듯하다. 들고 있는 몽둥이의 모습으로 보아 나아가기보다는 방어적이고 관망하는 자세로 보인다. 몽둥이 안과 밖의 붉은색 싹은 잠재적 생명력을 나타낸다. 누군가를 기다리는 모습 같다. 몽둥이 바깥에 마르세유 카드를 도안한 콩베르의 철자가 희미하게 새겨져 있는데, 이는 타로카드 문화를 새로이 정리하고자 했던 화가의 소망이 담겨 있는 듯하다. 새로운 계획을 세우는 사람의 모습이다. 일의 시작에 있어 운이 강하게 있음을 의미한다. 가까운 시일에 일이나 대인관계의 변화가 있거나 갈 길이 멀었음을 의미한다.

바통 기사 아카나

몽둥이를 들고 뒤를 돌아보고 있는 기사의 모습은 지체하지 말고 그냥 나아가라든가 진행을 멈추고 회귀하라는 이미지로 보인다. 들고 있는 몽둥이는 시종의 몽둥이보다는 세련되고 다듬어진 모양이다. 말의 휘장으로 보아 여행을 위한 게 아니라 의전행사를 위한 것으로 보인다. 회귀성이나 자기방어의 모습이다. 일의 진행에 앞서 다시 한 번 총체적 점검이 필요할 때다. 운이 승세하는 상황에서 조금 더 침착함이 필요하다. 단단히 몽둥이를 붙잡고 있는 기사의 모습에서는 오히려 염려스러운 표정이 엿보이기도 한다. 나아감에 있어서는 반드시 처음 자신이 세운 계획 또한 망각해서는 안 될 것이다.

바통 여왕 아카나

매끈하게 다듬어진 몽둥이를 들고 있는 여인의 모습에서 건강미가, 표정에서는 무미건조함이 느껴진다. 바통 여왕이 든 몽둥이 모양은 드니에 기사가 든 몽둥이 모양과 생김새가 비슷하다. 이는 이 둘의 관계에 어떤 사연이 있음을 암시한다. 애정관계를 암시하기도 하고 여왕이 드니에 기사를 그리워한다는 의미도 된다. 카드에는 착오인지 의도인지 BATON이 아닌 BA(S)TON으로 씌어 있다. 착오가 아니라는 전제하에 해석하면 BASE TONE = LOW TONE = 낮은 소리, 침묵하는 여인, 자신의 마음을 주변의 환경, 또는 타인의 의견이 두려워 마음껏 들어내지 못하는 슬픔을 상징한다고 볼 수 있다. 애정관계가 추억이나 과거에 얽매여 있거나 현실적이지 못하다. 이별 뒤 새로운 사람을 만나려고 할 때 자기표현이 필요하다는 의미로도 볼 수 있다.

바통 왕 아카나

전신을 황금색 옷으로 치장하고 황금 발판을 밟고 앉아 있다. 당당한 모습의 왕은 끝이 뾰족한 황금색 몽둥이를 거꾸로 들고 있다 완벽하게 다듬어지고 가공된 몽둥이다. 몽둥이라기보다 도구에 가까워 보인다. 표정에서는 자신감과 더불어 거만함까지 느껴진다. 빈틈없어 보이는 자세에서는 세련미가 넘쳐흐른다. 이는 한 분야의 전문가를 의미하기도 하며 문필, 지휘, 유명 인사, 경영주를 상징한다. 황금색 옷은 자신의 일에 몰두하여 이룬 성공의 상징이다. 성공에 비해 왕의 얼굴은 젊다. 바통 왕의 카드는 빠른 성공을 의미하기도 하지만 곧 그에 대한 책임과 주의를 경고하는 의미도 내포하고 있다.

에페 시종 아카나

미소년의 모습을 한 인물의 왼손에는 하늘빛 칼이 어깨에 닿아 있고, 오른손에는 투명해 보이는 칼집이 땅에 닿아 있다. 기사 서품을 받기 전의 생도다. 앳된 얼굴을 한 이 사람의 시선은 땅을 향해 있는데, 무언가 기대감에 가득 찬 표정이다. 공직 계통이나 국가적 사업에 관련된 일에 재능과 운이 겸비함을 의미한다. 시종은 사회초년생을 상징하기도 하지만 시험을 앞두고 있거나 객관적인 실력을 평가받기 전의 상황을 암시한다. 자신 있고 여유 있어 보이는 자세에서 시험을 앞둔 사람의 자신감을 느낄 수 있다.

에페 기사 아카나

빨간색 큰 칼을 치켜든 기사는 대결을 앞두고 있는 모습처럼 보이기도 하고, 장애물에 순간 주춤해 있는 모습으로 보이기도 한다. 진행 상황이 막혀 있음을 암시하고 있다. 그러나 두 발이 들려 있는 말의 표정에서 표독스러움과 도전적인 느낌마저 감지된다. 이는 곧 장애가 앞에 놓여 있음을 상징하며, 더불어 그것을 뛰어넘어야 함을 암시하고 있다. 예측불허의 돌발 상황에 어떻게 대처해 나가야 하는가를 생각해야 할 시기다. 일이 잘 풀릴 때 가장 불안한 상황이 도래할 수도 있기 때문에 경계하라는 말이다.

에페 여왕 아카나

빨간색 칼을 든 여왕의 모습은 공세적이라기보다 수세적인 이미지를 보여준다. 여왕의 표정은 예민하다 못해 심지어 신경질적으로도 보인다. 왼손의 모습에서는 방어적인 태도를 읽을 수 있다. 어떤 일에 민감해져 있는 상황을 나타내며 만성 피로로 지쳐 있는 모습이다. 매사에 좀더 여유가 필요하다. 사회적인 능력이 뛰어나도 그에 따른 내면의 안정감이 있어야 진정으로 행복한 생활을 하는 것임을 명심하자.

에페 왕 아카나

왕으로 보기에는 너무 젊어 보인다. 오른손으로는 빨간색 칼을 위로 곧게 세우고, 왼손에 쥔 단검은 허리춤에 비스듬히 대고 있다. 양 어깨에는 남자와 여자의 얼굴 문양이 새겨져 있다. 메이저 카드인 7번 전차에서의 인물의 어깨 문양과 비슷하다. 왕의 얼굴에서는 느긋함을 느낄 수 있다. 지적인 능력으로 사회적 성공이나 자수성가를 한 사람을 의미한다. 매우 똑똑하고 능력이 있어 그에 따른 성공이 보장되어 있다고 볼 수 있다. 여유 있고 자신만만한 자세지만 오히려 적당한 긴장의 유지가 필요하다.

숫자카드 40장 낱장 풀이

이제 숫자카드의 의미를 알아보기로 하자. 외부세계에 대한 반응이나 일상적인 체험, 사건, 구체적인 상황을 묘사하고 있다. 숫자카드는 수비학적인 개념을 염두에 두고 각기 지·수·화·풍(地水火風)의 상징성과 연관지어 생각한다면 그리 어려울 것이 없을 것이다. 외우려고 하지 말고 숫자의 상징성과 4대 원소의 개념들에 익숙해지면 쉽게 이해가 되어 응용할 수 있을 것이다.

드니에 숫자카드는 금전문제, 내면세계의 확장, 자기능력, 자기개발 등을 다룬다.
쿠푸 숫자카드는 타인과의 관계에서 경험하게 되는 우정, 사랑, 행복 등을 다룬다.
바통 숫자카드는 창조성과 관련하여 모험, 개척, 지배에 관한 경험 등을 다룬다.
에페 숫자카드는 인간의 지성, 타인과의 관계에서 겪는 삶의 투쟁과 화해 등을 다룬다.

태양(영혼)을 상징, 현실적, 물질적, 경제적인 측면을 다룬다. 투자, 재산의 소유, 비즈니스, 섬유, 방적기, 신흥계급 등과 관련이 있다. 인체에서는 뇌, 피부, 혈소판을 상징한다. 인간은 흙 위에서 삶을 영위하고 결국 흙으로 돌아간다. 따라서 이 카드는 인간의 근원적인 삶을 반영하고 있고, 의식주와 경제 활동 속에서 자신의 가치관과 인생관을 확립할 수 있다. 地의 심벌은 황금색의 동전으로 땅의 색깔이면서 원형의 모양이다.

1 에이스 드니에

가장 순수한 형태의 원소를 상징한다. 가운데 붉은색 점이 있고 그 다음 네 개의 빨간색의 삼각형, 그 바깥으로 열여섯 개의 빨간색 삼각형의 문양이 그려져 있다. 이는 태양을 형상화한 것이다. 빛이 사방으로 흩어져 나가는 모양을 상징하고 있다. 물질적 성취 가능성과 자기 뜻을 세운다는 의미.

긍정 의미 태양을 상징, 준비, 출발, 약속된 미래, 변화의 시작, 계획이 현실로 이루어짐, 새로운 수입원
부정 의미 아직 실현되지 않은 것, 경제적인 문제가 아직은 불안정함, 진행할 수 없는 계획

2 드니에

두 개의 금화가 무한대의 기호에 둘러싸인 모양을 하고 있다. 계속 이어져 잘 돌아갈 수 있지만 무한대의 모양 좌우측이 끊어져 있다. 그리고 그 사이를 꽃잎과 잎사귀가 메우고 있는 모양이다. 물질적으로 새로운 기회가 다가왔으나 그것을 운용하려면 노력과 모험이 필요함을 암시한다.

긍정 의미 관조, 성찰, 약속, 빚을 갚는다, 재정적인 제휴, 타협
부정 의미 부동적인 상황, 침체, 기다림, 의심스러운 돈, 사기

3 드니에

세 개의 금화에 하트 모양의 꽃봉오리들이 비대칭으로 그려져 있다. 큰 하트의 꽃봉오리 속에는 금화 한 닢이 들어 있고 나머지 두 개는 좌우측 하단의 꽃봉오리 바깥에 그려져 있다. 물리적인 노력이 첫 결실을 맺게 되는 상황이지만 전부가 아닌 부분적이다. 또한 마음이 맞는 파트너를 만나게 된다.

긍정 의미 교류, 가치의 신장, 신뢰성, 주거나 나누어 갖는 것, 남녀의 결합, 잉태
부정 의미 낭비, 무절제한 지출, 충동구매, 전문성 결여, 경영의 미숙함

4 드니에

네 개의 금화가 위아래에 각각 두 개씩 그려져 있고 가운데 백합 문양이 세 개 그려져 있다. 백합은 교육이나 강의를 상징하고 있다. 앞으로 나가기보다는 현실의 상황에 만족하고 신중히 처신하라는 의미가 있다. 재충전하는 시기임을 뜻한다.

긍정 의미 물질의 안정, 보호, 완숙한 경영, 가운데 백합꽃의 문양은 교육, 강의, 그룹의 리더
부정 의미 경색, 경직, 인색함, 가난, 부동산의 정체

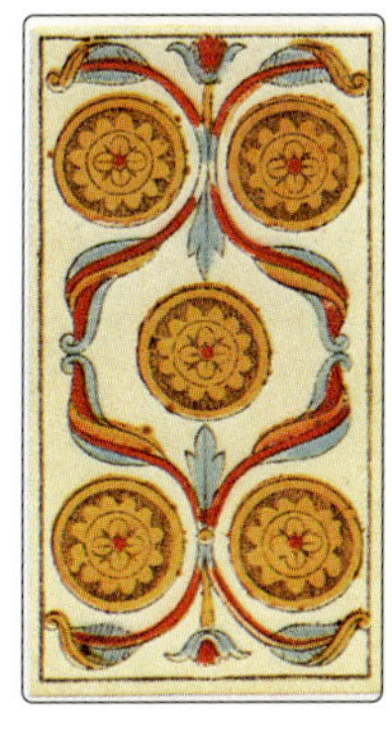

5 드니에

카드 중앙에 금화가 잎사귀들에 둘러싸여 있고 나머지 네 개의 금화는 각 모서리에 놓여 있다. 중앙의 금화는 고립을 암시하고 자기신뢰의 상실을 의미한다. 그러므로 재정적 어려움이나 손실을 뜻하지만 새로운 방향을 모색한다면 전화위복의 기회가 될 수도 있음을 암시한다.

긍정 의미 금전적인 상승세, 사업의 확장, 재정 문제로 지원을 받음
부정 의미 슬럼프에 빠지다, 재정 문제의 분규, 파트너십의 갈등, 빈곤, 상실

6 드니에

중앙의 여덟 개의 꽃봉오리로 이루어진 십자형이 있고 위아래에 각각 한 개의 금화가 잎사귀에 감싸여 있다. 전체적으로 세 개의 금화는 대칭을 이루고 있다. 여덟 개의 꽃봉오리에서 8이라는 숫자는 긍정과 부정, 선과 악 같은 이원적인 것을 통제하는 힘이 있어 물질적 발전을 이룬다는 의미다.

긍정 의미 나누어 가지는 것, 정당한 대가를 받는 것, 수입과 지출의 균형
부정 의미 재정상의 과도기, 불안정한 모습, 불법적인 거래, 금전이 묶여 있는 상황

7 드니에

상단에 두 개의 금화가 있고 바로 아래에 잎사귀에 완전히 감싸인 한 개의 금화와 하단에는 네 개의 금화가 잎사귀와 줄기에 각각 나뉘어 배치되어 있다. 상단에 그려진 두 개의 금화를 빼면 금화가 놓인 모양이 폐쇄적이며 닫혀 있는 모습이다. 잎사귀에 갇혀 있는 금화는 장애물이 있더라도 적극적으로 밀고나갈 것인가, 아니면 현 상태를 유지하면서 때를 기다릴 것인가 하는 갈림길에 서 있다고 볼 수 있다. 무엇보다 신중함과 선견지명이 필요하다. 금전적으로 막막한 상황, 또는 잠재적인 에너지로 이해할 수 있다.

긍정 의미 적극적이고 발전적인 모습, 사업발전의 지속, 재정적인 증가, 큰 돈이 들어옴
부정 의미 물질적인 장벽, 재정적인 위험, 빚, 고난 ,자금도피, 일상생활에서의 걱정거리

8 드니에

여섯 개의 꽃봉오리 모양을 한 십자가 주위로 네 개의 잎사귀와 여덟 개의
금화가 각각 대칭을 이루며 놓여 있다. 전체적으로 상단의 금화 네 닢과
하단의 금화 네 닢이 대칭을 이루고, 또한 좌우로 네 개의 금화가 대칭을
이룬 모습이다. 이는 재정상의 안정을 의미한다. 완전히 토대가 잡혀 있는
모습이다.

긍정 의미 권리와 의무, 계약, 유산 상속과 관련된 법적문제, 열심히 일하다
부정 의미 사기, 분규, 재산을 탕진하다, 재능과 능력의 오용

9 드니에

중앙에 네 개의 잎사귀에 감싸인 금화 한 닢이 있고, 위아래에 금화가 네
닢씩 자리하고 있는데, 가운데 금화를 중심으로 동적인 대칭이다. 재정적
으로 현 상태를 유지하며 조화로운 발전을 도모한다.

긍정 의미 지적인 분야에서의 성공, 인격을 갖춘 경영인, 자신에 대한 투자, 시험의 합격
부정 의미 물질적인 의무, 실업자, 금전적인 불안

10 드니에

금화 네 닢이 그림 중앙에 대칭을 이루고 있으며 위아래에는 각각 세 개의
동전이 잎사귀에 감싸여 있다. 창조의 수 3과 안정의 수 4가 절묘하게 기
하학적 구성을 이루고 있다. 따라서 지속적인 만족과 유산 상속, 영속적인
물질을 상징한다. 새로운 주기의 시작, 일의 준비 등을 상징한다.

긍정 의미 새로운 주기의 시작, 정점의 상황, 개선되다, 번영, 재정적인 균형, 끝과 시작의 교차 지점
부정 의미 불운, 파산, 퇴행, 불경기, 추락, 가정의 불화, 과도기적, 복잡한 문제

유동적인 자산, 즐거움과 슬픔 등의 정서적 의미, 연애를 둘러싼 일과 사랑을 부여하는 것들을 다룬다. 가정, 로맨스, 애정생활, 접촉, 친구, 부부 관계를 상징한다. 인체에서 수분, 피, 누수 현상, 심장과 관련 있다. 유동적이고 변화무쌍한 속성을 가지고 있어서 자신은 변하지 않지만 접촉하는 모든 것들을 변화시키고, 다양한 모습으로 우리에게 다가온다. 水의 심벌은 붉은색 액체를 담고 있는 컵의 모양을 하고 있다.

1 에이스 쿠푸

가장 순수한 원소의 상태를 상징한다. 성체와 같이 잘 가공된 장식용의 컵으로 보이기도 한다. 감정의 시작이나 관계의 시작을 상징한다.

긍정 의미 자아, 독립, 미혼, 만남의 시작, 입사 초기, 행복, 임신
부정 의미 고독, 이혼, 애정의 불만, 거절, 몰이해, 마음의 상처, 에고이즘

2 쿠푸

두 개의 컵이 마주보고 있고 하단에는 세 개의 백합꽃 문양이 새겨진 왕관 모양의 컵이 그려져 있다. 컵의 좌측에는 나뭇가지들이, 우측에는 깃털문양이, 아래쪽에는 GM이라는 글자가 보인다. 마주한 컵은 인간관계의 시작을 암시한다. 백합 문양과 GM은 사랑의 의미를 가르키며, '나는 너를 사랑해'의 프랑스어를 약칭한다. 좌우 문양들은 각각 불과 바람을 상징하는 것으로 사업의 파트너를 만나거나 계약을 맺는다는 의미.

긍정 의미 화합, 상호보완, 결합, 사랑의 나눔, 백합꽃 문양은 '사랑을 가르쳐 준다' 는 의미
부정 의미 대결, 배신, 단절, 포기, 간통, 불균형적인 관계

3 쿠푸

하단에는 두 개의 컵이 있고 좌우 대칭을 이루면서 하트 문양이 삼중으로 그려져 있다. 그 안에는 컵 하나가 놓여 있다. 맨 아래쪽 하트 문양의 좌측 상단에는 흰색 문양이, 우측 상단에는 빨간색 문양이 보인다. 이는 음과 양, 곧 남녀의 만남을 의미하며, 나아가 아이의 출산을 뜻하기도 한다. 첫눈에 반하는 사랑을 말하며, 우정에서 사랑으로 발전하는 상황을 암시.

긍정 의미 다이내믹한 사랑, 출산 계획, 우정에서 사랑으로, 하트 문양은 '첫눈에 반하다'는 의미
부정 의미 불륜, 피상적인 관계, 불안정한 사랑

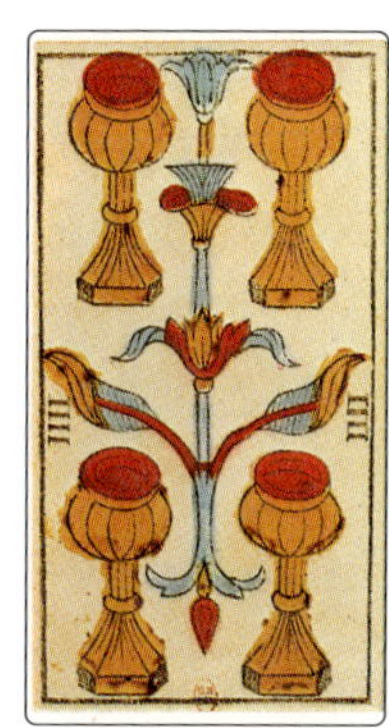

4 쿠푸

하단에 두 개의 컵이 놓여져 있고 좌우 컵의 크기가 비대칭으로 좌측의 컵이 좀더 크다. 좌우 균형이 깨져 있다. 이는 인간관계의 부조화나 불화를 상징한다. 끝이 아래쪽으로 처진 빨강색의 꽃봉오리는 화살촉 모양을 하고 있고 꽃줄기와 잎사귀는 전체적으로 활 모양이다. 화살의 상징성에서 인간관계의 권태, 침체, 슬럼프를 읽을 수 있다.

긍정 의미 인간관계의 안정성, 지속성, 믿음을 주는 사랑, 결혼, 출산
부정 의미 육체적인 관계, 애정관계의 정체성, 감춰진 사랑, 집착, 보수적인 가정, 노예 근성

5 쿠푸

하트 문양 가운데 컵이 있고 양옆으로 꽃이 피어 있다. 그리고 상단의 두 개의 컵 사이에 파인애플 모양의 과실이 보인다. 남국의 정취와 따뜻함을 느끼게 한다. 이는 외국과의 관계가 깊으며 인간관계에 새로운 희망이나 승화된 사랑을 암시한다. 그러나 일시적이고 감각적이며 유토피아적인 사랑을 의미하기도 하며 배우자와의 이별이나 헤어짐을 상징하기도 한다.

긍정 의미 감정 변화, 만남, 창작, 희망, 승화, 헌신, 정신세계의 발전, 그림 위쪽 문양은 국외와 연관됨
부정 의미 일시적인 사랑, 유토피아적인 사랑, 잃어버린 행복, 혼란, 파탄, 바람피우다, 이별, 거짓말

6 쿠푸

여섯 개의 컵이 좌우대칭을 이루고, 화살촉 모양의 꽃봉오리도 상하대칭을 이루고 있다. 팽팽하게 줄다리기를 하는 모습이다. 조화를 이루는 모습 같지만 긴장감이 서려 있다. 상하 양끝으로 뻗은 화살촉 모양이 이를 상징한다. 지금은 조화로운 애정관계이나 예상치 못한 시련이나 갈등이 있음을 예고하고 있다.

긍정 의미 참된 사랑, 예술로 승화된 사랑, 순수한 사랑, 교감, 조화로운 애정관계
부정 의미 부적절한 관계, 비도덕적인 사랑, 대화의 부재, 불행한 과거에 사로잡힘

7 쿠푸

꽃봉오리를 연상케 하는 문양 안에 컵이 놓여 있고, 바로 위에 또 하나의 컵이 보인다. 그리고 두 컵 사이에 빨간색 판막 모양이 가로막고 있다. 중앙의 컵은 아직은 드러날 때가 아님을 상징하고 있다. 적절한 자기표현과 애정관계에서 미래의 가능성을 암시하고 있다.

긍정 의미 영적인 교감, 사랑의 성공, 보편적 사랑, 적절한 감정 표현, 결혼
부정 의미 지배 욕구, 실망, 파괴적인 정열, 충동적인 사랑

8 쿠푸

중앙에 두 개의 컵과 위아래에 각각 놓인 컵은 꽃잎과 잎사귀에 가려져 있다. 감정의 소통이 잘 되지 않는 이미지를 나타낸다. 감정 전달에 문제가 있고 자기중심적임을 암시하고 있다.

긍정 의미 책임감 있는 사랑, 원만한 부부관계, 이해관계에 따른 애정, 화목한 가정생활
부정 의미 위기 상황, 정체, 갈등, 동업상의 문제, 성적인 문제, 이별, 부패

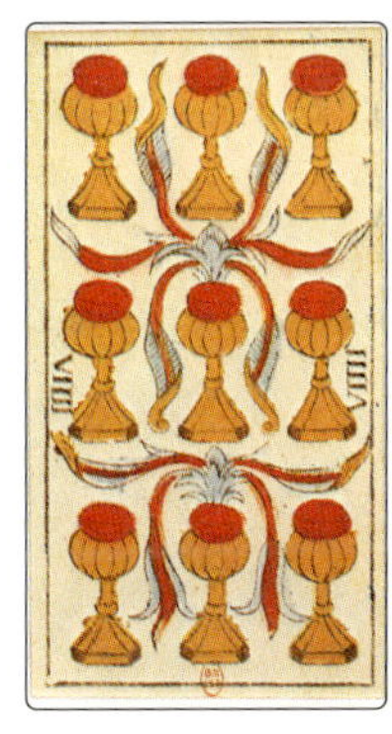

9 쿠푸

아홉 개의 컵들이 세 개씩 짝을 이루고 있다. 하단 가운데 컵을 감싸고 있는 잎사귀의 색깔은 빨간색이나 상단 가운데 컵을 감싸고 있는 잎사귀는 노란색을 띠고 있다. 이는 창조와 생산의 의미를 상징한다. 지금까지의 노력에 대한 보상이거나 결혼을 암시한다. 상단의 대칭을 이루고 있는 여섯 개의 컵과 하단의 세 개의 컵의 숫자에서 6 곱하기 3은 18 즉, 메이저 아카나의 달 카드를 연상하지 않을 수 없다. 가정생활과 경험 또한 6더하기 3은 9, 즉 9개월 출산을 의미한다.

긍정 의미 생산의 힘(임신 9개월), 결실, 새로운 관계의 설정, 신앙의 힘, 정신세계의 힘, 늦은 사랑
부정 의미 일회성 사랑, 관계의 단절, 고통, 기약 없는 사랑

10 쿠푸

상단의 큰 컵이 가로로 눕혀 있고 그 아래에는 아홉 개의 작은 컵들이 보인다. 큰 컵이 아래쪽 작은 컵들에게 자신의 내용물을 쏟아내고 있는 모습을 연상케 한다. 그러나 큰 컵의 뚜껑은 닫혀 있다. 여기서 인간관계의 단절이나 이별, 또는 새로운 만남을 상상해볼 수 있다. 자신의 희생이 있을 때만이 우리는 사랑의 영역에서 만족감과 영속성을 깨달을 수 있을 것이다.

긍정 의미 힘이 되어주는 사랑, 새로운 시작, 재회, 화해, 개선되다, 지켜주는 사랑
부정 의미 단절, 이별, 인기 손상, 복수관계, 동의할 수 없는 일, 미완성

일상생활에서 야망, 창조, 모험, 투쟁, 동기부여의 에너지, 목표, 성장, 성공 등과 관련된다. 또한 주도권, 용기, 탐색, 야심적인 힘, 진취성, 용기 등도 나타낸다. 인체에서는 뼈, 골격, 골수를 상징한다. 불은 그와 닿는 모든 것을 변화시키고 자신이 갖고 있는 속성을 강조, 부각시키는 기질로 볼 수 있다. 인간에게 불은 문명과 문화를 가져다주었다. 火의 심벌은 나무에 불이 붙어 있는 모양이다.

1 에이스 바통

가장 순수한 형태의 원소를 상징한다. 나무등걸을 힘껏 붙잡고 있는 모습. 나무등걸은 위로 갈수록 두텁다. 나무등걸의 좌측에는 빨간색 정아가 두 개, 우측에는 흰색의 끝이 붉은 정아가 한 개 보인다. 새로 자란 정아의 모습이다. 이는 창조적 에너지의 분출을 예고한다. 나무등걸의 모습에서 지휘권이나 열광, 환희를 느낄 수 있다. 이는 강렬한 성적 에너지를 상징하기도 한다.

긍정 의미 에너지의 발산, 낙관적인 것, 힘의 분출, 지휘, 권위, 시작, 영광, 환희, 남성의 성기를 상징
부정 의미 통제력 상실, 발광, 성도착증, 폭력, 정신적 압력의 시작

2 바통

2번 바통부터 잘 다듬어지고 가공된 창의 모습으로 묘사되어 있다. 두 개의 바통이 X자 모양으로 놓여져 있고 그 중심점을 축으로 좌우 각각 두 개의 잎사귀가 대칭을 이루고 있다. 그리고 상하로 각각 한 개의 꽃잎과 봉우리가 대칭을 이루고 있지만 바통과 떨어져 있는 모습이다. 이는 창조적 계획의 시작을 암시하지만 아직은 표현되지 않고 있음을 암시한다.

긍정 의미 화합, 2인자, 제휴, 정적인 감정의 억제, 다스림, 교류, 대화, 협상
부정 의미 대결, 불화, 경쟁, 마음의 욕구불만, 진전이 전혀 없는 것

3 바통

3번 바통에는 2번 바통의 위아래에서 대칭을 이루던 꽃잎과 꽃봉오리가 잘 다듬어진 창의 모습으로 그려져 있다. 이는 어느 정도 만족감과 성취감, 창의성이 있음을 암시하며 일의 시작을 뜻한다.

긍정 의미 의지, 용기, 결단력, 힘의 분출, 독립적인 출발, 성장
부정 의미 낭비, 과잉, 자유분방, 과로, 노력 분산, 서두름

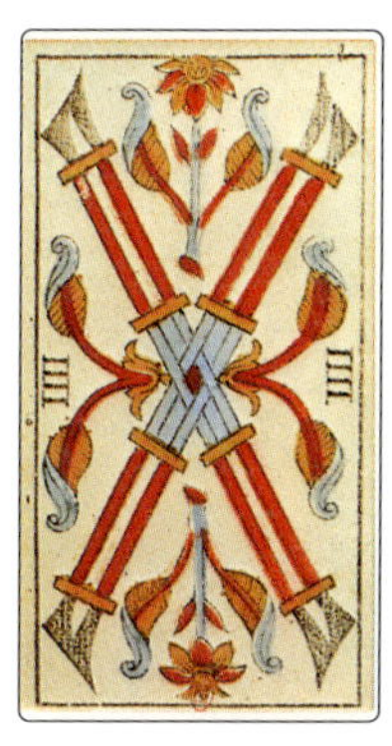

4 바통

3번 바통보다 더 정교하고 세련되게 다듬어진 바통이 두 개씩 짝을 이루며 X자 모양으로 얽혀 있다. 자세히 보면 중심에 붉은색의 점이 있다. 이는 강한 접착력의 상징이다. 그리고 다음 단계로의 모색을 암시한 위아래에는 각각 잎사귀와 활짝 핀 노란색 꽃이 대칭을 이루고 있다. 노력에 대한 보상과 자신을 구축하고 안정으로 가는 모습을 암시한다.

긍정 의미 집을 짓는다, 보호, 노력으로 인한 성공, 꾸준하다
부정 의미 비관주의, 권위주의, 정체성, 융통성이 없음

5 바통

4번 바통의 상·하단에서 대칭을 이루고 있던 잎사귀와 만개한 꽃이 가공되어진 창의 모습으로 변화되어 있음을 알 수 있을 것이다. 이는 자기만족에 그치지 않고 상승하려는 강한 에너지의 상징이라 할 수 있다. 여기에는 반드시 자기 책임이 따른다는 사실을 명심해야 할 것이다.

긍정 의미 물질에서 정신으로의 승화, 승진, 이동, 상황의 개선
부정 의미 타인 및 자신과의 싸움, 자기방어, 배신, 오만

6 바통

더욱 정교하게 다듬어진 바통이 3개씩 짝을 이루며 엑스 자 모양으로 엮어져 있다. 중심에는 붉은색 점 네 개가 보일 것이다. 좌 · 우측에 대칭되어 있는 잎사귀는 5번 바통의 잎사귀보다는 더 크며 꽃봉오리가 보인다. 상 · 하단에 대칭되어 있는 꽃봉오리는 5번 바통의 색깔과는 다르게 빨간색으로 처리되어 있다. 좌 · 우측의 새롭게 나고 있는 꽃봉오리에서 새로운 교류와 개선되어지는 상황을 엿볼 수 있고 또한 중심의 붉은색 점 네 개와 여섯 개의 바통에서 4 + 6 = 10, 즉 새로운 주기를 맞이한다는 의미를 읽을 수 있다. 감성적인 측면에서 새로운 시작과 관계의 개선 등을 암시한다.

긍정 의미 감성적, 이지적인 면과 감성적인 면의 조화, 교류, 인내로서 성취해내다
부정 의미 흐트러짐, 집착, 기회주의, 속임수, 자신감 결여

7 바통

6번 바통의 상 · 하단에 대칭을 이루고 있던 꽃봉오리가 가공된 창의 모습으로 변화되어 있고 좌 · 우측의 대칭을 이루고 있던 꽃봉오리는 만개한 꽃으로 묘사되고 있다. 이는 한 단계 업그레이드된 상황을 암시하고 자신의 능력을 마음껏 발휘할 수 있는 때임을 상징한다. 그러나 지나친 자신감은 오만으로 비추어질 수 있으니 주변과의 조화에 힘쓸 필요가 있다.

긍정 의미 성공, 능력 발휘, 목표 달성, 성적인 만족, 분출하는 힘
부정 의미 사고 , 방향 착오, 에너지의 정체성, 대결

8 바통

더욱 정교하게 다듬어진 바통이 네 개씩 짝을 이루며 X자 모양으로 엮어져 있다. 중심에는 아홉 개의 붉은색 점이 보인다. 상·하단에는 시든 꽃과 잎사귀가 대칭을 이루고 있다. 붉은색 점 아홉 개와 바통의 숫자 여덟 개 즉, 9 + 8 = 17, 17은 다시 1 + 7 = 8 즉, 수비학적으로 8을 강조하는 아카나다. 강력한 투쟁 뒤에 오는 성공, 책임과 권한 등을 암시한다.

긍정 의미 책임과 의무를 잘 이행하다, 물질과 영적인 힘의 조화, 대변신, 진행하다
부정 의미 기복이 심하다, 이상주의자, 허풍쟁이, 재산관련소송, 위기가 다가옴

9 바통

8번 바통의 상·하단에 대칭을 이루고 있던 꽃봉오리가 가공된 창의 모양으로 변화되어 있다. 중심에 빨간색 점 아홉 개와 바통의 숫자 아홉 개 즉, 9 + 9 = 18, 18은 1 + 8 = 9, 즉, 수비학적으로 9를 부각시키는 아카나다. 9는 가장 높은 수이다. 그러므로 광범위한 커뮤니케이션과 일의 완성을 상징한다.

긍정 의미 에너지 조절, 지혜, 영적인 면의 개발, 깨우침, 책임감
부정 의미 은둔해 있는 사람, 침체, 낭비, 지나친 경계, 소극적, 권위의식

10 바통

9번 바통의 상·하단에 대칭을 이루고 있는 하나의 바통이 여기서는 두 개로 짝을 이루고 있는 모습이고 막 피려고 하는 꽃봉오리와 잎사귀가 좌·우측으로 대칭을 이루고 있다. 한 주기가 끝나고 비로소 다른 차원으로 거듭나려는 모습이다. 새로운 시작은 과거의 경험과 경륜에 그 기원을 두지만 과거에 집착해 있으면 새로운 시작은 없을 것이다.

긍정 의미 새로운 주기의 시작, 만족, 독립, 사회적인 성공, 명예
부정 의미 종속되다, 진행이 멈추다, 일을 크게 벌여 실패하다, 오해를 사다, 구설수에 오르다

장애의 극복, 승리, 어려움에서 벗어남, 손실, 고통, 패배, 이별, 예속, 잔인성, 혼란, 복수의 계획, 마음의 양면성, 분규, 소송, 사회적 관계, 표현, 지성 등과 관련이 있다. 인체에서는 심장, 신경 계통, 피를 상징한다. 공기는 눈에 보이지 않고 관념적으로만 느껴질 수 있는 영의 숨결로 받아들여진다. 즉, 형이상학적인 관념들을 구체화, 논리화시키는 과정을 암시하고 있다. 風의 심벌은 칼의 형상이며 모든 것을 칼로 끊어내듯 명확함과 투명성을 강조하고 있다.

1 에이스 에페

가장 순수한 형태의 원소를 상징한다. 힘차게 칼을 쥐고 있는 모습이다. 칼끝에는 왕관이 있고 좌측에는 나뭇잎이 우측에는 깃털 모양이 보인다. 깃털은 4원소 중 공기에 해당하지만 여기선 불 – 왕관의 나뭇잎과 조각 문양이 고대 바이킹이 썼던 룬문자의 SOWELU와 비슷한데, 이는 번개, 에너지 등과 같은 강력한 파워의 상징– 인 창조성을 표현한다.

긍정 의미 이지적, 정의, 개척자, 설득력, 정신을 의미, 상승에 대한 욕망, 강한 자기표현
부정 의미 가변성, 잔인성, 독단적, 공격적, 이기적

2 에페

휘어진 창이 묘사되고 있다. 휘어진 두 칼의 양끝이 붙어 있고 중앙에는 여덟 개의 만개한 꽃잎과 네 개의 잎사귀가 상하로 대칭을 이룬다. 완전한 대칭구조를 이루고 있는 그림에서 투쟁과 갈등의 상황을 일시적인 협조와 공감으로 균형을 맞추고 있음을 알 수 있다. 이러한 인위적인 균형은 언젠가 깨어지게 되어 있다. 우리는 그때를 준비해야 한다.

긍정 의미 풍성하고 좋은 대화, 아이디어를 생산하다, 협조, 공감, 결심
부정 의미 결정을 미루다, 불확실, 경쟁, 협박, 배신, 풀리지 않는 문제

3 에페

중앙의 월계수를 가르며 붉게 솟아나 있는 칼의 모습을 그리고 있다. 좌측 하단의 꽃봉오리가 유독 흰색이다. 남과는 다른 순수한 자아를 그리고 있다. 투쟁과 갈등 속에서 새롭게 시작함을 상징한다.

긍정 의미 전달, 교육, 새로운 콘셉트, 창조 정신, 문필, 기다리던 소식
부정 의미 무질서, 불화, 파괴, 반감, 헤어짐

4 에페

휘어진 칼이 두 개씩 짝을 이루며 양끝은 붙어 있고 상단에는 붉은색 점이 보인다. 중앙에는 빨간색의 꽃봉오리가 보인다. 겉으로 표출되지는 않지만 탄생과 새로운 시작을 위한 휴직의 상황을 암시한다.

긍정 의미 합리성, 책임의식, 사고방식의 안정성, 생각의 구체화 명상, 휴가
부정 의미 유연성 부족, 처세 부족, 갇힘, 물러남

5 에페

중앙에 붉은색 칼이 매달려 있다. 하단에는 붉은색 점이 보인다. 4번 숫자 카드 중앙에 그려진 꽃봉오리와 대조를 이루고 있음을 알 수 있다. 치켜든 칼을 통해 자신에게 주어진 제약을 과감하게 헤치고 나가는 모습으로 볼 수도 있으며, 달리 적대감을 표현하는 것으로 볼 수도 있다.

긍정 의미 관대함, 영적인 세계, 다양성의 추구, 호기심
부정 의미 복수심, 오명으로 피해를 입다, 사특한 생각, 정신적 고통

6 에페

휘어진 칼이 세 개씩 짝을 이루며 양끝이 엮여 있다. 중앙에는 개화되지 않은 꽃이 보인다. 자신을 드러내기보다는 누그러뜨리고 자제하면서 주변 상황에 적응해 나가야 할 때임을 암시하고 있다.

긍정 의미 입장이 개선되다, 적응력이 뛰어나다, 예술성이 드러나다, 타협하다
부정 의미 표현의 불안정, 미해결의 현안, 애정을 미끼로 한 협박, 송사(訟事)에 휘말리다

7 에페

중앙에 빨간색 칼이 매달려 있다. 6번 숫자카드 중앙에 개화되지 않은 꽃과 대조를 이룬다. 정체되어 있던 상황을 극복하고 자신 있게 해결해가는 모습을 상징한다. 융통성과 재치가 필요함을 암시한다.

긍정 의미 분쟁의 해결, 계획의 완성, 지적인 성공, 자신을 소중히 여기다, 완벽한 일처리
부정 의미 파괴적인 생각, 권위주의, 교활함, 위선적인 사람, 고독, 약물중독의 위험

8 에페

휘어진 칼이 네 개씩 짝을 이루며 양끝이 엮여 있다. 중앙에 별 모양의 꽃잎이 놓여 있다. 흡사 2번 어페 숫자카드의 중앙에 놓인 무늬를 닮았다. 일시적인 협조와 공감을 뜻하지만, 그렇게 임기응변의 처세로는 상황이 해결되지 않을 것이다. 자신이 관계를 맺고 있는 사회란 무엇인지 생각해봐야 한다. 이에 대해 근본적인 인식의 전환이 필요할 때다.

긍정 의미 단기적 만족, 사고의 전환, 발전을 위한 변화, 희생정신, 실용주의, 자기통제
부정 의미 포기, 불확실, 불운, 죄의식, 완벽한 실패, 자신 또는 타인으로부터의 간섭, 제약

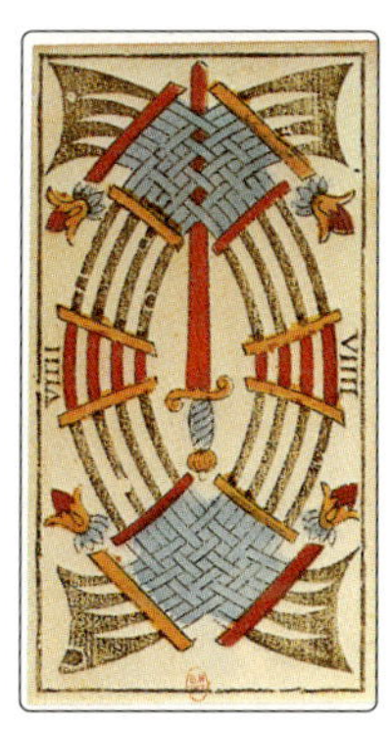

9 에페

휘어진 칼이 네 개씩 짝을 이루고 있으며 중앙에 빨간색 칼이 묶여 있다. 여기서 4원소 중 공기와 9라는 수비학적 개념을 연상하면 이해하기가 좋을 듯하다. 현실적인 인식보다는 형이상학적이고 철학적인 관념에 기대어 이야기하고 있다. 또한 현실문제보다는 관념적인 문제에, 자신에 대한 문제보다는 자기 이외(타인, 국가, 인류, 신)의 문제에 몰두해 있는 상황을 암시한다.

긍정 의미 범우주적인 사고방식, 철학, 박애주의, 총결산의 의미, 실현의 보상
부정 의미 육체적인 무능함, 딜레마, 지체, 기약 없는 기다림, 이성을 기피함

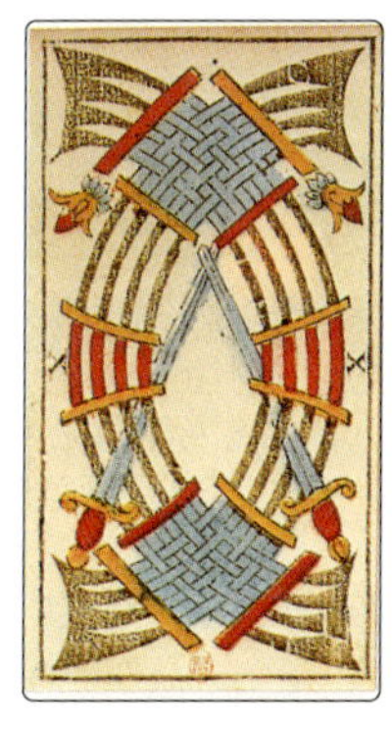

10 에페

휘어진 칼이 네 개씩 짝을 이루며 중앙에 두 개의 하늘색 칼끝이 닿아 있다. 좌측 하단의 칼을 보면 그 끝이 우측 상단의 빨간색 선에 닿아 있고 우측 하단의 칼은 그 끝이 좌측 상단에 떨어져 있다. 한 과정이 끝나고 다른 과정이 시작됨을 상징한다. 40장으로 이루어진 숫자카드 중 가장 강력한 에너지다.

긍정 의미 새로운 건설, 완성, 수직 상승, 새로운 희망, 재생
부정 의미 실패한 계획, 자폐증, 통찰력 부족, 지나친 고집, 큰 낭비, 사고의 위험

점성학적 풀이

인물카드와 점성학의 관계

각 인물 아카나는 황도 12궁 별자리와 연관지어 생각해볼 수 있다. 지ㆍ수ㆍ화ㆍ풍 이 4원소의 개념에 상응해 기사, 여왕, 왕을 12장으로 분류할 수 있기 때문이다. 여기서 시종 아카나는 제외시킨다. 그 까닭은 시종이 각 원소의 초기 상태를 의미하기 때문이다. 메이저 아카나의 바보카드가 쓰이는 방식과 연관지어 본다면 쉽게 이해되리라 생각한다. 즉 아직은 아무것도 이루어 놓은 것은 아니지만 가능성은 무한한 변수로 생각하면 좋을 듯하다. 약방의 감초처럼 생각하라는 것이다. 아래 도표를 참고하길 바란다.

인물카드와 황도 12궁 별자리의 관계

	왕	여왕	기사
흙地	산양자리	처녀자리	황소자리
물水	물고기자리	전갈자리	게자리
불火	사수자리	사자자리	백양자리
공기風	물병자리	천칭자리	쌍둥이자리

황도 12궁에 상응하는 인물 카드의 이미지 풀이

드니에 왕 (산양자리)

당당하게 앉은 모습이 꾸준한 노력과 인내로 성공한 이미지다. 지극히 현실적이고 근면한 야심가 타입이다. 지위와 경력 면에서 정상에 도달하려 애쓴다. 적당주의를 용납지 않으며 빈틈없이 계획하고 일을 추진하는 특징이 강하다. 늦더라도 확실하게 일을 처리해야 직성이 풀리며 기회를 놓치지 않고 반드시 손에 쥔다. 차가운 하늘색 땅의 이미지에서 겨울, 곧 산양자리임을 알 수 있다.

드니에 여왕 (처녀자리)

금화를 쳐다보는 것은 논리적인 사고와 일처리 방법의 뛰어남을 상징한다. 현실에서 원하는 바를 온전하게 추구하려는 자세를 엿볼 수 있다. 좀 더 나은 삶의 가치를 추구하기에 내면세계에 관심도 많고 기술적인 것에 대한 감각도 뛰어나다. 이론가답게 분석력도 강하다. 이성관계에서 세심하지만 자기 표현력이 약하다. 임신한 모습에서 생산과 결실을 의미하는 처녀자리임을 알 수 있다.

드니에 기사 (황소자리)

비옥한 땅의 색채가 생동감을 준다. 기사의 몽둥이는 풍요를 가져다주는 상징이다. 이재에 밝고 현실 감각이 뛰어나다. 현실성을 띤 가시적인 일에 강한 집중력을 보인다. 기사의 말은 왜소하지만 탄탄하고 지구력이 강해서 장거리 여행이나 비즈니스에 적합해 보인다. 사업상 여행이나 이동으로 볼 수 있다. 금화에 붙박여 있는 시선은 은근한 사랑을 추구하는 이미지. 황소자리의 특징이다.

쿠푸 왕 (물고기자리)

깨진 컵을 쥔 모양에서 위선적인 면이 느껴진다. 감정에 따라서 판단하는 다분히 몽상가적 기질이 있어 보인다. 왕의 모습이지만 권위적이거나 거들먹거리는 모습은 아니다. 오히려 왕위를 부담스러워하는 듯하다. 깨진 컵은 분명 자기헌신과 희생의 이미지며 물고기자리와 관련된다.

쿠푸 여왕 (전갈자리)

뚜껑이 닫힌 컵을 든 모습에서 자기감정을 잘 드러내지 않고 마음에 담아 두는 이미지를 엿볼 수 있다. 그녀의 표정에서 느낄 수 있듯이 삶의 문제를 절대로 가볍게 대하지 않는 진지함을 알 수 있다. 이러한 이미지들은 전갈자리의 상징과 그대로 통하고 있다.

쿠푸 기사 (게자리)

컵을 든 모습에서 수줍고 소심하고 내성적인 성격을 읽을 수 있다. 그가 탄 말은 힘차고 리듬감 있게 앞으로 나아가지만 그 자신은 확신이 서지 않는 표정이다. 상대방이 먼저 다가오기 전에는 자신이 적극적으로 다가서지 못한다. 수동적이고 감수성이 예민해서다. 그러나 사랑을 확인한 순간 상대방이 부담스러워하리만큼 애정을 쏟는다. 이는 게자리의 상징성과 일치하고 있다.

바통 왕 (사수자리)

잘 다듬어진 창끝처럼 뾰족한 황금색 봉에서 문학, 미술 등 같은 예술적인 창조성을 느낄 수 있다. 뾰족한 봉의 끝은 나침반의 화살과 연관된다. 화살은 사수자리의 상징이다. 의식을 확장해 정신적으로 성장하기를 갈망하는 모습도 사수자리의 특징을 보여준다. 자신이 소유한 지식과 아이디어를 기꺼이 주려고 하며, 현실성은 부족하나 원대한 이상과 정리된 이론을 갖고 있다.

바통 여왕 (사자자리)

여왕이 든 큰 몽둥이, 그녀의 붉은색 옷과 황금색 머리카락은 강렬한 자기 인식을 상징한다. 당당하게 앉은 여왕의 자태에서 개방적이고 솔직하며 대담한 성격이 느껴진다. 대상을 차지하려는 강한 욕망을 보여주는 자신감 넘치는 모습이 사자자리의 이미지를 반영하고 있다.

바통 기사 (백양자리)

기사가 쥔 몽둥이에서 봄의 생명력 같은 원초적인 에너지가 느껴진다. 그의 잠재력을 과감히 표출하려 한다는 것을 뜻한다. 선두에 서서 다른 사람을 이끄는 모습은 미지의 세계에 대한 동경, 모험과 용기, 강한 리더십을 나타난다. 이는 백양자리의 기질을 반영한 것이다.

에페 왕 (물병자리)

왕의 양어깨에 돋을새김된 남과 여의 얼굴 무늬는 양과 음, 교류, 새로운 것을 받아들이는 데 유연함을 상징한다. 전체적인 상황을 중시하며 잘못을 바로잡고 공정한 입장에서 자신의 태도를 취하는 모습이며, 이는 물병자리와 연관시켜볼 수 있는 이미지다.

에페 여왕 (천칭자리)

냉정하고 이지적인 모습에서 자기에게 유리한 상황이 아닐 때 매우 편파적이고 배타적인 자세를 취하는 단점을 볼 수 있다. 타인에게 신뢰를 주려 애쓰기 때문에 냉정하게 보이기도 한다. 그러나 그 이면에는 풍부한 감성 과 재치, 섬세함도 함께 배어 있다. 이는 천칭자리의 특징이다.

에페 기사 (쌍둥이자리)

말을 탄 기사 앞에 어떤 장애물이 있어 말이 주춤하는 상황이다. 계속 나 가느냐 멈추어 서느냐 하는 갈림길에 서 있는 모습이다. 그는 주어진 장애 를 기꺼이 뛰어넘으려는 기세다. 변화, 기동성, 도전, 호기심과 모험을 좋 아하는 것은 쌍둥이자리의 특성을 나타낸다.

숫자카드와 점성학과의 관계

40개의 숫자 아카나는 각각 10개씩 물, 불, 공기, 흙의 4원소로 구성되어 있다. 숫자 아카나에서 1, 2, 3은 활동을 4, 5, 6은 고정을 7, 8, 9는 변화를 나타낸다.

	활동(초기)	고정(중기)	변화(말기)
地	1, 2, 3 산양자리	4, 5, 6 황소자리	7, 8, 9 처녀자리
水	1, 2, 3 게자리	4, 5, 6 전갈자리	7, 8, 9 물고기자리
火	1, 2, 3 백양자리	4, 5, 6 사자자리	7, 8, 9 사수자리
風	1, 2, 3 천칭자리	4, 5, 6 물병자리	7, 8, 9 쌍둥이자리

1부터 10까지의 숫자는 태양계의 10행성과 상응하여 그 상징성을 부여할 수 있다. 복잡한 설명보다는 다음 도표를 참고하는 게 도움이 될 것이다.

드니에 地

번호	행성	유형	원소	의미
1	태양	고정	火	계획이 현실화. 새로운 수입원 생김
2	달	활동	水	변화에 적응함. 수입과 지출의 균형
3	수성	변화	風	뛰어난 기술력. 현실 감각이 탁월함
4	금성	고정	地	직업이 안정됨. 경제적 기반이 생김
5	화성	활동	火	일시적 슬럼프. 수입과 희망의 도래
6	목성	변화	火	이익을 창출함. 정당한 대가에 만족
7	토성	활동	地	열심히 노력함. 결과에 묶이지 않음
8	천왕성	고정	風	왕성한 수입원. 재정상 안정을 이룸
9	해왕성	변화	水	물질적인 자립. 생활에 자신감 생김
10	명왕성	고정	水	풍부한 자금력. 생활의 안정이 지속

쿠푸 水

번호	행성	유형	원소	의미
1	태양	고정	火	자기를 파악함. 사랑에 눈뜨기 시작
2	달	활동	水	균형적 관계임. 정서적 공감대 형성
3	수성	변화	風	관계가 깊어짐. 사랑의 기쁨을 만끽
4	금성	고정	地	일시적 슬럼프. 사랑이 침체를 겪음
5	화성	활동	火	실망감이 커짐. 지나친 기대가 원인
6	목성	변화	火	관계가 흔들림. 조화된 관계를 갈망
7	토성	고정	地	고집과 망설임. 아집을 버리지 못함

8	천왕성	고정 風	상대에 실망함. 소통되지 않은 사랑
9	해왕성	변화 水	행복한 가정임. 둘의 사랑이 깊어짐
10	명왕성	고정 水	상대에게 헌신. 따뜻한 관계의 지속

바통 火

1	태양	고정 火	야심이 가득함. 새로운 발상의 전개
2	달	활동 水	목표가 명확함. 진전이 없어 어려움
3	수성	변화 風	부분적인 성장. 성취감에 대한 열망
4	금성	고정 地	조화와 균형감. 일이 궤도에 진입함
5	화성	활동 火	모험심이 생김. 새 일을 일부 성취함
6	목성	변화 火	인내와 성실성. 상황을 확실히 파악
7	토성	고정 地	상황을 돌파함. 아집을 버리지 못함
8	천왕성	고정 風	순조로운 진행. 무리하지 않도록 함
9	해왕성	변화 水	뜻밖의 일상사. 주변을 돌아볼 기회
10	명왕성	고정 水	새로운 관심사. 일의 규모를 줄여감

에페 風

1	태양	고정 火	의지를 발휘함. 자신의 의지로 성공
2	달	활동 水	결정을 연기함. 불활성화 된 상태임
3	수성	변화 風	견딜 만한 이별. 고통스럽지 않은 끝
4	금성	고정 地	일시적인 휴식. 조용히 자신을 돌봄
5	화성	활동 火	언행을 조심함. 복수를 의도한 행동
6	목성	변화 火	처지가 개선됨. 여전히 문제가 남음

7	토성	고정	地	처세가 필요함. 스스로 해결책 찾음
8	천왕성	고정	風	간섭이 많아짐. 행동에 제약을 받음
9	해왕성	변화	水	고뇌와 괴로움. 물심양면이 피폐해짐
10	명왕성	고정	水	새로운 계획안. 희망이 다시 돌아옴

제 3 장
마르세유 타로에서 "해석" Reading 이끌어내기

운명의 드라마

이 장에서는 지금까지의 타로카드에 대한 상담 실례로 필자가 여러 사람들과의 상담을 통해 얻은 데이터를 토대로 서술해보기로 하겠다. 우선은 타로카드를 뽑는 방법에 대해서 알아보자.

타로카드는 배열법이 특별히 정해져 있는 것은 아니다. 흔히 일반 타로카드에서는 여러 배열 방법이 소개되어 있는 것으로 아는데, 그 자체도 하나의 약속이므로 규정된 틀에 얽매일 필요는 없다. 가장 좋은 배열법은 독자들 스스로가 자신에게 맞는 것을 선택하면 되는 것이다. 여기에서는 필자가 타로 상담할 때 즐겨 사용하는 배열법을 예로 삼아 설명하려 한다. 타로카드 뽑기는 기본 3장으로 한다.

수비학적 개념으로 〈1 + 1 = 2〉, 하나와 하나가 만났을 때 둘이 되고, 이에 생산적인 의미로 또 다른 하나 〈2 + 1 = 3〉, 즉 한 장을 뽑고 섞기(셔플)가 끝난 카드의 처음 것과 맨 마지막의 카드를 뽑아 3장을 구성하여 상징하는 운의 흐름을 해석하는 방법이 있다. 다른 한 방법으로는 임의로 2장을 뽑고 두 장의 의미에 대한 한 장의 결과로서 다른 한 장을 무작위로 더 뽑아내는 방법이 있다.

또 다른 방법으로, 임의로 2장을 뽑고 2장 안의 숫자를 더해 그 숫자에 해당하는 카드를 찾아내어 해석하는 방법이다. 이러한 방법으로 3장을 동일하게 뽑아 읽는 것이다. 좀더 구체적인 내용을 알고자 할 때에는 보충적으로 3장을 더 뽑아 총 6장으로 상담하는 방법을 필자는 애용하고 있다.

그러나 이 방법들 말고도 다른 방법이 있을 수 있다. 이에 관해선 여러분 나름대로 연구하면 좋을 것이라 생각한다. 자신의 독창적인 배열법에 자기 이름을 붙여 남들에게 일러주는 것도 흥미로울 것이다. 그러면 이제 구체적인 사례를 통해 위에서 설명한 배열법을 적용해보기로 하자.

타로카드 해석은 이야기 만들기

타로 읽을 때 주의할 점

1   타로카드는 게임용 카드가 아니라 점술용 카드다.

2   타로카드는 중세 서양 전통을 간직한 뿌리 깊은 역사성을 지니고 있다.

3   타로카드와 친해지려면 대비밀 카드 22장의 상징을 완벽히 파악해야 한다.

4   소비밀 카드 56장은 주로 구체적 사건이나 상황을 읽을 때 사용한다.

5   타로카드에서 수비학적 상징은 함부로 이용해서 안 되는 매우 난해한 해석 체계다.

6   스프레드한 타로카드 읽기는 무엇보다 자기의 마음을 읽는 것임을 명심한다.

7   타로카드는 운명을 점치는 것이 아니라 운명의 지침을 얻을 수 있을 뿐이다.

8   타로카드는 닫힌 체계가 아니라 열린 체계이므로 계속 새롭게 만들어질 수 있다.

9   타로카드 읽기에서 가장 중요한 것은 이야기를 만들어내는 것이다.

10   이야기는 누구도 아닌 자신의 이야기라는 사실을 명심하고 자기의 마음을 들여다봐야 한다.

11   타로카드 마스터는 깊이 있는 공부와 긍정적인 마음을 가진 사람만이 되는 것이다.

12   부정적인 해석에 집착하면 부정적인 결과를 얻게 되므로 가능한 한 객관적인 해석이 좋다.

13   타로카드로 남의 운명을 섣불리 예단해선 안 된다.

14   타로카드를 깊이 읽어내려면 선입견과 편견을 버리고 또 버려야 한다.

메이저 카드로 이야기 만들기 – 실례 Best 15

Q 나와 마주 앉은 남자는 얼굴이 좀 야윈 편이었다. 그는 32살로 마음속에 한 여인을 담아두고 있는데, 프러포즈를 한다면 그녀와 사귈 수 있을 것인지를 궁금해 했다. 남의 은밀한 개인사에 개입하고픈 맘은 추호도 없었지만 그는 지푸라기라도 잡고픈 심정이라며 타로카드를 읽어줄 것을 부탁했다. 타로에 너무 영향을 받지 않겠다는 전제 아래, 먼저 그의 마음속에 있는 진짜 그림을 그리자는 뜻에서 타로카드 스프레드를 실행했다. 이 때 나와 그의 위치는 따로 없다. 나는 그를 위해 매개가 될 뿐이다.

20번 심판

10번 운명의 수레바퀴

2번 여자 교황

우리는 배열된 카드를 보면서 한동안 말이 없었다. 그리고 차분하게 하나씩 카드를 읽어나갔다. 20번 심판은 사내가 오랫동안 기다렸던 이상형을 만났다는 것을 보여준다. 나는 그에게 그녀를 만나 행복하지 않느냐는 말을 건넸고 그는 고개를 끄덕였다. 10번 운명의 수레바퀴는 그녀와 어떤 계기가 마련되어 진한 인연이 있음을 암시한다. 그는 그녀와 우연이라고 보기엔 너무나 이상하게 자주 마주치고 뜻밖의 사건으로 자주 묶인다고 했다.

마지막으로 2번 여자 교황은 그녀가 매우 지성적인 면모를 갖춘 인물임을 보여준다. 일정한 교육수준을 넘어 삶을 주도적으로 꾸려갈 정도의 주체성을 지닌 여인이라는 것이다. 나는 그에게 그 여인이 훨씬 더 능동적으로 두 사람의 관계를 이끌어나갈 것이라고 말했다. 그 사내에게 그것을 낯설게 받아들이지 말고 사랑하는 마음으로 그녀를 지켜주라고 부탁했다. 독서나 지적 교류를 통해 둘 사이는 더욱 깊고 두터워질 것이다. 사내가 어떤 만남을 형성해 가는지 나는 지금 알지 못한다. 하지만 그날 그는 책을 사기 위해 서점에 들르겠다며 일찍 자리를 떴다. 그녀를 위한 선물은 책이 좋을 것이다.

Q 언니의 건강을 걱정하는 20대 후반의 여인과 이야기를 나누었다. 그녀의 언니는 젊은 나이에 뇌졸중을 앓아 몸의 절반을 쓰기가 불편한 상황에 있다고 했다. 거동이 편치 않은 언니를 보면서 속앓이를 많이 한다고 털어놓았다. 지금은 건강이 호전된 상태지만 앞으로 어찌 될지 걱정이라는 얘기였다. 여자로서 결혼, 출산 등과 같은 일상적인 삶을 영위할 수 있을지 안타까운 마음으로 타로카드를 열어보았다.

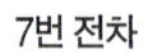

7번 전차

2번 여자 교황

8번 정의

이 카드들에는 주목할 만한 공통점이 있다. 3장의 인물 모두가 앉아 있는 형상이다. 묘하게도 여인의 상태를 암시하는 일련의 이미지가 나온 것이다. 그녀의 언니는 거동이 불편하고 특히 하체에 문제가 있다고 했다. 전차의 바퀴는 휠체어의 바퀴를 연상시킨다. 그리고 2번 여자 교황에서는 장녀로서 부모의 기대가 크다는 사실을 보여준다. 그녀는 자라면서 많은 기대를 받아왔던 것이다. 그렇다면 그 장래는 어떻게 될까. 나는 그녀에게 언니가 완쾌하기까지 그리 오랜 시간이 걸리지 않을 듯하다고 말해주었다. 그 까닭은 다음과 같다.

건강문제 상담을 하면서 얻은 통계적인 수치로 보면, 높은 숫자의 대비밀 카드가 많이 나올 때는 어려서부터 잔병치레를 하며 자랐다거나 생사의 고비를 넘나드는 큰 병을 앓았던 병력의 소유자들이 많았다. 또한 높은 숫자로 올라갈수록 색깔이 연해지면서 옷을 벗게 되는 카드의 특징을 확인할 수 있다. 반대로 낮은 숫자일수록 색깔이 진하고 옷을 두껍게 입고 있다. 분명 언니의 병은 생활습관에서 생긴 것이고 지병이 아닌 만큼 완쾌에 그리 오랜 시간이 걸리지 않으리라고 희망을 전할 수 있었던 것이다.

Q 사랑엔 늘 갈등이 구름처럼 끼어들게 마련이다. 하지만 이를 슬기롭게 헤쳐가야 비로소 참된 사랑의 세계에 도달할 수 있다. 이 사례는 일상적인 것이다. 어느 날 31살 먹은 한 남자가 일년 반을 사귄 여자친구와 갈등을 겪고 있다고 말하면서 죽상을 하고 있었다. 여자친구가 무언가 오해를 하고 있는 것 같은데 아무리 물어보아도 말을 하지 않는다는 것이었다. 그 남자는 여자친구와 만남을 지속할 수 있을지, 아니면 인연이 다한 것인지 어지러운 마음을 종잡을 수 없다는 하소연이었다. 그래서 나는 타로카드를 통해 그의 운이 어떨지를 점쳐 보기로 했다. 물론 그는 불안한 표정으로 카드를 응시하고 있었다.

16번 신전

6번 애인

18번 달

A먼저 나는 그에게 안심하라고 일렀다. 카드는 나쁜 이미지를 주지 않고 있다고. 16번 신전은 그녀의 마음에 변화가 있음을 말한다. 그녀는 급격한 심적 변화를 일으켰는데, 그것은 나쁜 것이 아니라 새로운 마음가짐이 생겨났음을 의미한다. 나는 그에게 그녀가 모종의 결심을 한 듯하다고 말해주었다. 6번 애인은 이를 강화하는 카드다. 그녀는 새로운 관계를 원하고 있는 것이다. 하지만 갈등 요소가 없는 것은 아닌 듯했다. 부모나 주변의 반대가 예상되는 결정이기 때문이다.

18번 달은 그녀가 자신을 비추어줄 태양을 그리워하고 있음을 나타낸다. 그렇다면 그가 그녀에게 청혼을 할 때가 온 것이다. 그 남자의 애인은 그와 헤어지려는 게 아니라 오히려 그와 미래를 열고 싶은 열망에 갈등을 하고 있었던 것이다. 그가 눈치를 못 채고 있을 뿐, 그녀의 마음은 한결같이 그를 향해 있다. 이들에겐 은총의 이슬, 지복의 순간이 기다리고 있었다. 그 남자는 계면쩍은 얼굴로 나를 바라보았다. 나는 이러지 말고 어서 전화를 하라고 타일렀다. 창밖에는 어둠이 내리고 있었다. 도시의 탁한 대기 속에서 달은 보이지 않았지만, 누구나 달이 저 하늘에 빛나고 있음을 잘 알고 있다. 어둠은 그렇게 달빛을 안고 조용히 흘러가고 있었다.

Q 한눈에 봐도 끼가 있어 보이는 여인이 상담을 의뢰해 왔다. 분위기 와 느낌만으로도 그녀의 끼는 남달랐다. 상담 분야에서 이미지만으 로 미리 앞서 의뢰인을 판단하는 일이 비일비재하다. 그러나 선입견은 주관적 인 판단으로 흐를 수 있기 때문에 상담가에게는 그리 좋은 것이 아니다. 그녀 에게서 풍겨오는 느낌을 뒤로하고 우선 그녀가 객관적인 마음을 갖도록 조금 은 냉정한 어조로 타로 상담에 대한 몇 가지 상식을 설명하자 그녀는 천천히 자신의 이야기를 시작했다.

그녀는 언제나 사랑에 대해 부족함을 느낀다고 했다. 지금까지 로맨틱한 연 애 한 번 제대로 못해봤고 그나마 있던 경험도 고통스러운 기억으로 남아 있 다. 불안한 그녀의 말 속에서 뚜렷한 핵심을 찾기가 쉽지 않았다. 다만 두 개 의 큰 갈등 속에서 극단적으로 하나만을 선택한 자신을 질책하면서, 다른 한 편으로는 비로소 현실을 직시한 모습으로 조심스레 3장의 카드를 펼쳤다. 그 녀에게는 또 한 번의 큰 결단이 기다리고 있었다.

10번 운명의 수레바퀴

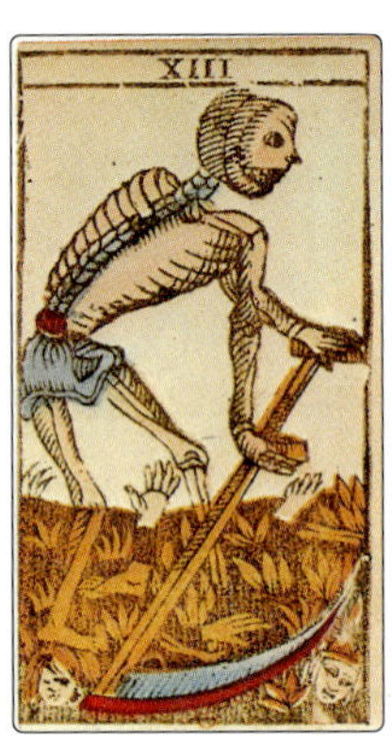

13번 무명

15번 악마

30대 초반의 이 여인은 인생에서 자신이 원하는 모든 것을 소유할 수 없다는 진리를 깨닫지 못한 것 같다. 경제적으로 어려움 없는 편안한 결혼생활이었지만 남편의 무관심은 그녀를 외롭게 만들었다.

하루하루 쓸쓸하게 보내던 그녀에게 어느 날 외로움을 달래주는 사람이 나타났다. 안정되지만 매일 반복되는 무료함의 이미지를 보이는 10번 운명의 수레바퀴와 15번 악마의 유혹 사이에서 13번 무명 카드가 의미하는 바처럼 환골탈태를 꿈꾸는 그녀가 서 있다.

인생의 길을 걷다 보면 원하는 길이 아니어도 가야만 하는, 갈 수밖에 없는 때가 있다. 그러나 악마의 횃불이 새로운 인생을 밝혀줄 것이라고 믿었던 것일까. 결국 새로운 인생에 대한 갈망과 사랑을 선택한 그녀는 이혼을 한 후 새로운 사랑이라 여겼던 남자와 살고 있으나 경제적인 어려움이 닥치자 사랑의 달콤함이 사라진 듯했다. 새롭게 닥친 문제와 방황에 그녀는 스스로가 어떤 선택을 하든지 자신에게는 짊어지고 가야 할 십자가가 있다고 말했다.

그러나 그녀에게 10번 운명의 수레바퀴는 뛰쳐나가고 싶은 굴레가 될 수도 있지만 다르게 보면 자신이 풀어나가야 할 섭리가 될 수도 있다. 이미 그녀는 새로운 삶과 사랑에 대한 갈망으로 자신의 틀을 스스로 벗어났기 때문에 무엇보다 현재 자신이 선택한 상대방의 부족한 부분을 인정하고 소중하게 받아들여야 한다. 지난 일을 자책하는 것은 소용없다. 그보다는 앞으로의 일을 계획하고 새롭게 일어날 준비가 필요함을 일러주었다. 작은 일부터 자신이 할 수 있는 것을 찾아보는 것만이 그녀가 지금 할 수 있는 최선의 방법이다.

Q 불혹의 나이를 앞둔 여인의 목소리는 슬픔이 가득 배어 있었다. 그녀에게는 10년 넘게 뜨거운 사랑을 나눴던 남자가 있었지만 헤어지게 되었고 그는 결혼을 해 이제는 남이 되어 각자 삶을 살아가고 있다. 그런 그가 얼마 전 자신의 집 근처로 이사를 오게 되었다. 옛사랑에 힘겨워하던 그녀는 그를 잊으려 다른 사람을 만나보기도 했지만 3개월을 넘긴 것이 손에 꼽을 정도다. 그녀에게 이런 우연한 만남은 그와 자신이 다시 한 번 이어질 운명적 징조로 여기게 만들었다.

그러나 현실은 현실이다. 그녀 또한 이성적 사고를 하는 사람이기에 용기를 내어 상담에 응한 것이리라. 상담에 앞서 그녀의 애달픈 마음이 안쓰러웠다. 나이가 들면서 늘어만 가는 외로움과 삶의 무게가 힘겨워 보는 이로 하여금 슬픔을 자아내게 만드는 그녀의 앞에 카드를 펼쳐 보았다.

0번 나그네

4번 황제

18번 달

4번 황제가 0번 나그네와 마주보고 있는 대목은 자신의 자유로웠던 풋사랑에 대한 기억을 잊지 못하는 상징으로 보아도 좋을 것이다. 과거에 대한 회상이나 첫사랑의 아련하고도 가슴 설레던 추억만큼 어두운 마음을 비추어주는 기억은 없다. 그러나 앞을 보고 가야 할 사람에게 추억을 회상하는 시간이 너무 길었다. 새로운 남자가 다가오고 좋은 인연으로 이어질 수 있는 모든 상황을 포기했기 때문이다. 4번 황제 카드에 이어 18번 달은 그녀가 현재 안정을 되찾고 안주할 수 있는 가정이 있지만 옛 남자에 대한 기억이 걸림돌이 되어 이를 막고 있는 것으로 볼 수 있다.

그녀의 앞에 좋은 기회가 얼마든지 있음에도 불구하고 당장 눈앞의 옛 기억 속에서 허송세월만 보내고 있는 그녀에게 부디 마음을 굳게 다잡기를 당부했다. 집을 얻고 가정을 이루며 자녀를 두는 등 더 큰 행복과 아름다운 추억을 만들 수 있는 미래를 스스로 포기하는 것은 어리석은 일이다. 평생 한 사람을 위해 혼자 살면서 기원하는 수행인이 되고 싶지 않다면 과거에 대한 헛된 회상은 그만 접어두어야 할 것이다. 그것은 자신의 인생이 낭비됨은 물론 늙어가는 부모에게도 큰 불효다.

Q 하얀 웨딩드레스의 설렘과 새 출발의 기쁨이 아름다운 기억으로 사진첩에 고이 간직된 지 벌써 10년의 세월이 훌쩍 지났다. 아직도 식지 않은 애틋한 사랑과 깊은 부부애는 주변 사람들에게 있어서 부러움의 대상이다.

남편은 결혼 후 얼마 안 돼 사업에 크게 실패한 후 배를 타게 되었다고 한다. 일명 마도로스가 된 것이다. 6개월에 한 번, 때로는 10개월에 한 번 재회하는 이 부부에게 사랑은 세월이 흐를수록 비례되는 축복이자 만날 수 없어 안타까운 슬픔이었다. 눈에서 멀어지면 마음에서도 멀어진다는 말이 있지만 이 부부에게는 통하지 않았나 보다. 그들을 로맨티스트로 보는 이도 있었고 한편으로는 특이한 사람으로 보기도 했지만, 그녀는 아랑곳하지 않았고 그들의 사랑은 점점 커져갔다. 아이 욕심이 많지만 여건상 아직 아이도 하나밖에 없는 두 사람 사이에 그녀가 바라는 애정운 또한 짐작할 수 있다. 우선 그녀가 뽑은 3장의 카드를 살펴보자.

15번 악마

19번 태양

9번 은자

A 우선 가운데 19번 태양 카드에 주목할 필요가 있다. 태양 아래 두 아이의 만남은 서로를 바라고 살아가는 이유를 상징하고 9번 은자는 끊임없이 귀인을 기다리듯 등불을 밝히고 낭군을 기다리는 그녀의 마음을 그리고 있었다.

횃불을 든 15번 악마의 모습은 치열한 삶의 생존자로서, 아내와 가족에 대한 사랑이 또 다른 형태로 나타난 남편의 모습이다. 이미 오랜 세월 두 사람 사이에는 이런 식의 삶의 패턴이 반복되어 와서 그런지 특별한 건 아니지만 가장 중요한 질문 한 가지를 해왔다. 그것은 바로 남편과의 사랑이 변치 않겠느냐는 것이다. 질문이 끝남과 동시에 그녀의 큰 눈에서 굵은 눈물이 흘러내렸다. 내가 해줄 수 있는 답변은 그들이 만약 함께 붙어서 살았다면 이러한 사랑을 느끼기 어려웠을 것이라는 궁색하면서도 통상적인 이야기일 뿐이다. 누군가를 그리워하고 설레는 마음으로 사랑을 기다리는 그녀의 모습은 세월을 초월해 감동을 주는 좋은 사례라 생각된다.

Q 부모님으로부터 받은 재산도 꽤 많고 안정된 사업체도 운영하고 있는 30대 후반의 여인에게는 여전히 채워지지 않는 목마름이 있었다. 나이가 있으니 어서 결혼도 하고 아이도 낳고 싶은데 자신의 인연이 언제 나타날지, 결혼운이 있기는 한지 의심스러웠다. '운'이라는 애매모호한 표현을 하는 그녀에게 우선 이상적 남성상에 대해 물었다. 고급스럽고 스타일을 중시하는 그녀는 자신의 재산을 더욱 많이 불려줄 수 있는 부유한 남자를 원했다. 내적인 것보다는 외적인 조건을 중시하는 그녀의 모습을 꼬집어 되물으니 함께 온 친구는 맞다며 웃는데 정작 당사자는 부인했다.

세상에 완벽한 사람은 없지만 무엇보다 현재 자신의 모습을 제대로 아는 것이 중요하다. 흔히 말하는 '운'은 그 다음의 문제다. 모든 것을 '운' 탓으로 돌리는 것은 크게 잘못된 것이다. 인간에게는 운보다 앞설 수도 있고 또 이것을 바꿀 수 있는 능력이 있다. 자신을 바로 보기보다는 '운' 탓으로만 돌리던 그녀가 뽑아든 카드를 살펴보자.

6번 연인

7번 전차

9번 은자

A 가운데 나온 7번 전차를 눈여겨 보자. 연인을 얻고자 하는 마음과 평생 배필을 향한 마음은 전차를 끄는 두 말의 머리가 각기 다른 방향을 향해 있는 것처럼 '두 마리의 토끼를 모두 다 잡을 수 없다'는 진리를 알려준다. 아직도 이것을 깨닫지 못하고 있는 그녀의 철없음을 단적으로 보여주는 것이기도 하다. 9번 은자의 이미지는 너그럽고 인내심 많은 아버지상으로 언제나 따뜻하게 자식을 보듬는 부모의 눈으로 바라보고 있는데, 이는 그녀에게 이처럼 내면이 성숙한 남성이 필요함을 나타내는 것이다.

6번 연인 카드는 9번 은자보다 더욱 패셔너블하고 세련된 멋이 표현되어 있다. 이는 단순히 젊은 사람과 나이든 사람 중에 연하가 좋으냐, 연상이 좋으냐는 식의 일차원적인 질문을 하는 것이 아니다. 연상 같은 연하도 있고 연하 같은 철부지 연상도 있기 마련이다. 지금까지 그녀는 자신이 바라던 완벽 남성상이면서 아버지처럼 넓은 가슴을 지니고 있어 살면서 의지하고 기댈 수 있는 남자더라도 연하인데다 가진 재물이 없다면 외면하고 말았다. 가진 것이 없어도 그녀 자신이 이끌어준다면 성공할 수 있는 진짜 진국인 남자일 수도 있다는 것을 전면 부인하고 있으니 어디에서 인연을 만날 수 있겠는가.

가까운 곳에 연하, 또는 연상이어도 가진 것은 없지만 학자풍의 의젓한 사람이나 지인이 있는가를 물어보았다. 그녀는 있기는 하지만 스타일이 자기와는 맞질 않는다고 고개를 절레절레 흔들어대니 필자와 그녀를 따라온 친구 또한 더 이상 해줄 말이 없었다. 지금 그녀에게 절실히 필요한 것은 결혼운의 시기가 아니라 욕심을 버리고 진짜 사람을 보는 눈을 키우는 것이다.

Q 30억이 넘는 돈을 거머쥘 수 있었던 그에게 한 순간의 냉철하지 못했던 판단은 엄청난 불행을 부르는 계기가 돼버렸다. 한때 무슨 일이든 종자돈이 있어야 한다는 생각에 중국에서 여러 가지 일을 하며 돈을 모았다고 한다. 그러다가 의류사업을 시작하게 되었고 많은 이익을 남기게 되면서 어느새 걷잡을 수 없이 주식에 빠져들었다. 그때까지만 해도 좋았다. 자신이 투자한 돈이 불기 시작하였고 공격적인 투자를 통해 금세 2억, 10억이 되었고 어느새 30억이 넘는 재산을 얻게 되었다.

그러나 그의 욕심은 멈출 줄 몰랐고 그 이상의 돈을 거머쥘 수 있다는 생각이 들었다. 그때부터는 조금이라도 주식 시세가 내려가면 화가 났다고 한다. 성격도 달라지고 건강도 나빠졌으며 가족과의 관계에도 소홀해졌다는 것을 깨달았을 때는 이미 바닥이 난 상태였다. 마치 달콤한 꿈을 꾼 것처럼 말이다. 더 불행한 것은 다시는 그러한 기회를 얻지 못할 것 같은 자책감과 함께 사업에도 의욕을 잃어버린 것이었다.

21번 세계

8번 정의

16번 신전

A 21번 세계 카드는 하나의 그릇, 자신만의 세계, 공간이기도 하다. 8번 정의 카드는 어느 쪽을 선택할 것인가에 대한 현명한 해답을 상징하기도 하며 마지막에 나온 16번 신전 카드에서 현재 상황이 그대로 나타난다고 볼 수 있다. 우선 세계 카드가 지닌 자신만의 세계, 마음의 크기와 인생의 의미를 뒤집어 보았다. 헤르만 헤세의 소설 《데미안》 중 알에서 깨어나는 과정에서 겪어야 하는 고통의 당위성과 스스로 알(21번 세계 카드: 21일째 부화되는 달걀의 상징성)에서 나와야만 새로운 세계를 만나 생존할 수 있다는 것의 비유를 들어 꽤 오랜 시간 대화를 나누었다.

세계 카드는 닫힌 공간, 우물 안 개구리에 비유될 수도 있지만 편협한 자아를 의미하기도 한다는 것을 거듭 강조했다. 현재 상황에서는 정의 카드의 올바른 선택이 정말 중요한 때다. 사람마다 자기 그릇의 크기는 다르니 각자 자신의 쓰임새에 맞는 그릇을 알맞게 채워야 한다. 자신의 그릇 크기보다 넘치게 물을 담아 결국 마실 물이 부족해진 것은 누구도 아닌 자신의 탓이다. 이를 통해 인간의 자율의지가 운명을 바꾸는 열쇠가 될 수 있다는 것을 큰 교훈으로 삼고 앞으로 남은 인생에 좋은 밑거름이 되도록 해야 할 것이다.

Q 어딘가 지쳐 보이는 남자가 찾아왔다. 부모님이 남겨주신 재산을 놓고 형제간에 전쟁을 방불케 하는 불화가 끊임없이 이어졌고 여기에 지칠 대로 지친 그가 결국 푸념하듯 자신의 속내를 드러냈다. 맏아들인 그는 나름대로 현재의 상황을 판단해 재산을 분배하려 했지만 동생들은 분배가 불공평하다며 불만을 토로했고 결국 심각한 갈등으로 이어졌다. 갑작스러운 동생들의 공격에 그는 어찌할 바를 몰랐고 그러는 와중에 이미 돈에 대한 욕심을 버렸다. 그러나 형제간의 우애를 잊고 돈 앞에서 무례해진 동생들에 대한 배신감에 마음에 없으면서도 끝까지 양보하지 않았다고 한다. 그러나 시간이 흘러 일이 잘 처리되었다는 좋은 소식을 알려주면서 그는 스스로 이전까지 자신이 가지고 있던 가치관이 한없이 부끄럽다고 했다. 우선 그가 알고자 했던 땅(재산)에 관한 소송건에서 뽑은 카드를 살펴보자.

5번 교황

9번 은자

17번 별

A 5번 교황과 9번 은자는 모두 돈과는 거리가 있는 상징이다. 돈은 그냥 따라올 수 있는 자리의 인물인 것이다. 그러한 인물이 돈에 욕심을 부린다면 어찌 되겠는가. 그들을 믿고 따르는 사람들은 물론 그 자리에 있는 자신에게조차 큰 죄이며 섭리를 벗어난 일이니 화가 없을 수 있겠는가.

남자의 삶에 있어 아내의 역할이 크다. 옛말에 여자가 집안에 들어오면서 집안이 흥하기도 하고 쇠하기도 한다는 말이 있다. 이번 갈등은 그의 아내를 통해 해결되었다. 나중에 그녀를 만나보니 현명하면서도 덕이 많으며 인격적으로 성숙한 사람이었다. 17번 별 카드의 여인과 같이 자애로운 부인이 아니었다면 형제간의 우애는 물론 그 자신의 인생도 결코 밝지 못했을 것이다.

Q 30대 초반의 활달한 성격의 남자는 당시 고민거리 때문에 성격파탄에 이를 지경이라고 하소연했다. 어렵게 좋은 직장을 구했지만 도무지 마음에 차지 않는다는 것이다. 연봉에 대한 불만도 아니었고 직장상사나 동료에 대한 견제도 아니었다. 단지 자신이 하고자 하는 공부를 선택할 것인지, 아니면 그저 남들처럼 일을 하면서 나이에 맞게 살아야 하는지였다. "누가 들으면 배부른 소리라고 해서 어디 가서 말도 못해요"라고 말하는 그와 차분히 이야기를 나눠보았다.

그는 돈 버는 일보다는 무언가 합리적이고 보람 있는 일을 해야 하는 사람이다. 만족감은 사람마다 다르다. 돈만 많으면 될 것 같은 사람도 있는 반면 돈보다는 만족을 좇는 사람도 분명 있다. 늦은 나이지만 더 늦기 전에 자신에 대한 투자가 필요한 때였다. 인생은 결국 선택의 연속이고 어떤 선택을 했는가에 따라 미래가 달라진다는 것을 알고 있는 그는 매우 진지하게 상담에 임했다. 그가 어느 쪽을 선택해야 옳을지에 대해 고민하면서 뽑은 카드를 보자.

15번 악마

20번 선고

8번 정의

A 15번 악마는 극단적으로 돈과 물질을 상징하기도 한다. 마지막으로 뽑은 8번 정의 카드는 옳고 바른 것에 대한 판단력을 상징하기도 하지만 여러 직업적인 상징 중 공무원이나 법조계를 나타내기도 한다는 것에 그 역시 공감했다. 두 가지의 카드 사이에 있는 20번 선고 카드는 현재 자신이 하고 있는 일과 마음속에서 진정 원하는 일에 차이가 크다는 것을 상징한다. 세 카드의 흐름은 결국 금전적이고도 상업적인 길이 아니라 공무원의 길로 접어들 수 있는 준비를 해야 할 시기라 볼 수 있다. 선고 카드는 때(시기)를 알려주는 역할도 한다. 꼭 공무원의 길이 아니더라도 국가자격증을 통해 돈 없고 억울함에 처해 있는 사람들을 배려하고 대변해주는 일도 좋다는 조언도 더했다.

Q 어느 늦은 가을밤 40대 후반의 남자가 의심스러운 얼굴로 타로를 보고 싶다며 상담을 의뢰해왔다. 직업운에 대해 알고 싶다며 그는 먼저 타로를 믿을 수 있는지, 잘 맞는 것인지를 물어왔다. 그 사람이 현실에 대해 느끼는 답답함과 그로 인해 자신의 선택에 좋은 방향을 제시해줄 결과가 나오기를 바라는 신중함을 느낄 수 있었다.

직업을 물으니 그는 "흰 가운을 입는 직업이다"라고만 한다. 의뢰인의 생김새나 이미지로 봐서 흰 가운을 입는 직업이라 하면 아마도 의사일 것이다. 그러나 흰 가운을 입는 직업은 의사 외에도 많다. 그는 현재 자신의 직업에 성공 여부를 기대해도 좋을지 알고 싶어 했다. 마치 떠보는 듯 앉아 있는 그의 태도가 그리 유쾌하진 않았지만 이런 상담이 처음이라 잘 몰라서 그런 것이라 여기며 대화를 이끌었다. 그리고 의심의 눈초리로 카드를 집는 그와 상담을 시작했다.

3번 여왕

9번 은자

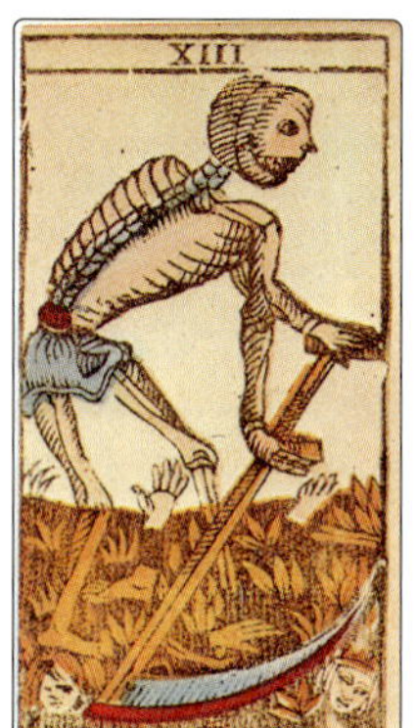

13번 무명

3번 여왕 카드의 간호사적 상징과 9번 은자가 상징하듯 오랜 시간 해온 전문직 또는 수술 부위와 진찰을 위해 들여다보는 듯한 모습, 그리고 13번 무명 카드의 삶과 죽음의 경계를 다루는 외과의사의 상징이 바로 눈에 들어왔다. 허나 실제 그는 장의사였다. 장의사도 흰 가운을 입고 돌아가신 분의 몸단장을 한다. 은자의 오래된 사람의 이미지와 여왕이 은자를 향하고 있는 모습이 이를 뒷받침한다. 무명 카드는 외과수술을 의미하기도 하나 새롭게 시작하는 과정이나 환골탈태의 모습을 상징하기도 한다.

삶과 죽음은 딱 잘라 시작과 끝을 말할 수 없다. 죽음은 어느 공간이나 세계로부터 또 다른 시작을 의미하며 탄생 또한 새로운 여정을 떠나는 나그네의 길이자 다른 공간에서의 끝을 맺고 새로운 여행을 온 것이라 볼 수 있기 때문이다. 타로카드에는 자연섭리의 순환이 그대로 나타난다. 그는 원래 의사가 되는 것이 꿈이었으나 사정이 여의치 않아 재수를 할 수밖에 없었던 것이 자신의 인생에서 가장 아쉬운 일로 꼽았다. 그래도 흰 가운을 입는 일, 가시는 분의 몸단장을 하는 일 역시나 의사 못지않게 존경받고 대우받아야 할 일이며 그러한 날이 꼭 올 것이라는 이야기로 오랜 시간 대화를 나누었다.

Q 의뢰인인 50대 중반의 여자는 자신과 아들의 건강에 대한 걱정이 컸다. 아들은 나이에 비해 몹시 빈약하고 약한 체력이어서 어렸을 때부터 늘 놀림을 받았으며 장성해서 현재 직장생활을 하면서도 회사업무에 힘겨워한다고 했다.

그녀는 우선 자신의 건강에 대해 알고 싶어 했다. 아들의 건강도 중요하지만 우선 자신이 바로 서야 아이와 가족을 챙길 수 있다는 책임감이 더 커 보였다. 그 생각은 너무도 현명한 결정이었다. 온몸이 정상이 아닌 것처럼 늘 기운이 없어 스스로 자신의 건강에 위협마저 느낄 정도였지만 어떻게 조심해야 하고 또 가장 중요한 원인이 무엇인지 몰랐다. 그녀의 질문은 점점 속도가 빨라졌고 다급한 그녀를 위해 3장의 카드를 뽑았다.

9번 은자

0번 나그네

3번 여왕

A 한눈에 보아도 양끝에 9번 은자와 3번 여왕 카드가 서로 바깥쪽을 향해 있다. 은자가 지니는 오래됨의 의미, 여왕이 지니는 일하는 여성의 명예와 젊음, 그 여왕에게로 향하고 있는 3번 나그네. 이 세 카드에서 분명 몸 안에 두 개씩 존재하는 그 무엇을 어렴풋이 알 수 있다. 우리 몸에 두 개씩 있는 것. 폐일까 아니면 신장일까. 폐는 공기와 연관이 있고 신장은 주로 정기精氣와 관련이 있으며 방광과 생식기에도 영향을 미치는 여성 질환과도 관계가 깊다. 그렇다면 어느 쪽일까.

그녀의 신장 한 쪽은 이미 5년 전에 수술로 제거된 상태였고 그래서 그런지 유독 조금만 움직여도 피로하다고 한다. 신장에 무리를 줄 수 있는 음식을 평소 피하고 체질에 맞는 음식을 섭취하도록 권유했다. 체질식은 자신의 체질에 맞는 음식을 가려서 먹는 것이다. 물론 쉽지는 않기에 질병이 있거나 특정 질환으로 인해 절실한 상황이 아니면 효과를 보기가 쉽지 않다.

상담 이후 그녀와의 전화 통화를 통해 쉽게 화를 내던 성격도 많이 차분해지고 전보다는 피곤함을 덜 느낀다는 이야기를 들었을 때 무척 기뻤다. 이러한 보람이야말로 상담자에게 있어서 가장 기쁜 순간이며 신뢰를 바탕으로 자신을 변화시켜 새로운 인생을 개척하는 이들을 볼 때마다 지금의 일에 감사한다.

Q 찌는 듯한 더위가 가득하던 여름날 늦은 오후, 한 여인이 찾아왔다. 그녀는 다급하게 자신의 아들 이야기를 꺼냈다. 현재 특수학교에 다니고 있는 그에게 거침없는 비하 발언을 하기도 했다. 집중력이 좋은 것 같으면서도 산만하며 학교 공부보다는 쓸데없는 것에 암기력이 좋고 한시도 가만히 있지 못해 야단을 치면 금세 자폐증과 같은 증상을 보여 어떻게 아이를 제어해야 할지 고민이라고 했다. 그녀는 아이의 지능이 제 나이 또래 정도로 회복이 될 수 있는지, 또한 아이가 과연 사회생활을 잘 해나갈 수 있을지를 물었다. 그녀의 다급한 말 속에 아이에 대한 염려와 원망, 절실함이 가득 담겨 있었다.

2번 여자 교황

5번 교황

18번 달

A 카드를 펼쳤을 때 아이의 존재는 어디에도 없었다. 단지 등을 돌리고 있는 2번 여자 교황과 5번 교황, 그리고 18번 달 카드를 가리키는 교황의 손이 안타깝게 보였다. 먼저 아이 아빠의 직업을 묻고 그녀의 일을 물으며 일차적으로 아이가 보이는 지능 저하 현상은 부모에게 있다고 말했다. 먹고 사는 것도 중요하지만 낳은 아이에 대한 관심과 사랑이 어느 정도인지에 대해 요목조목 따져 물으니 "그건 그렇지만요" 하며 말을 잇지 못한다. 먹고 사는 것이 중요하고 또 힘든 문제이기는 하지만 그보다 앞서 사람에 대한 무관심이 결국 자신에게 먹고 사는 것 이상의 큰 걱정거리가 되어 돌아온다는 것을 그제야 인정하는 듯했다.

실제 타고난 문제도 후천직으로 해결되기도 하고 멀쩡히 태어났어도 환경과 관심의 정도에 따라 사람을 이상하게 변화시키기도 한다. 관심과 사랑이 없는 인생은 그 무엇보다 불행하다. 얼마 후 그 아이를 한 번 본 적이 있다. 짧게나마 이야기를 나눠보니 아이는 결코 바보가 아니었으며 오히려 의젓함마저 보이는 믿음직한 모습이었다.

Q 50대 중반의 선한 인상이 돋보이는 남자가 찾아왔다. 그윽한 미소를 짓고 있었지만 얼굴색이 왠지 나빠 보였다. 병색이 완연한 모습이었다. 무엇이 궁금해서 왔느냐고 묻자 아니나 다를까 그는 자신의 건강에 대해 알고 싶다고 했다.

다행이었다. 상담을 하다 보면 의뢰인이 묻고자 한 것보다 더 급하고 중요한 것이 보일 때가 있다. 돈 문제로 왔지만 건강 문제가 더 시급한 경우도 있고 연애보다는 사업 문제가 더 급한 경우도 있다. 그런 경우에는 이유를 말하며 현재 더 중요한 것에 대해 설명을 한다.

사람은 주관적이며 자신을 들여다보는 것에 익숙하지 않다. 그래서 정작 중요한 것을 항상 잊어버리고 다른 것에 집중할 때가 더 많다. 또한 혼자서는 살 수가 없는 존재이므로 더불어 살아가면서 서로를 보살펴야 한다. 걱정이 얼마나 깊은지 자리에 앉아 있는 그의 모습은 진지하고도 절실했다.

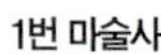

1번 마술사

6번 연인

19번 태양

A 카드를 펼쳤을 때 나온 6번 연인 카드와 19번 태양 카드에서 자라남과 확장의 이미지를 연상할 수 있고, 첫 카드인 1번 마술사에서 수술 또는 무언가 떼어버린 흔적, 떼어내야 하는 그 무엇의 흔적이 아련하게 떠올랐다. 어디를 보아도 불쾌하게 보이는 이미지나 건강 악화의 모습은 찾아볼 수 없는 카드와 배열이 나왔다.

그는 수술을 해야 할지를 고민하다 불안한 마음에 누군가 타로카드를 권해 찾아왔다고 했다. 원래 술이 센 편이라 자신에게 이런 일이 일어날 줄은 조금도 상상하지 못했다는 말을 여러 번 반복하는 그에게 걱정 말고 마음을 편히 가지라고 조언했다.

상담이 있은 후 수개월이 지난 뒤에 근처를 지나다 잠시 들른 그는 씩씩한 청년의 에너지가 느껴질 정도로 건강을 되찾은 모습이었다. 건강은 건강할 때 지키라는 옛말이 새롭게 느껴지는 경험을 했다며 오늘도 역시 그윽하고 인자한 미소를 지으면서 훗날 만남을 기약했다.

타로카드는 한 장 한 장 풀이도 중요하지만 전체적으로 다가오는 이미지를 놓쳐서는 안 된다. 나무도 잘 봐야겠지만 숲의 형상을 모르고 나무를 논한다면 큰 흐름을 놓치게 되어 결국 의뢰인에게 치명적인 선택을 유도하게 될 수도 있기 때문이다. 이는 큰 죄가 되므로 명심해야 할 것이다.

Q 대부분 여성들에게 있어 영원히 풀리지 않는 고민이 바로 다이어 트가 아닐까 싶다. 살이 쪄도 걱정이고 날씬한 몸매를 지니고 있어도 살이 찔까 불안해한다. 그러나 아무리 과도한 다이어트를 금기시하고 식사와 운동을 적절히 조절하라고 해도 여성들은 다이어트 약에 대해 짧은 기간에 마술처럼 살을 뺄 수 있다는 극단적인 믿음과 환상을 갖는다.

그 유혹으로 자신에게 먹구름을 드리우는 사례를 접할 때마다 안타까움을 넘어 생명에 대한 존엄성과 동시에 먹을 것이 없어서 굶어 죽는 사람들에 대한 연민의 정까지 느껴져 서글퍼지기까지 한다.

어느 날 젊은 여성이 절박한 말투로 상담을 의뢰해왔다. 다이어트가 성공할 수 있을지에 대해 묻는 그녀는 극단적이면서도 여유를 잃어버린 궁핍한 모습이었다. 애처롭게 다이어트의 성공 여부를 묻는 그녀의 간절함을 담아 3장의 카드를 펼쳐보았다.

18번 달

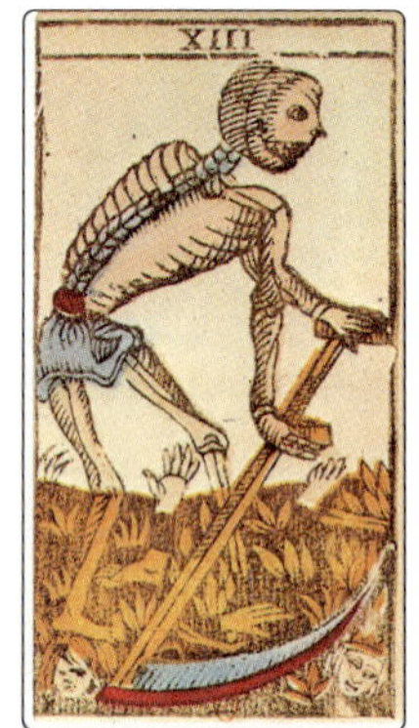

13번 무명

6번 연인

A 역시 이런 질문에 어울릴 만한 카드들이 나왔다. 한눈에 보아도 가운데에 있는 13번 무명 카드가 이 여성의 상태가 어떤지를 잘 보여주고 있다. 위장과 음식을 상징하기도 하는 18번 달 카드를 부정하고 돌아선 여자의 건강은 매우 악화되어 있었으며 다크서클을 비롯해 골다공증 판명도 받았다고 한다. 6번 연인 카드는 세련되면서도 럭셔리한 것에 대한 환상과 환영을 상징하기도 한다. 실제 날씬한 몸매를 가지고 있음에도 불구하고 비만에 대한 공포심과 두려움으로 인해 거식증과 같은 질환을 앓고 있는 여성이 꽤 많다. 연인 카드는 세련된 멋쟁이를 상징하면서도 반대로 극단적인 아름다움을 추종하다 몸과 정신 모두 다칠 수 있음에 대한 주의를 상징한다. 연인 카드가 지닌 상징을 목적으로 달과 무명 카드가 나온 듯했다.

다이어트로 인해 건강을 잃은 사람들의 실례를 들려주었지만 그녀의 날씬해지고자 하는 욕망과 세련되고 럭셔리한 멋쟁이 소리를 듣고 싶어 하는 욕망은 쉽게 바뀔 것 같지 않았다. 평생 아무것도 먹지 않고도 살 수 있다면 몰라도 뭐라도 먹어가면서 합리적으로 관리해야 하지 않겠냐고 묻자 그녀는 여러 가지 다이어트를 해봤지만 모두 실패했다고 한다.

한참을 이야기하다가 자신의 체질에 맞으면서도 살이 찌지 않는 섭생법에 대해 설명하며 그녀에게 맞는 건강식을 권했다. 그녀는 다른 것은 먹어도 살이 찌지 않지만 밀가루와 돼지고기를 먹으면 많이 먹지 않아도 유독 몸이 붓고 체중이 불어나는 체질임을 인정했다. 그녀에게 건강을 해치지 않는 다이어트를 거듭 당부했으며 이번 상담을 통해 그녀가 건강까지 챙길 수 있기를 바랄 뿐이다.

Q 2003년 정월 초순에 한 남자가 찾아왔다. 말쑥한 옷차림에 한눈에 보아도 세일즈맨은 아닌 것 같았다. 그와 가벼운 목례를 나눈 뒤 우리는 각자의 자리에 앉았다. 그는 내 얼굴을 보더니 말을 꺼냈다. 자신은 30대 중반으로 조그만 기업체를 운명하고 있는데, 거래처와의 돈 관계가 어떨지 궁금하다는 내용이었다. 그는 구체적인 이야기는 생략한 채 자신의 문제에 대한 해답을 구하고 있었던 것이다. 나는 타로를 펼쳐 그와 함께 삶의 비밀, 그의 삶에 숨겨진 운명의 드라마를 읽기로 했다. 그렇게 해서 타로카드를 뽑았고, 탁자 위에는 아래와 같이 대비밀 카드 3장과 소비밀 카드 3장이 나란히 배열되었다.

11번 힘

8번 정의

9번 은자

A 먼저 대비밀 카드 3장은 그 사내의 전체적인 운을 알려준다. 힘 카드에서 그가 일을 추진력 있게 밀어붙여왔음을 알 수 있다. 일의 성과 역시 나쁘지 않았다. 언제나 공정한 관점에서 사업체를 운영하는 현재 상황도 보인다. 하지만 지나친 성장에의 강박관념에 시달리고 있으며 휴식이 필요한 시점이다.

이러한 전체적인 이미지에 더해 그의 구체적인 상황을 알 필요가 있었다. 그러려면 소비밀 카드의 도움이 절대적이다. 사내의 얼굴을 읽으면서 그가 몹시 궁금해한다는 사실을 알 수 있었다. 하지만 섣불리 견해를 내놓지 않고 소비밀 카드를 통해 그의 운을 더 조심스레 살펴보기로 했다. 그렇게 해서 뽑힌 3장의 소비밀 카드는 에페 에이스, 에페 8번, 그리그 쿠푸 왕이었다. 이것을 대비밀 카드 밑에 차례로 배열한 뒤 대비밀과 소비밀의 연관성을 따져가며 내용을 풀이하고 이야기를 만들어나갈 수 있었다.

소비밀 카드의 내용은 다소 부정적인 것이다. 에페 에이스는 독불장군처럼 자신 이외의 것은 믿지 않는 상황을 나타낸다. 그것은 에페 8번에서 송사, 법

에페 에이스

에페 8번

쿠푸 왕

적 대결 같은 불미스러운 일의 징후를 보면 더욱 명확해진다. 그러나 쿠푸 왕 카드의 이미지는 따뜻한 피와 절대적 권력이 나타내는 것과 같이 법적인 문제로의 비화 없이 문제 상황이 타협점을 찾을 수 있음을 보여준다. 다시 말해 먼저 좋은 말로 자신의 상황을 알린 다음 상대방에게 자금 결재 문제를 약속하면 맺혔던 응어리가 풀린다는 긍정적인 내용이었다.

공업사를 운영하는 그 사내는 거래처와 자금 문제로 불미스러운 갈등 상황에 있지만 카드가 나타내는 이미지로 보았을 때 은자가 상징하는 계절(절기상 동지가 있는 산양자리)에 가면 어느 정도 수습되는 기미가 보일 것이라는 조심스러운 전망이 가능했다. "아직은 많이 기다려야겠습니다. 적당히 포기할 부분과 취해야 할 부분에서 너무 욕심을 내지 말고 적당한 선에서 타협하시는 것이 좋겠습니다. 너무 서두르지는 마시고 대화를 통해 서로 해결 방법을 찾는 것이 가장 옳은 선택인 것 같습니다." 그의 거래처가 처해 있는 상황이 자신과의 관계만 있는 것이 아니라서 시간이 걸리게 되어 있다고 했다. 그나마 자신은 어떻게든 견뎌낼 여력은 있지만 거래처 상황이 심각하다며 오히려 거래처 걱정을 하며 자리에서 일어났다.

Q 창밖에서 찬 공기가 거리를 가르고 있던 2003년 겨울 어느 날, 앳된 얼굴의 여성이 자신의 친구와 차를 마시며 담소를 주고받다 나와 마주쳤다. 그 여성과 이러저런 이야기를 나누면서 자연스레 그녀의 직업운에 관해 이야기를 하게 되었다. 그래서 타로카드를 들어 스프레드를 해보았다.

3번 여왕	19번 태양	9번 은자
쿠푸 3번	드니에 6번	바통 6번

A여러분은 어떤 느낌이 드는가? 그녀는 본래 유아교육을 전공한 선생님이었다. 재학시절부터 실무경험을 하고 졸업과 동시에 취업하여 만만치 않은 경력을 쌓은 베테랑이었다. 오랫동안 유아원에 교사로 일하다 집에서 자금을 지원받아 그간의 경험과 경력을 토대로 유아원을 개설하려는 참이었다는 것이다. 그것을 보충하는 의미로 소비밀 카드가 이야기해 주는 상징은 쿠푸 3번이 상징하듯 감성과 교육 분야水, 드니에 6번이 상징하듯 자금력의 뒷받침(6의 수비학적 의미)이 있을 것이며, 바통 6번이 상징하듯 일을 벌이려 하는 상황(바통은 불의 원소에 상응)을 보여준다.

그리고 쌍둥이자리 – 가운데 태양 아카나가 상징하는 별자리와 양옆의 여왕과 은자의 시선이 태양 아카나를 바라보고 있었다는 사실을 밝혀야겠다 – 에 닿을 즈음이 되면, 유아원을 개원할 수 있으리라는 예상을 전해주었다. 이후 그녀로부터 괜찮은 위치에 유아원을 잡았으며, 지금은 한창 내부 장식을 꾸미고 더 나은 분위기 연출에 몰골하고 있다는 반가운 소식을 들었다. 단순하지만 기쁜 마음으로 미래의 운을 점칠 수 있어 보람이 가득했던 경험이다.

Q 이것은 40대 중반의 부부 이야기다. 남편은 안정된 직장에서 20여 년을 열심히 일한 뒤 명예퇴직을 한 상태였다. 아직도 혈기왕성하고 일을 할 수 있는 나이였지만 신통한 방법이 떠오르지 않아 날마다 밤잠을 설치곤 하는 상황이었다. 오랜 고민 끝에 그는 장사를 해보기로 결심을 했다. 아내와 상의를 하여 어떤 직종이 좋을지를 결정하려는 시점에 장애물을 만난 것이다.

어떤 것을 선택할지 서로의 의견이 달랐다. 남편은 음식점을 원했고, 아내는 핸드폰 액세서리 숍을 원했기 때문이다. 어떤 것을 선택해야 하는지 타로카드를 통해 한번 알아보기로 했다. 경제적인 성패는 물론이려니와 적성의 유무를 가늠하는 게 관건이었다.

4번 황제

6번 애인

5번 교황

A 4번 황제 카드는 남편이 고집이 매우 강하다는 것을 보여준다. 그는 자신감이 있고 능력이 있지만 다소 독선적인 데가 있는 사람인 듯했다. 다음 카드 6번 애인은 남편도 자신의 주장을 관철하지 못하고 사실은 속으로 많은 갈등을 하고 있는 상황임을 보여준다. 그리고 끝으로 5번 교황 카드는 남편이 처음 생각이 여러 모로 상황에 맞으며 결정한 그대로 밀고나가는 것이 좋다는 이미지를 전달해주는 카드였다. 이어서 우리는 그 아내의 마음을 좀더 자세히 살펴보기 위해 소비밀 카드 3장을 뽑아 읽어보았다.

에페 7번   에페 8번   에페 9번

에페 7번은 남편의 사업이 시기상조임을 가리키는 이미지다. 당장은 무언가라도 벌여야 직성이 풀리고, 그렇지 않으면 답답해 못 배기는 상황이다. 하지만 그 상황이 모든 것을 합리화시켜주지는 않는다. 상황은 이해하지만 아직은 때가 아닌 듯했다.

에페 8번은 이들이 처한 상황이 균형과 통제가 필요한 상황임을 암시해주고 있다. 이 시기를 잘 넘긴다면 이들은 좋은 결과를 얻을 것이다. 이것은 에페

9번을 통해 확인할 수 있었다. 이는 기약 없는 기다림을 뜻한다. 하지만 이 부부의 경우에는 경제적인 흐름과 분위기를 관망해서 신중한 결정이 필요하다는 결론으로 보아도 좋을 것이다. 이들은 결국 잠시 휴지기를 갖고 모색하기를 멈추지 않도록 했다. 시간이 지난 다음에, 그들은 목 좋은 곳에 음식점을 열게 될 것이다.

Q 어딘가 지쳐 보이는 듯한 중년의 여자가 상담을 의뢰해왔다. 그녀는 20여 년간 함께 해온 남편과 앞으로 살아갈 날이 갑갑하고 더 이상 부부생활이 불가능할 것 같다며 말문을 열었다. 그러더니 앞으로 살아갈 날들에 대한 중요성을 강조하면서 이혼 가능성에 대해 조심스레 물었다.

느낌이지만 그녀의 남편은 그리 나쁜 사람 같지는 않았고 그녀 또한 정상적인 생활을 하고 있는 사람이었다. 상담을 하다 보면 많은 사람들이 부부간 이혼에 대해 질문하곤 한다. 그럴 때마다 진정 헤어지는 것이 서로의 인생을 위해 나은 것인지 서로 이해하며 되도록 같이 살아가는 길을 알려줘야 하는지 고민하게 되고 신중을 기해 상담에 임하게 된다.

상담가의 조언을 믿든 믿지 않든 일단 상담이 시작되면 상담가는 진심으로 상대방을 이해한 뒤 객관적이고 냉정하게 상황을 판단하고 더 나은 미래를 이야기해줄 수 있는 용기와 정의감이 있어야 한다. 절실해 보이는 그녀의 질문에 카드를 만지는 손길이 사뭇 진지할 수밖에 없었다.

12번 거꾸로 매달린 남자

3번 여왕

5번 교황

대비밀 카드에서 5번 교황의 모습처럼 그녀의 남편은 묵묵히 자신의 일을 하고 가족을 위해 최선을 다해 살아왔을 것이다. 교황의 이미지는 분명 융통성 많고 감성적인 사람을 나타내지는 않는다. 의뢰인의 불만은 정서적 차이로 인해 남편을 매우 못마땅하게 여기면서 시작되었다. 그렇다고 해서 두 사람이 없는 인연을 억지로 이어서 살아왔을까. 당연히 아니다. 12번 거꾸로 매달린 남자의 묶여 있는 모습에서 두 사람은 결혼을 전혀 생각지도 않았음에도 불구하고 어찌하다보니 함께 살게 되었다는 것을 알려준다. 3번 여왕 카드는 다 갖춘 것 같으면서도 시선이 한곳을 향해 있지 않음을 보여준다. 이는 현실과 이상의 차가 크다는 것을 상징한다.

누구나 살아온 인생길을 돌이켜보면 인연이란 것이 이런 것이구나 하고 느껴질 때가 분명 있을 것이다. 남편에 비해 한참 어렸던 그녀의 젊은 시절, 꿈을 제대로 펼치지 못한 것에 대한 한과 남편과 살면서도 자신의 정서와 교감이 미약했던 것에 대한 일종의 분노가 만성이 되어 어느 순간부터는 이혼까지도 마음에 품게 된 것이리라. 인연을 만나는 것도 중요하고 그만큼 소중한 것이지만 세월 속에서 다른 부분도 서로 맞춰가고 이해하려는 노력이 필요하다는 조언을 해주었다. 정서적 교감도 중요하지만 지금까지 부부로 살아오면서 함께 공감하고 나누었던 점들을 상기시키며 남편의 좋은 점을 더 많이 생각할 수 있기를 바랄 뿐이다.

소비밀 카드에서 에페 10번은 그녀의 섬세하면서도 날카로운 정서와 함께 그녀가 이상적인 새로운 시작을 꿈꾸고 있음을 보여준다. 드니에 기사는 현실적인 것에 대한 욕구를, 바통 기사는 열정적인 것에 대한 열망을 실현코자하는 모습으로 볼 수 있다. 이 두 기사는 감성과 현실 사이의 대립을 상징한다. 현실적인 것과 열정적인 것이 부딪친다. 에페 10번에서 새로운 수의 시작인

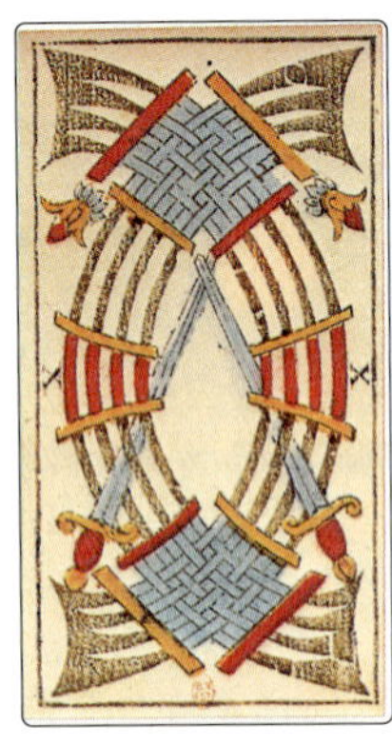

| 에페 10번 | 드니에 기사 | 바통 기사 |

10과 에페가 지닌 커뮤니케이션 한계로서의 독단성은 실현된다고 해도 결코
좋은 미래를 맞이하기는 어렵기 때문에 거듭 이해와 인연의 중요성에 대해
설명해주었다.

Q 30대 후반에 접어든 여인이 얼마 전 선 본 남자와의 인연과 그의 속
내가 궁금하다며 찾아왔다. 그녀는 필자가 묻지 않아도 나서서 자
신이 평소 바라는 남성상에 대해 말하기 시작했으며 선 본 남자와의 첫 만남
에서부터 결혼을 해야겠다고 결정을 내린 듯했다. 그 남자와 만나오면서 그
녀는 그가 자신에게 관심이 없는 것은 아닌데 정확히 표현하지 않아 진심을
알 수 없다며 그 사람의 마음을 알려달라고 했다. 좋아하는 마음과 불만족스
러운 마음이 그녀를 혼란스럽게 만들고 있었다.

세상 그 어떤 점술이나 역학, 사주풀이, 점성학이라 해도 한 사람의 마음이
어떻게 나올지에 대해 뽑아본다면 이는 어느 정도 흐름만을 볼 수 있을 뿐 결
코 마음속 깊이 완벽에 가깝게 볼 수는 없다. 사람의 깊은 속마음과 정신적
가치관은 점술로 볼 수 있는 영역이 아니기 때문이다. 그녀가 상대 남자의 마
음을 알고 싶다는 투정 가까운 질문에 내키진 않았지만 카드를 펼쳐보았다.

9번 은자

19번 태양

17번 별

우선 9번 은자는 선 본 그 남자가 무언가 집중하고 있는 것이 여인, 연애가 아니라는 것을 알게 해준다. 은자는 연애와 관련된 상징에서는 재미없는 연애, 오래된 연인, 권태기, 정신적인 사랑, 영적인 대화가 통하는 친구 같은 연인 등을 상징하니 풋풋한 사랑을 원하는 사람에게는 그리 달갑지 않은 카드다. 하지만 사랑도 그 형태가 다르고 원하는 사랑의 스타일 또한 사람마다 각기 다르니 연애의 색깔에 따라 은자 카드로 영적인 사랑을 상징할 수도 있다. 19번 태양 카드는 친구, 동창, 유유상종과 같은 긍정적인 친밀감을 상징하고 17번 별 카드는 세 카드의 흐름에서 볼 때 홀로 외로운 사랑을 그리는 여성으로 비유되는 상징 배열이라 할 수 있다. 이 여성은 연애가 처음이 아닌데도 남자에 대한 마음이 커지면서 그가 조금이라도 자신을 헷갈리게 하는 행동이나 표현을 할 때마다 그의 진짜 속내가 궁금했다.

그는 40대 초반을 갓 넘겼지만 집안에서도 기대가 큰 사람이었다. 그는 단지 연애 경험이 거의 없고 여자라는 대상에 대해 잘 모를 뿐더러 관심조차도 그리 크지 않아서 어떻게 해야 하는지를 잘 모르는 사람이니 우선 성향을 이해하는 것이 필요했다. 상담 후 그녀는 이후 전화통화를 몇 번 하고 한 번 더 만나면서 그 사람을 느껴보니 역시 나이에 비해 바보 같을 정도로 순진하다고 알려왔다. 그래서 나는 그녀에게 그는 연애를 목적으로 한다면 10점이지만 결혼할 사람으로는 100점이기 때문에 잘 사귀어보라는 말도 아끼지 않았다. 타로카드는 먼 미래, 평생의 정해진 인생길을 알려주지는 못한다. 사람은 저마다 선호도가 있고 그 선호도가 어느 시점에서 변하듯 인생길 역시 자신이 선택해나가는 것이기 때문이다.

소비밀 카드 중 에페 4번은 그 남자가 갇혀 있는 공간에서 더욱 업무에 집중하고 있는 기운을 암시한다. 쿠푸 기사는 그가 소년 같은 감성을 지녔으나 그

에페 4번   에페 1번   쿠푸 기사

것을 표출하는 데 있어서 여성의 입장에서는 답답하게 느껴질 수 있음을 상징한다. 에페 1번의 강한 칼의 이미지는 관계를 이끌어 갈 리더십을 요구한다. 이는 남자에게 기대할 것이 아니라 의뢰를 요청한 여성의 몫이리라.

Q 제2금융권에서 일하던 의뢰인은 능력이 남달리 뛰어나 젊은 나이에도 큰돈을 벌고 직책도 꽤 높은 위치에 있는 여성이었다. 그녀는 인생에 동반자를 결정하기 위해 세 번은 남자를 바꿔서 상담하러 왔고 모두 좋은 관계를 유지시켜 나갈 수 있는, 그녀와도 꽤 잘 어울리는 남자들이었다. 그러던 어느 날 그녀가 자신의 결혼운에 대해 한탄하듯 물어와 보다 깊이 있는 상담이 필요함을 직감했다.

우선 그녀는 일에서 겪게 되는 스릴을 즐기는 여인이다. 일종의 프로근성이라고 표현할 수도 있고 아슬아슬한 묘미를 즐기는 갬블러적 성향이 있다고나 할까. 항상 많은 일에 둘러싸여 불만을 토로하는 듯했지만 사실 그녀는 그러한 생활을 즐기고 있었다. 그녀의 마음속에 제1순위는 언제나 자신의 일이었다.

16번 신전   21번 세계   2번 여자 교황

2번 여자 교황이나 21번 세계 카드 모두 능력을 겸비한 완벽주의자적 성향을 상징한다. 세계는 또한 자아의 틀, 다르게 표현하면 자신만의 세계에 대한 애착이 강함을 의미한다. 일에 대한 만족감, 일에 대한 사회적 인정도와 더불어 일정 괘도 안으로의 완성을 빨리 이룬 상태라 볼 수 있다. 또한 16번 신전의 모습처럼 늘 극적인 일, 스릴 넘치는 오락에 짜릿함을 느끼며 더욱 일에 집중하는 여인이었다. 현재 그녀에게 있어 일과 남자 중 더 큰 비중을 차지하는 것을 물으니 자신은 둘 다 소중하다고 했다. 그는 일이 더 중요하지 않느냐고 묻는 필자의 물음에 처음에는 부정했다.

필자는 그녀의 현 상황을 요목조목 설명해주면서 진정 남자를 원하고 결혼을 원한다면 사적이면서도 여유로운 시간을 만들고 그것을 즐길 줄 아는 습관부터 만들어야 한다고 조언해주었다. 이야기를 들으며 그녀는 고개를 끄덕이기 시작한다. 지금 그녀에게는 누군가가 마음에 들어올 틈을 열어놓는 것이 필요했다.

자신이 진정 원하는 것이 무엇인지도 모르고 사는 사람들이 많다. 그저 막연

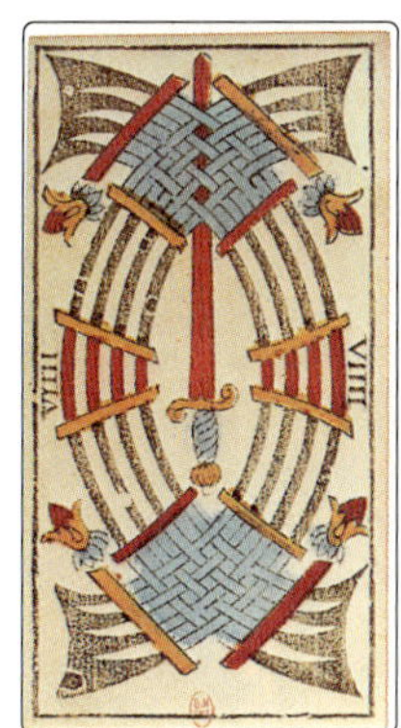

| 에페 여왕 | 쿠푸 왕 | 에페 9번 |

하게 행운에 기대거나 요행을 바라고 꿈꾸듯 생각하는 것은 꿈을 잃고 사는 것과 같다. 자신이 진정 원하는 것이 무엇인지 정확히 알고 이것을 마음의 노트에 차곡차곡 정리해 나가야 할 것이다.

소비밀 카드 중에서 에페 여왕은 그녀의 감춰진 예민하고도 섬세한 판단력과 날카롭지만 능력 있는 지휘자의 이미지를 나타낸다. 여성이지만 그녀는 이미 남성적인 리더십 또한 두루 갖춘 여인이라는 의미다. 아랫부분이 깨진 컵을 들고 있는 쿠푸 왕은 사랑에 대한 부정적인 기억 또는 사랑을 믿지 않는 무의식의 관념을 상징한다. 그러한 쿠푸 왕이 에페 9번을 향해 있는 것은 언제나 만남이 있어도 만남의 끝이 지닌 한계점, 만남의 시작과 동시에 이미 끝을 알리고 있는 그녀의 애정운을 잘 보여주고 있다.

Q 언젠가 친구에게 들었던 타로카드가 생각나 찾아왔다는 여성이 타로카드로도 궁합을 볼 수 있느냐며 애처롭게 의뢰를 해왔다. 사주 카페에서 명리로 궁합을 봤다는 커플은 자신들의 궁합이 나쁘게 나와 헤어지기를 권유받았다고 한다.

안타까운 그녀의 모습에 우선 둘의 궁합이 좋다는 결론부터 전했다. 사귀는 남자가 연하냐고 물으니 그렇다고 한다. 사실 여자가 더 어려 보이고 남자는 나이가 들어 보였기 때문에 어디 가도 남자를 연상으로 본다고 한다.

보이지는 않지만 보이는 것보다 더 큰 영향력을 미치는 심상과 기운을 글자 몇 개로 공식에 맞추어 풀어내고 재단한다는 것은 상처를 주는 이야기가 될 수밖에 없다. 여러 곳을 다니면서 궁합을 봤지만 왜 그런지에 대한 구체적인 설명 없이 결과적으로 안 좋다는 결론을 내리자 타로 상담을 통해 알아보고자 찾아왔다고 한다.

| 14번 시류 | 19번 태양 | 1번 마술사 |

A 성숙한 여인상인 14번 시류의 여인과 1번 마술사의 어린 동생 이미지가 19번 태양 카드에서 서로 만나고 있다. 둘이 만나면 언제나 재미있고 오래된 연인처럼 친숙하다. 사람의 마음속에는 환경과 가치관, 자율의지에 따라 변화될 수 있는 신성한 영역이 존재한다. 남자는 보이기에는 겉늙어 보일지라도 마음은 순수하고 귀여운 청년의 모습이며 여인은 앳된 얼굴과 귀여운 소녀의 이미지였지만 마음만큼은 집안의 큰누나 못지않은 넓은 이해심과 포용력을 지니고 있었다. 그러한 관계가 고저장단처럼 서로 잘 맞아떨어지는 보완의 관계라는 것을 상황에 따른 예를 들어 이야기해주니 남자의 얼굴에 그제야 미소가 번진다.

역학의 한 분야인 명리는 통계학이며 사주의 격을 따져 그 안에 사람의 고귀한 정신을 묶어 인생을 판단함으로써 맞고 틀림을 연구하고 주장하는 역술이라고 설명해주었다. 그러다 보니 적중률을 높이기 위해 순수 자연철학인 역학이 인간의 길흉화복을 점치기 위해 나름의 논리체계를 세워 이루어진 것이 '명리'라는 장문의 설명을 듣고 나서야 그들은 안심한 듯 서로를 사랑스럽게 바라보며 두 손을 마주 잡았다.

어떤 일이든지 좋거나 나쁜 결과를 만든 원인이 있고 이것이 자연의 섭리라 할 수 있다. 자신의 경험을 잣대로 삼고 타인을 해석할 수도 있고 또 세상의 이치를 말할 수 있겠지만 그것은 주관적인 견해지 진리라고 볼 수는 없다. 자신이 살아온 인생에서 얻은 경험과 지식만을 기준 삼아 좋고 나쁨을 말하는 것은 분명 타인의 인생에 도움이 되는 상담이 아니다.

소비밀 카드 중 쿠푸 시종을 우선 살펴보자. 남자가 컵을 들고 순수한 모습으로 사랑의 꽃을 전하듯 수줍게 걸어간다. 드니에 6번은 현실적인 연애로서 이 두 사람의 사랑이 결혼으로 이어져 좋은 관계로 지속될 수 있음을 암시한

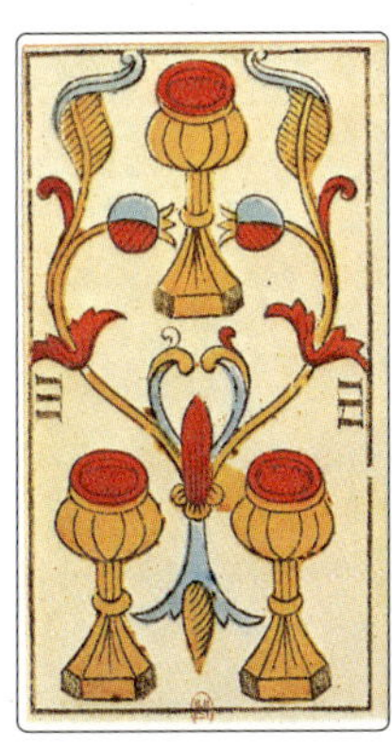

드니에 6번 쿠푸 3번 쿠푸 시종

다. 아무리 좋은 감정으로 연애를 한다 해도 현실적인 것을 무시하고 감정만으로 살아갈 수는 없는 것과 같은 이치다. 평생 함께 걸어갈 사랑은 감정만으로는 어렵다. 연애 자체로는 대부분 감정으로 시작해 감정으로 끝이 나지만 결혼은 다르다. 결혼은 분명 연애와는 다른 현실적인 생활과 인생의 동반자라는 타이틀이 반드시 따라붙는다. 이것이 없다면 아무리 죽고 못 사는 사이라 해도 어느 순간에 이르러서는 서로가 등을 지게 마련이다. 둘 사이에는 3잔의 컵이 놓여 있고 하트 모양까지 새겨져 있는 것(쿠푸 3번)은 둘 사이를 아무리 나쁘게 엮으려 해도 나쁜 인연이 될 수 없음을 나타낸다. 서로가 감정뿐만 아니라 현실적인 사랑의 정착까지도 순탄하게 갈 수 있음을 상징적으로 보여준다.

명리학은 태어난 연월일시를 통해 타고난 기운을 설명하는 자연철학이며 섭리이기도 하지만 글자 그대로 해석하는 것은 매우 위험한 풀이가 될 수 있다. 명리의 체계 안에는 자칫 운명론으로 몰아가는 오류가 숨어 있기 때문이다.

Q　성실하게 일해왔지만 아무리 노력해도 제자리를 걷고 있는 것 같아 이제는 새로운 일을 하고 싶다는 40대 초반의 남자가 상담을 의뢰해왔다. 그는 정육계통에서 오랫동안 일하면서 예전부터 자신만의 음식점을 개업하는 것이 꿈이었다. 실제 그는 요리가 취미고 음식도 잘 만들었지만 꿈을 실현하는 데 있어서 가장 큰 걸림돌은 바로 아내다. 현재 아내가 음식점을 운영하고 있기 때문에 자신이 일을 관두면 아내의 일을 돕든지 새로 가게를 낸다고 해도 경영에 있어서 아내의 참견을 피할 수 없을 것이다. 그는 아내에 많이 기죽어 있는 모습이었다. 하지만 단순히 돈을 버는 목적을 넘어서 이제는 자신만의 영역에서 마음껏 하고 싶은 요리도 만들고 개발하며 자신만의 방식으로 즐겁게 일하고 싶다는 그의 모습에서 프로의 모습이 느껴졌다.

18번 달

9번 은자

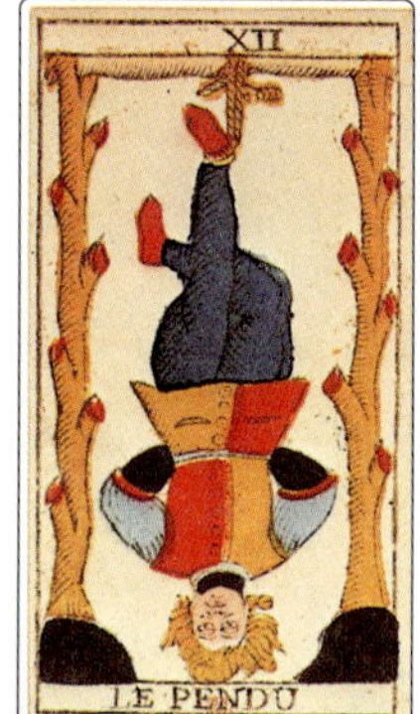

12번 거꾸로 매달린 남자

A 18번 달은 먹을거리, 음식과 관련된 직업군을 상징하기도 하고 9번 은자 역시 장인, 달인, 자신만의 공간에서 연구하고 창출해내는 전문가를 나타내기도 한다. 12번 거꾸로 매달린 남자는 현재 직업에서 벗어나지 못하고 있는 그의 상태를 표현하는 것 같아 안타깝기까지 했다. 어느 쪽을 선택하든 풀리지 않는 갈등에 애써 찾아와 상담을 의뢰했을 그에게 먼 훗날을 생각한다면 새로 음식점을 시작하되 부인과 함께 가족 사업으로 함께 하는 것이 좋지 않겠냐고 말해주었다. 특히 거꾸로 매달린 남자에서는 벗어날 수는 있지만 스스로 벗어나지 않는 책임감과 인내하는 자의 모습도 엿볼 수 있다.

신경질 잘 부리고 예민해 보이는 소비밀 카드 에페 여왕은 의뢰인의 아내라고 보아도 좋다. 그러나 아무리 잔소리 많고 까다로운 아내라 해도 능력 있고 사업수완도 좋은 것은 사실이다. 분명 긍정적인 부분도 무시할 수는 없지 않겠는가. 필자의 말에 그는 고개를 끄덕였지만 표정은 그리 밝진 않다. 에페 9번은 그의 정신적 스트레스를, 쿠푸 2번의 마주 놓인 두 잔의 컵은 대립과 갈

에페 여왕

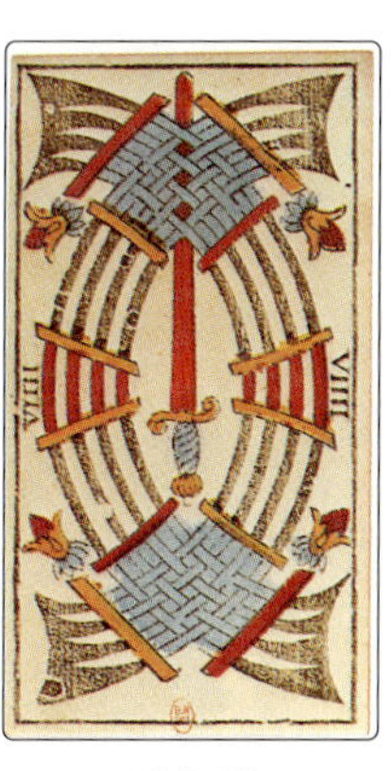

에페 9번

쿠푸 2번

등의 구도를 나타내고 있다.

운의 흐름도 중요하지만 현실적 상황이나 구조를 뒤엎을 수는 없다. 운도 운 자체로는 아무 힘을 못 쓴다. 그에 상응하는 환경과 주변 사람들과의 조화가 이루어졌을 때 비로소 운의 작용도 현실화될 수 있다.

그는 아내의 잔소리 못지않게 현재 정육점 일 자체에 대해서도 스트레스가 한계치에 도달했고 일에 대한 성취욕도 별로 없이 지겨운 일상이 되어버렸다며 아쉬움 섞인 푸념을 늘어놓았다. 현재로서는 우선 현실에 순응하되 좀 더 아이디어를 내서 남들로부터 인정받을 수 있는 음식을 연구·개발하고 식재료의 범위를 넓혀 전문적인 음식공부를 틈틈이 해야 할 것이다. 상담을 마치고 앞으로 자신의 꿈을 위해 차근차근 준비를 해나갈 생각을 하자 그는 안도의 미소를 띤 채 훗날을 기약하며 돌아갔다.

Q 30대 중반의 여성이 현재의 삶에 뭔가 큰 획을 긋지 않으면 안 된다는 생각에 상담을 의뢰해왔다. 그녀는 현재 자신의 일이 적성에도 맞지만 직장생활을 계속할지, 아니면 독립해서 오너가 될지 고민된다고 했다. 디자인 일을 하고 있는 그녀는 프로의식은 물론 자신의 삶에 대한 신념도 강했다. 예민한 성격임을 자인하는 그녀에게 3장의 카드를 펼쳐보았다.

6번 연인	20번 심판	18번 달
쿠푸 3번	바통 왕	바통 7번

A 20번 심판 카드는 그녀의 자유로움을, 18번 달 카드에서는 달이 뜨고 사라질 때까지 일을 하면서도 그것을 낭만으로 즐기고 일하는 오너의 기질을 엿볼 수 있다. 미적 감각을 나타내는 6번 연인 카드를 통해 그녀의 직업이 인쇄, 영감을 얻고 표현해내는 것과 관련 있음을 가늠해볼 수 있다. 그래서 프리랜서로 충분이 즐겁지 않겠느냐고 조언하니 그녀는 고개를 흔들며 실제 프리랜서로 일한 적도 있지만 만족하면서도 한편으로는 왠지 백수 같은 기분과 불안감이 싫었다고 했다.

하지만 그게 무슨 상관인가. 그것은 단지 기분일 뿐이다. 각자 생각하기 나름이니 그렇게 고민할 시간에 즐겁게 일할 시간이 사라진 것도 생각해봐야 하지 않겠느냐는 말에 그녀도 공감하는 듯했다. 어차피 선택은 자신의 몫이다. 나는 맡은 바 충실히 상담을 해주고 그녀가 겪고 있는 갈등의 기로에서 더 나은 선택을 제시해줄 뿐 자기 인생의 발걸음을 옮기는 것은 그 누구도 아닌 그녀 자신일 수밖에 없다, 그녀도 그것을 잘 알고 있었고 나 역시 그 부분을 강조했다.

소비밀 카드 중 7개의 바통을 바라보는 바통 왕은 그녀가 똑똑하고도 능력 있으며 리더 기질이 강하게 있음을 보여준다. 또한 쿠푸 3번에서 세 잔의 컵을 뒤로 한 것은 그녀는 일을 더 우선시하며 감성적인 성향이 강하면서도 프로의식을 갖춘 이성적 사람이라는 것을 나타낸다. 바통 7번은 홀로 정열적으로 몰입하는 것을 상징하기도 한다. 일에 대한 열망이 단지 돈만 많이 벌고 싶다는 것이 아니라 승부욕과 성취감도 그녀에게 있어서는 매우 중요한 가치라는 것을 알게 해주는 배열이었다.

Q 어느 날 50대 후반의 여인이 조심스레 상담을 의뢰해왔다. 오랫동안 소유해온 땅을 팔고 현금화시켜 여유롭게 살고 싶다는 그녀에게는 남편과 자신의 명의로 꽤 큰 땅이 있다고 했다. 그녀는 매매하려고 땅을 내놓은 지 6개월 정도 됐는데 언제쯤 좋은 조건으로 매매될지 알고 싶어 했다. 그녀의 남편은 공무원생활을 해왔으며 중간에 퇴직금으로 마련한 땅과 부모님으로부터 물려받은 땅이 현재 자신들의 노후 보장이 되었다.

부동산이라는 것은 말 그대로 움직이지 않는 재물이다. 이 노부부는 재산을 자식에게 물려주기보다는 그동안 열심히 일해온 자신들이 이제는 여행도 가고 좋은 차도 타면서 노후를 여유롭게 보내고 싶어 했다. 그들의 간절한 마음 때문인지 부동산이 빨리 매매되지 않는 것에 다급해하기까지 했다. 그러나 무슨 일이든 지체되는 것은 다 그만한 이유가 있다는 것을 이야기하며 3장의 카드를 뽑아보았다.

18번 달

3번 여왕

7번 전차

A 무엇이든 다 때가 있다. 때를 어기거나 놓치면 반드시 후회할 일이 생긴다. 경제의 흐름 또한 그 이치가 통한다. 요즘 같은 시기에 큰 물건을 사고팔 때는 더욱 미묘한 시사적 흐름도 간과해서는 안 된다. 한 개인의 운도 중요하지만 이 세상은 나 혼자 존재하는 것이 아니기 때문에 주변의 다양한 변화에 귀 기울여야 한다. 3번 여왕과 7번 전차의 인물이 같은 방향으로 마주보고 있다. 18번 달과 시선이 어긋난 여왕은 아직 이동수나 매매운과는 거리가 있음을 이미지로 보여준다.

의뢰인이 남편보다 더 매매를 서두르고 있으며 억척스러운 그녀 덕에 크고 작은 재테크를 통해 큰 재산도 모을 수 있었지만 기본 재산은 이미 남편으로 인해 형성된 상황이어서 크게 낭패 볼 일이 아니면 매매를 조급하게 진행시키려 하지 말고 기다리라는 조언을 했다.

시간이 흐른 후 그녀는 상담 당시 이후에 전혀 오를 기미가 보이지 않던 지역의 땅이라 더 빨리 처분하려고 했는데, 생각지도 못한 개발지역의 영향을 받아 땅값이 올랐다며 기쁜 목소리로 이야기를 전해주었다. 만약 이전에 해치

에페 여왕

드니에 2번

에페 기사

우듯 팔아버렸다면 후회했을 거라는 그녀의 말에 뿌듯함이 밀려왔다. 때가 아닐 때엔 조급함으로 일을 그르치기 쉽다. 어떠한 일이든 내 마음대로 안 되는 일이 분명 있기에 답답하고 막힌 일일수록 한 발자국 뒤로 물러서는 지혜가 필요하다.

에페 여왕에서는 스트레스를 받는 의뢰인의 모습을, 에페 기사의 주춤하는 말의 모선과 표정에서는 땅을 내놓기는 했으나 큰 기대는 하지 않는 남편의 모습을 엿볼 수 있다. 분명 나아가는 모습은 아니다. 두 카드 사이에 있는 드니에 2번은 3장의 카드 배열에서 현실적으로 재화의 흐름이 막혀 있는 상태, 생산을 상징하는 것이 아닌 정체의 의미로서 일대일 대결 구도로 해석될 수 있다. 그렇기 때문에 당시 상담을 했던 시기의 매매운이 더욱 묘현했던 것임을 나타낸다.

Q 심리학과 교육학을 전공하고 아이들을 가르치는 학원 사업으로 큰 돈을 벌었다는 한 남성이 그동안 모은 돈으로 새로운 사업을 하고 싶어 조언을 얻고자 찾아왔다. 사람은 역시 끊임없이 자기만족을 향해 나아가는 진취적인 이상을 지니고 있다. 그가 최종적으로 선택한 사업은 아이들을 다룬 경험을 바탕으로 아이들 심리를 파악하는 교육 사업이었다. 그러나 듣고 보면 교육 사업이라는 명목으로 가내 교육비 부담을 부추기는 것이었다. 그도 이 사실은 인정하면서 돈은 그렇게 벌어야 한다며 오히려 순진하게, 양심껏 살아서는 큰돈을 못 번다고 조언을 하기도 했다. 그 말이 분명 틀린 말은 아니다.

그러나 뭐든지 정도껏 해야 한다. 정도 이상의 돈을 번다 해도 다 쓰고 죽지도 못할 텐데 말이다. 누구나 돈도 벌고 명예도 얻고 싶어 하지만 그것에 내 인생과 진심을 저당 잡혀버리면 결국 남는 것은 회한과 욕심의 끝에 다다른 병든 몸뿐이다. 과도한 욕심은 반드시 인간성의 상실을 불러온다.

3번 여왕

19번 태양

15번 악마

A 3번 여왕이 19번 태양 속 아이들을 향한 모습에서 15번 악마 카드로 이어지는 배열은 그의 돈에만 집착하는 마음을 꼬집어낸 것이다. 이와 함께 지금 하고 있는 학원 사업도 점점 타격을 입게 됨을 알 수 있었다. 옛 성인의 말씀 중 "악惡으로 먹고사는 것이 장구長久하랴 선善으로 먹고 사는 것이 장구하랴"라는 말이 있다. 최소한 자신의 양심을 속이고 어린아이들을 상대로 부모의 자식이 잘되기를 바라는 마음, 남보다 더 특별한 아이가 되기를 바라는 마음을 이용해 태연하게 돈 버는 방법에 대해 말한다는 것도 스스로 부끄러워할 일이었다.

사람은 반드시 IQ가 높아서 공부를 잘하고 성공하는 것은 아니다. 진정 성공하고 돈 버는 일은 자신의 노력도 물론 중요하고 여러 가지 이유가 따라야 하겠지만, 가장 중요한 것은 불현듯 떠오르는 영감이라고 해도 과언이 아닐 것이다. 왠지 "이렇게 하면 내 마음이 더 편하지 않을까? 더 좋지 않을까?" 하고 드는 순수한 마음이 중요한 것이다. 그러나 그 마음이 여러 가지 여건과 환경의 이유, 그리고 가장 중요한 자신에 대한 비관으로 이어져 그만 일시적인 상념으로 그친다면 결코 좋은 변화는 일어나지 않을 것이다. 또한 육감을 배제한 이성과 정보만으로 꾀를 내어 근사한 계획을 세운다 해도 그 계획이 다 성공하는 것은 아니다.

악마 카드는 돈과 관련이 깊다. 그러나 물질이라는 것은 그만큼 유혹도 따르고 알게 모르게 다른 쪽으로 피해를 입게 된다. 한 예로 돈 많은 집안일수록 고민거리가 더 많다. 여왕의 명예와 태양의 두 아이의 순수한 상징이 급변하는 것에 따른 책임은 결국 자신이 져야 한다. 아무리 좋은 영감이 떠올라도 그것은 행하는 자의 몫이 되기에 이성과 정보 그리고 보이지 않는 세계의 중요성 모두에 대해 겸손해져야 할 필요가 있다.

에페 6번　　　　　　　에페 5번　　　　　　　드니에 7번

소비밀 카드의 에페 6번과 에페 5번에서 드니에 7번으로 이어지는 카드의 상징은 원소 풍風을 상징하는 에페(에페는 4대 원소 중 風)가 6이라는 안정의 번영 수數에서 분열되는 수인 5로 축소되며, 마지막에 나온 드니에 7번에서 화살 문양이 아래로 향해 있고 윗부분의 드니에 2개를 제외하고는 모두 고립되어 있는 상태를 보여준다. 이는 이미 그의 사업 실패를 의미하고 있는 것이다. 돈 버는 방법이 잘못되었다 해서 무조건 실패하는 것은 아니다. 의뢰인의 경우 멀리 보면 이렇게 운이 따르지 않아 실패하는 것이 더 나을 수 있다. 물론 실패할 사업 자체를 안 하는 것이 더 좋겠지만 이러한 이유를 장시간 설명하고 나서 나쁜 의도의 사업을 하지 않기로 했지만 그저 그 마음이 진심이었기를 바랄 뿐이다.

Q 점성학과 타로로 상담일을 하고 있다는 20대 후반의 남자를 처음 보았을 때 그는 검은 피부에 갸름한 얼굴, 초점이 흐트러져 있는 눈빛을 지니고 있었다. 그는 필자가 저술한 《정통 타로카드 배우기》를 읽고 물어볼 것도 있고 또 자신의 진로도 상담받을 겸 왔다고 했다.

그러나 내가 그가 정작 알고 싶어 하던 부분이 아니라 그가 예상치 못했던 그의 건강 얘기를 자꾸 꺼내자, 그는 불편한 기색이 역력했다. 그러나 어떠한 일을 하든, 어떠한 고민이 있든 살면서 제일 중요한 것은 건강이라는 것이 나의 신조이자 사람들에게 언제나 당부하는 것이기 때문에 건강 상담만큼은 무료로도 해줄 때가 많다. 의뢰인을 본 나는 자꾸만 그에게 건강을 당부할 수밖에 없었다.

| 14번 시류 | 11번 힘 | 19번 태양 |

A 대비밀 카드로만 보면 그의 위장에 문제가 있다는 것을 좀처럼 알
아채기 어려울 것이다. 14번 시류를 등지고 19번 태양을 향해 사자
의 입을 벌리고 있는 인물에서 첫 이미지로는 순환계에 문제가 있음을 직감
할 수 있었다. 마른 체구, 체액이 극히 말라 있는 이미지에 예민하고 날카로
운 성격과 불규칙한 식사로 인해 위장이 많이 상해 있다고 일러주었다. 그는
부정하지 않았다.

이어 시류의 영적인 기운의 상징과 태양의 표현의 상징, 그리고 가운데 11번
힘 카드가 매우 위태로워 보이는 기운으로 배치되어 있다. 영적으로도 힘든
상황으로 보여 그에게 위장 질환 외에도 정신적으로도 빙의가 된 상태이며
그 기운을 표출하는 방법을 몰라 방황하다 자신도 모르게 이끌리듯 타로를
배우고 서양점성학에 빠져 상담일을 하게 된 것이라는 설명을 해주니 그 또
한 부정하지 않는다. 자신의 아버지가 예전에 그런 기운 때문에 굿도 하고 어
머니가 아버지를 위해 기도를 많이 했다고도 한다. 사주학도 배우고 싶었으
나 한자가 어렵고 진부한 느낌이 들어 관심이 안 갔다고 한다.

에페1번

에페 7번

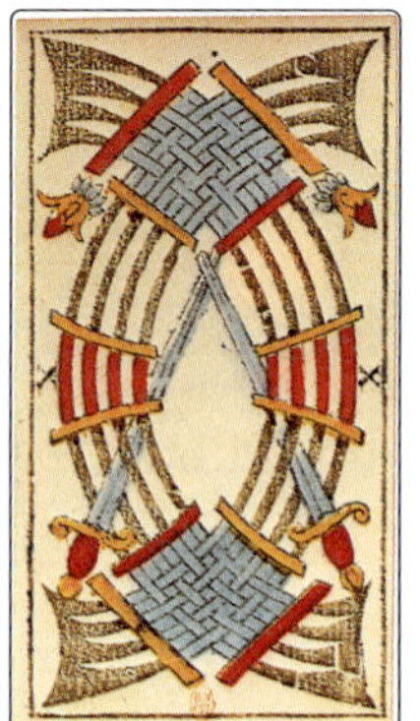

에페 10번

소비밀 카드에서도 처음 에페 1번이 위염을 동반한 에페 7번과 에페 10번으로 이어지는 순환계의 극한 상황에 대해서 설명하며 그에게 소화만 잘되면 일도 잘될 거라 말했더니 자신도 건강에 대한 자신감을 잃어버린 지 꽤 오래라고 한다. 특히 속이 차갑고 감기에 잘 걸리는 체질이라 밀가루 음식을 삼가라고 하니 자신이 평소 즐겨 먹는 음식이 스파게티라고 했다. 식습관 하나만 바꿔도 건강은 몰라보게 호전된다는 것을 에페의 바람, 공기의 상징으로 설명하니 그도 자연스레 이해했다.

육체의 건강이 정신적인 건강을 이끌어내기도 하고 건강한 정신이 육체 또한 건강하게 이끌어 가려고 노력하기도 한다. 1년 여 세월이 흐른 어느 날 지인을 통해서 그의 소식을 듣게 되었다. 그는 위암 판정을 받아 현재 고향에 내려가 투병생활을 하면서 지내고 있다고 했다. 씁쓸하고 안타까운 마음이 한동안 마음속을 떠나지 않았지만 그저 부디 그가 빨리 쾌유하기를 바란다.

Q 저녁식사 시간이 조금 지났을 무렵 50대 여인이 문을 박차고 들어왔다. 거동이 불편함을 알 수 있는 걸음걸이에 강하게 눈을 부릅뜬 모습이 불만을 터뜨릴 곳을 찾아 헤매는 듯했다. 내가 체질을 중히 여기고 섭생을 바탕으로 체질 상담을 한다는 이야기를 듣고 온 모양이다. 그녀의 체질을 봐주고 타로로 건강 문제에 대해 알아보기로 했다.

음식의 중요성과 마음가짐에 대해 이야기를 해주었더니 음식 가려먹는 것의 중요성이니 체질 분류니 하는 것 모두가 거짓말이라고 잘라 말한다. 어디서 그러느냐고 물으니 자기가 알아볼 것은 다 알아보고 다닌다면서 재차 "체질 섭생은 다 거짓말이야." 하며 언성을 높였다.

그렇다면 그녀가 믿음이 가는 건강법을 따르는 것이 좋을 것 같다고 했더니 개소주, 흑염소, 녹용, 한약 등 몸에 좋다는 것은 다 먹었지만 효과를 보지 못했고 음식도 골고루 잘 먹는데 자신이 왜 아픈 거냐며 아까와는 다른 태도로 급변하는 게 아닌가. 어디를 가도 부정만 하고 진지하게 받아들여 실천해보지 않고 불평만 늘어놓는 그녀의 삐뚤어진 마음에서 '마음 못난 병' '의심병'이 비롯된 게 아닌가 하는 생각에 카드를 펼쳐보기도 전에 필자 나름의 판단이 설 수밖에 없었다.

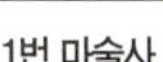

1번 마술사

5번 교황

0번 나그네

에페 5번

드니에 6번

에페 7번

A 1번 마술사의 현실 부정, 사실과 직면하는 것을 외면하는 듯한 얼굴, 0번 나그네의 허공을 응시하는 모습, 5번 교황 카드의 어느 쪽도 선택할 수 없는, 마치 떠나가는 것들에 대한 아쉬움과 미련의 시선과 손짓에서 그녀의 병이 육체가 아닌 정신, 마음의 병이라는 것을 알 수 있다.

오랜 시간 타로 상담은 물론 그 외의 건강 상식을 이야기하면서 사람에게 가장 중요한 것은 육체를 움직이게 하는 마음의 힘이며 모든 것은 생각하기 나름이라고 설명해주었다. 나그네 카드가 그녀에게 있어서는 마음을 못 잡고 여기저기 떠도는 모습 그대로로 상징되며, 마술사 또한 정리되지 않은 가치관을 상징한다고 볼 수 있다. 돌아서서 무어라 중얼거리며 계속 불평하며 상담실 문을 나서는 그녀에게 어떤 것이든 누구의 말이든 믿음이 가고 느낌이 가는 쪽으로 한 번 믿고 따라해보라고 권유했다. 부디 필자의 마지막 조언만큼은 그녀가 믿어주길 바라는 마음뿐이었다.

소비밀 카드에서 나란히 나온 숫자 5, 6, 7과 가운데 드니에 6번에서 각각의 드니에가 모두 차단된 모습은 그녀의 마음에 틈이 없고 타인을 이해하고 받아들이려는 노력이 정체된 것으로, 자신을 감금시키는 모습을 상징한다. 에페 5번은 분열되며 안정되지 못한 숫자와 원소 풍風을, 에페 7번도 원소 풍風에 처녀의 수 7을 담고 있어 긍정적으로는 새로운 분열을 통한 발달을 상징할 수 있으나 소비밀 카드 3장에서 나타난 상징성만으로도 숫자와 원소의 상징은 긍정보다는 부정으로 해석해야 한다. 항상 소비밀 카드는 대비밀 카드의 상징을 보조적으로 뒷받침해주는 것으로, 대비밀 카드의 상징을 좀 더 자세히 들여다보기 위한 2차적인 상징이기 때문에 대비밀 카드의 흐름을 뒤집지는 못한다. 이 두 카드의 흐름으로 그녀는 약간의 빙의 증상이 뿌리내린 지꽤 오래된 듯해 안타까움마저 느껴졌다.

Q 수첩에 적어둔 8년 전의 이 상담 사례를 아직도 잊지 못하고 있다. 판사로 재직하다 퇴임 후 변호사를 개업한 지적이고도 품위 있는 멋쟁이 신사 분에게는 늘 마음에 무거운 짐을 지고 살아가게 하는 딸이 하나 있었다. 속된 말로 먹고 사는 것은 아무런 불편 없고 사회적으로도 다 갖추었지만 삶과 가정의 행복은 가족 간의 화합과 사랑이 밑바탕에 깔려 있어야 함을 잘 일깨워주는 상담이었다.

일류대학교를 나오고 머리도 좋고 공부도 잘하며 사회적으로 능력 있는 딸은 경계성 인격장애(borderline personality disorder, 境界性人格障碍)를 앓고 있었다. 이것은 언제나 감정의 기복이 심하고 그 정도가 과할 때는 아버지의 사무실로 찾아가 직원들이 보는 앞에서 아버지 욕을 하기도 하고 물건을 집어 던지고 울면서 난리를 치다가도 또 언제 그랬냐는 듯 후회를 하며 사과하는 일상이 반복되었다. 의뢰인은 자기 나름대로는 딸의 치료를 위해 병원치료에서 기공치료, 심리상담치료 등 온갖 방법을 동원했다. 한 번은 정신과의사에게 상담을 받을 것을 딸에게 권유해 함께 방문했더니 결국 의사하고도 싸우고 나왔다고 한다. 의사도 두 손 두 발 들었을 정도니 더 말해 무엇하겠는가. 잦은 자살 충동과 그에 대한 이야기로 아버지인 의뢰인을 괴롭혀 그의 마음은 이미 까맣게 타버린 상태였다.

21번 세계

13번 무명

14번 시류

바통 5번

드니에 2번

드니에 기사

대비밀 카드에서 21번 세계는 자아, 하나의 세상을 상징하기도 한다. 세계와 14번 시류 사이에 있는, 끊어진 13번 무명 카드는 언제나 다 끝인 듯 스스로를 옥죄는 모습은 단절감을 나타낸다. 세계카드의 자아(Herself, 自我)와 시류 카드의 지속적으로 이어져야 할 파장을 극단적이고도 반복적으로 잇지 못하는 그녀의 장애는 심리적인 해석을 넘어 뇌파의 끊어짐이라고도 볼 수 있다. 경계성 인격장애 환자의 장애 발생 원인은 대개 성장과정에서 부모의 영향이 크다. 어린 시절 어느 순간 부모의 인격적·감정적 대립을 보고 느끼면서 가치관에 혼란이 생겼고 그로 인해 주체성을 제대로 확립하지 못해 발생되는 일종의 '주변인적 장애'라고 볼 수 있다.

모든 질병의 치료는 분명 그 자신이 먼저 적극적으로 임해야 한다. 약물치료도 한계가 있고 기치료를 비롯해 최면요법까지도 다 써보았지만 소용이 없었다는 아버지의 한숨 섞인 어두운 표정이 지금도 눈에 선하다. 부모는 자식이 아무리 어리다고 해도 그 앞에서는 말이나 행동을 함부로 해서는 안 된다는 것을 그대로 보여주는 사례다. 어쩌면 의뢰인의 고통은 아무 생각 없이 아내와 갈등하고 대립하면서 형성된 공포 분위기로 인한 '인스턴트 카르마'일지도 모른다는 생각이 들었다.

소비밀 카드 중 바통 5번은 치밀어 오르는 울화, 성급한 판단과 인내력 부족을 상징하기도 한다. 드니에 2번은 현실과 또 다른 하나의 자아를 나타낸다. 즉, 두 개의 드니에로 상징되는 두 개의 얼굴이 그녀 내면의 두 자아가 서로 대립되는 것처럼 라이벌의 모습을 나타내고 있다. 그녀 안에 두 개의 갈등이 톱니처럼 맞물려 돌아가고 있음을 보여주는 것이다. 드니에 기사카드에서 뒤돌아보고 있는 기사의 모습은 장애의 원인이 지나온 과거의 한때, 어느 시점에서부터 이 질환이 시작되었는가의 시간성에 대해 알려준다.

Q 필자가 16세 때부터 상담을 해오면서 가장 많이 받았던 질문 중 하나가 바로 "신이 있나요?"이다. 간단히 물어올 수 있는 이 질문의 답변은 꽤 많은 설명을 필요로 한다. 신神도 종류가 많다. 낮은 개념으로는 각 개인, 사람에게 존재하는 영과 혼魂魄(혼백)이 있고 큰 개념으로는 영험한 사물靈物, 자연신, 천지신명과 서구종교계에서 일컫는 유일한 신(God), 그리고 예로부터 동양에서 내려오는 상제上帝님까지 신의 개념은 동서양 역사와 종교, 문화에까지 다양하게 뿌리내려져 오고 있다.

그러한 질문을 받을 때마다 나는 "눈으로 보이는 것만이 진짜고 진실이라고 생각하나요?"라고 반문한다. 지식인일수록 신의 존재를 부정하려 하며 과학적인 것과 심리학적인 작용이라고 장황하게 설명하며 필자에게 오히려 신의 존재나 귀신 같은 것은 없다며 설득하는 사람도 많다. 그러나 정신의학계, 심리학계에서 한때 정신질환으로 분류했던 무속의 세계조차 어느 때부터인가 그 영역이 존재한다는 것을 인정하게 되었다.

사람에게는 직감, 육감이라고 불리는 제3의 감각대가 있다. 평범한 아주머니가 계시적인 꿈을 꾸고 나서 바람피우는 남편을 잡아내는가 하면, 평범한 사람인데 자신에게 드는 왠지 모를 느낌을 무시하고 합리적이고 이성적인 쪽을 선택했다가 낭패를 보고 나서야 후회하는 경우도 있다. 심리학을 간략하게 정의하면 한 개인이 인간관계를 해 나가면서 겪게 되는 마음과 행동의 법칙을 규명하는 과학이라 할 수 있다. 심리학이라는 장르가 학문으로서 등장한 것도 한 세기 남짓할 정도로 그 역사가 짧다. 이는 심리학이 아직은 완성된 과학이 아니고 지금도 발전하고 연구되고 있는 학문임을 의미한다.

오래 전 30대 후반의 한 남성이 타로를 보러 와서는 필자에게 "신이 존재하는가에 대해 타로카드를 보고 싶습니다."라고 물어왔다. 매우 황당한 질문이 아닐 수 없었다. 황당한 마음을 뒤로한 채 그가 원하는 대로 카드 3장을 펼쳐 보았다.

9번 은자	16번 신전	10번 운명의 수레바퀴
드니에 8번	쿠푸 9번	에페 3번

A 앞에 놓인 대비밀 카드에서 16번 신전 카드가 우선 눈에 띈다. 신전은 성전聖殿 또는 신성한 지역과 그러한 영역 모두를 설명할 수 있는 상징을 지니고 있다. 10번 운명의 수레바퀴는 불교에서 가르치는 윤회 또는 굴레, 자신이 성장해 나가는 영적인 영역을 설명해주기도 하며 처음의 9번 은자 카드 역시 도를 닦는 사람은 다름 아닌 인간의 명운命運 속에서 때를 알아 스스로 걸어가야 할 길을 자율의지로 가는 사람이라고 설명할 수 있다. 같은 질문에 대해 다시 카드를 펼쳤을 때 분명 위와 같이 똑같은 카드는 나오지 않을 것이다.

그러나 분명한 것은 타로카드는 텍스트적 암기나 어떠한 공식을 필요 이상으로 대입해서도 안 되고 인간의 제3의 영역과 관련이 깊다. 그러하기에 마르세유 타로카드의 각 장이 지닌 상징성과 그 안에 내재되어 있는 비의秘儀적인 메시지는 타로를 쥐고 있는 사람이 끊임없이 연구하고 대입해보고 깊은 고찰을 통해 얻어가야 할 몫이다. 여기 저기에 정리되어 있는 통계와 자료는 그저 참고일 뿐이다.

마음을 비우고 의뢰인과 함께 머리를 맞대고 해결책을 모색하기 위해 진심을 다한 상담을 한다면 타로카드 상담 그 자체로도 각 질문에 대한 해답으로서 분명한 증거자료가 되어주기도 한다. 결국 타로카드 자체, 타로카드의 물성物性 자체가 신성한 것이 아니라 각 장의 상징이 무엇을 말하려 하는지, 카드를 바라보는 사람이 각 카드 안에 새겨진 숨은 상징성을 어떻게 받아들일지다. 그리고 그것을 통해 타인의 인생에 보다 밝은 미래, 긍정적인 미래로의 현명한 선택의 길을 안내해줄 수 있는 긍정의 마인드, 관념의 감옥에서 벗어난 맑은 영혼을 지닌 상담자 자신의 몫이 더 크다 할 수 있다. 신의 존재를 느끼든 못 느끼든 그것은 곧 개인의 마음, 신성神性을 지닌 사람만이 느낄 수 있고 체험할 수 있는 영역이라 매듭지었다.

소비밀 카드에서 드니에 8번은 인간이 현실적인 것을 배제하며 살아갈 수도 없거니와 그래서도 안 되며 어울림의 삶을 살아야 하는 것을 상징한다. 쿠푸 9번에서 물컵의 상징과 9라는 숫자 역시 자라면서 한 번쯤은 들어봤을 구천 세계九天世界를 떠돈다는 사후 세계를 나타내는 것으로 그리 낯선 단어는 아닐 것이다. 물은 인간의 원천이기도 하다는 것 또한 다 아는 이야기다. 에페 3번에는 신의 숨결의 의미와 3이라는 숫자가 지닌 신성함이 담겨 있다. 수의 상징은 3부터이며 동양에서도 3이라는 숫자는 삼신三神이라는 존재의 인식 그 자체만으로도 상서祥瑞로움의 대상이었다.

무엇이든 부정적으로 생각하면 다 부정적이 될 수 있다. 세상과 세상의 이치를 부정적으로 여기면 현재를 대충 살게 되고 결국 미래마저도 쓸쓸하고 외롭게 살아가게 될 것이다. 나 하나만 생각하지 말고 '우리' '부모' '유有와 무無' '나와 타인'에 대해 생각해보면 세상 섭리와 이치가 나를 기준으로 돌아가는 것이 아니며 모든 것은 상대적이라는 것을 알 수 있다. 살아 있는生 기운은 그것을 받아들이는 자와 부정하는 자의 선택에 따라 생生이 될 수도, 사死가 될 수도 있다는 섭리가 마르세유 타로카드에도 분명히 수많은 상징으로 담겨 있다.

타로 바깥으로 열린 삶의 길

지금까지 우리는 고전 타로카드의 대명사로 불리는 마르세유 타로카드에 관한 이모저모를 살펴보았다. 타로카드는 이상한 요물이 아니다. 오랫동안 인류의 정신세계를 다듬는 일종의 연장이라고 보면 좋을 만한 것이다. 타로카드에서 운명을 읽는 것은 자신의 내면에서 가능성을 길어 올리는 행위여야 한다. 그렇지 않다면 카드를 펼칠 필요가 없다. 타로카드를 너무 진지하게 다루어 일상이 망가지는 것은 바람직하지 않다.

타로카드는 서양에서만 적어도 500년이 넘는 역사를 지속해왔다. 어림잡아 500년이지 사실 따지고 보면 그 이상의 깊은 역사를 지니고 있는 것이 바로 타로카드다. 맨 처음엔 놀이용으로 쓰이던 것이 점술용으로 정착되면서 타로카드에는 놀라운 힘이 깃들인 것으로 여겨져왔다. 하지만 타로카드에 깃들인 경이로운 힘을 마술적인 것으로 부르든 기이한 것으로 부르든 중요한 것은 타로카드를 펼쳐드는 사람의 심중에 달려 있음을 잊어선 안 된다.

당신 앞에 펼쳐진 타로카드는 당신의 미래를 보여준다. 하지만 그것은 확정된 것이 아니다. 미래를 어떻게 읽느냐 하는 문제에 있어 당신의 역할이 다른 누구보다, 다른 그 무엇보다 중요하기 때문이다. 타로카드는 결국 자기 마음의 그림을 그리는 도구에 지나지 않는다. 해석을 이끌어내고 이야기를 만드는 것은 당신의 내면이 어떻게 작용하느냐 하는 문제와 직결된다. 따라서 타로는 당신이 보여주는 대로 비춰주는 거울과 같다.

타로의 읽기를 통해 하나의 문제를 파악했다면 그것을 안고 끙끙거릴 일이 아니다. 그것을 새로운 탈출구로 보아 적극적으로 운명을 개척해나가야 한다. 어떤 카드가 뽑혀 어떤 해석이 나왔건 간에 부정적인 것은 하나도 없다. 만약 부정적인 것이 나왔다면 그것을 전화위복의 기회로 삼으면 되는 것이다. 운명의 그림자를 읽는 것은 전적으로 타로 사용자의 일상에 달려 있다. 타로카드의 이미지는 현실의 삶과 교묘하게 연결되어 있다.

옛날에, 미국 대통령 로널드 레이건의 영부인인 낸시 여사의 경우도 점성술과 타로카드로 국가의 운명을 점치곤 했다고 한다. 심지어 국정에 영향을 미칠 정도로 이에 크게 의존했다고 하는데, 이는 어리석은 짓이다. 또한 지난 2002년 뉴욕에서 불특정 다수를 상대로 저격 사건을 일으켰던 용의자도 타로카드를 쓸데없이 사용했었다. 그는 자신이 범행을 저지른 뒤 그 자리에 '나는 신이다'(I'm God)라고 쓴 타로카드를 남겼다. 정말 무의미하고 부끄러운 일이라 하지 않을 수 없다. 이것은 타로에 부정적인 인상만 심어주는 결과를 낳았을 뿐이다.

타로는 엄연히 하나의 상징체계일 뿐이다. 하지만 이 상징을 읽어내는 것은 오랜 훈련이 필요하다. 많은 독서와 많은 시간의 투자가 필요한 것이다. 오랫동안 타로를 공부하면 서양의 비밀스러운 전통을 이해할 수 있게 된다. 그 비밀 전통은 절대로 죽음을 가르치지 않는다. 삶의 완성을 지향하며 평화를 추구한다. 그러니 타로를 진지하게 다루는 자세가 필요하다고 할 수 있다. 타로는 누구에게나 좋은 공부재료가 될 수 있음을 명심하도록 하자.

타로카드와 현실과의 관계에서 주안점을 두어야 할 것은 당연히 현실이다. 꿈과 현실의 시소 타기에서 우리는 정신을 잃지 말아야 한다. 타로카드의 모든 풀이는 당신의 손에 달려 있다. 타로의 해석은 현실의 변화를 요구한다. 타로카드의 길은 현실 바깥으로 이어져 있다. 이를 명심하면서 마르세유 타로와 친해지기를 바란다.